现代企业运作综合实习教程
（第 2 版）

惠宏伟　杜玉英　夏玉林　主　编
张　艳　葛　菁　戴彦群　刘光军　副主编

清华大学出版社
北　京

内 容 简 介

本书是"现代企业运作综合实习"课程的配套教材，通过线上线下教学资源的结合，为学生搭建一个浓缩的、典型的"微型经济社会"。本书共14章，分为4篇。第一篇为概述篇，主要讲述现代企业运作综合实习的整体情况，包括课程特点、课程目的和意义等。第二篇为竞争性企业经营篇，包括第2章至第4章，主要介绍个人及企业注册流程，以及原材料供应商企业、制造企业和贸易公司的理论知识、经营规则及操作流程。第三篇为服务机构(企业)运作篇，包括第5章至第11章，介绍政务中心、商业银行、物流公司、会计师事务所、融媒体中心、管委会、招标投标公司的相关理论知识和业务实习流程等。第四篇为企业数据处理及分析篇，包括第12章至第14章，介绍经营数据收集处理、企业经营分析和财务分析等内容。

本书可作为经管类专业的高年级本、专科(高职)学生专业综合实习课程用书，也可作为经管类专业研究生的专业选修教材，还可作为其他专业高年级学生的创新创业实践课程的参考书。

本书提供丰富的教学资源，包括但不限于教学课件、课程大纲、教学计划、拓展资源等，读者可通过扫描书中二维码获取。

本书封面贴有清华大学出版社防伪标签，无标签者不得销售。
版权所有，侵权必究。举报：010-62782989，beiqinquan@tup.tsinghua.edu.cn。

图书在版编目(CIP)数据

现代企业运作综合实习教程：第2版 / 惠宏伟，杜玉英，夏玉林主编. —北京：清华大学出版社，2023.2
ISBN 978-7-302-62470-7

Ⅰ.①现… Ⅱ.①惠… ②杜… ③夏… Ⅲ.①企业管理—高等学校—教材 Ⅳ.①F272

中国国家版本馆CIP数据核字(2023)第007750号

责任编辑：高 屾
封面设计：周晓亮
版式设计：思创景点
责任校对：马遥遥
责任印制：丛怀宇

出版发行：清华大学出版社
网　　址：http://www.tup.com.cn，http://www.wqbook.com
地　　址：北京清华大学学研大厦A座　　邮　编：100084
社 总 机：010-83470000　　邮　购：010-62786544
投稿与读者服务：010-62776969，c-service@tup.tsinghua.edu.cn
质 量 反 馈：010-62772015，zhiliang@tup.tsinghua.edu.cn

印 装 者：北京同文印刷有限责任公司
经　　销：全国新华书店
开　　本：185mm×260mm　　印　张：22　　字　数：606千字
版　　次：2023年2月第1版　　印　次：2023年2月第1次印刷
定　　价：79.00元

产品编号：098674-01

编写委员会

主　　编　惠宏伟　杜玉英　夏玉林

副主编　张　艳　葛　菁　戴彦群　刘光军

编写成员　周玫杉　戴　月　魏一佩

前 言

随着社会经济的不断发展,我国高校经管类专业学生的招生规模在近二十年里大幅增长,企事业单位对经管类毕业生的培养质量要求也不断提高,要求毕业生不仅要掌握较强的专业知识,还要具备较强的综合应用能力和综合素质。

大学生专业综合应用能力、综合素质的培养与提高,离不开实践教学,尤其是与专业相关的综合性实践教学。随着科学技术的发展和计算能力的提高,经管类专业虚拟仿真性质的实验项目得以在高校实验室内实现,多学科、跨专业的综合实习教学模式被广泛接受和采用,对经管类专业人才培养质量的提高起到了非常重要的引领和促进作用。随着国家对校外实习、实训基地建设的重视,越来越多的经管类专业学生获得了在企业实习、实训的机会,但虚拟仿真教学作为学生踏上实际工作岗位前的综合专业实践训练,依然具有其不可替代的作用。

成都理工大学工程技术学院经济与管理实验教学中心较早在经管类专业的高仿真综合性实习这一教学领域进行研究探索和实践,并取得了明显的成效,产生了广泛的辐射示范作用。经济与管理实验教学中心原主任程夏教授21世纪初在成都理工大学商学院工作期间,较早在会计实验教学领域创新性地提出并倡导"系统运转型"实验教学模式,并在全国高校连续7届会计实验教学研讨会上做主题发言,推动了该实验教学模式的发展。程夏教授团队的教学成果——"校园微型经济环境多元驱动教学模式"获2005年"四川省政府优秀教学成果一等奖"。2009年程夏教授到成都理工大学工程技术学院工作后,与戴彦群、惠宏伟、刘光军、张艳、夏玉林等老师组成新的教学团队,通过深入调研、反复论证,结合学院经济系、管理系教学需要,与北京方宇博业科技有限公司合作开发了成都理工大学工程技术学院现代企业运作综合实习平台,进一步拓展了"高仿真、运转型"实验教学模式的广度和深度。

成都理工大学工程技术学院经济与管理实验教学中心的"现代企业运作综合实习"课程,在过去11年里开设了49轮次,共计1.1万余名学生参加实习并从中受益。经过建设、运行和不断完善,课程的教学设计、组织管理均已趋于成熟。在2020年春季学期,因为抗击新型冠状病毒感染疫情需要,该课程教学团队依托互联网开展了3轮、总人数达842人的实践教学,圆满完成了教学任务,并且取得了非常好的教学效果,获得了参训师生的一致好评。在2020年成都理工大学工程技术学院教学成果奖评选中,"现代企业运作综合实习"课程因其新颖、实用的教学设计和突出的教学效果,获得"一等奖"。本书作为与该课程配套的教程,是对综合实习课程成果的全面总结,在上一版教材的基础上重新编排、修订而成,主要是从学生"学"的角度,介绍了"现代企业运作综合实习"课程的开设目的、实习安排、实习内容及实习操作流程等,同时为了适应智能时代会计专业的变革和企业在经营管理中对商务数据深入应用的需要,增加了数据分析相关章节和内容。本书共14章,分成4篇,重点讲述竞争性企业经营、服务机构(企业)运作和企业数据处理及分析,然后在各篇相应章节中分别对实习中各项相对独立的业务处理进行了详细介绍,这样的编排对实习学生更具有操作指导意义。

较为遗憾的是，由于本书的定位是实习教程，再加上篇幅所限，因此没有在综合实习的理论成果方面进行更多的展开阐述，也没能详细地介绍实习指导团队在大规模综合实习的教学组织管理方面取得的重要成果和细节。

本书由惠宏伟、杜玉英、夏玉林任主编，张艳、葛菁、戴彦群、刘光军任副主编，惠宏伟对全书进行了总体设计和统稿审核。各章节的主要编写者为：惠宏伟(第1章部分、第9章部分、第11章部分)，杜玉英(第10章、第12章、第13章、二维码拓展资源)，夏玉林(第4章、第7章)，张艳(第8章部分)，葛菁(第14章)，戴彦群(第1章部分、第11章)，刘光军(第8章部分)，周玫杉(第2章、第5章、第6章)，戴月(第3章)，魏一佩(第9章部分)。

在编写、审校及出版过程中，本书得到了程夏教授、刘海燕老师、张潇文老师、张颖老师及清华大学出版社编辑等多位老师各方面的宝贵指导或帮助，在此一并表示感谢！

特别感谢北京方宇博业科技有限公司董事长朱大勇先生！朱大勇先生在成都理工大学工程技术学院现代企业运作实习中心建设过程中亲临学校进行调研指导，并为本书第1版作序。

本书提供丰富的教学资源，包括但不限于教学课件、课程大纲、教学计划、拓展资源等，读者可通过扫描右侧二维码获取。本书可作为经管类专业的高年级本、专科(高职)学生专业综合实习课程用书，也可作为经管类专业研究生的专业选修教材，还可作为其他专业高年级学生的创新创业实践课程的参考书。

教学资源

由于作者水平和时间有限，书中难免有疏漏甚至错误之处，敬请广大师生及其他读者提出宝贵意见！

编 者
2022年12月于四川乐山

目 录

第一篇 概述篇

第1章 现代企业运作综合实习概述……2

第二篇 竞争性企业经营篇

第2章 个人及企业注册……8
2.1 个人注册流程……8
2.1.1 登录系统界面……8
2.1.2 进行个人注册……9
2.1.3 进行系统登录……10
2.2 企业注册流程……11
2.2.1 企业登记流程……12
2.2.2 税务登记流程……17
2.2.3 开立基本账户流程……19
2.2.4 组织机构设置流程……20
2.2.5 其他准备资料……22

第3章 原材料供应商企业……23
3.1 原材料供应商企业相关理论知识……23
3.1.1 原材料供应商企业介绍……23
3.1.2 原材料供应商企业组织结构……24
3.2 原材料供应商企业的经营规则及操作流程……24
3.2.1 工作界面功能介绍……24
3.2.2 厂区……26
3.2.3 生产部……29
3.2.4 采购部……37
3.2.5 企业管理部……40
3.2.6 销售部……44
3.2.6 财务部……50

第4章 制造企业和贸易公司……53
4.1 现代企业管理理论……53
4.1.1 企业管理概念……53
4.1.2 企业战略管理……53
4.1.3 企业管理主要范畴……54
4.2 制造企业和贸易公司职责与实习任务……56
4.2.1 制造企业职责……56
4.2.2 贸易公司职责……57
4.2.3 实习任务……57
4.2.4 实习安排……58
4.3 制造企业和贸易公司的经营规则及操作流程……58
4.3.1 制造企业和贸易公司工作界面……58
4.3.2 厂区……61
4.3.3 生产部……64
4.3.4 采购部……72
4.3.5 市场部……78
4.3.6 销售部……80
4.3.7 企业管理部……93
4.3.8 财务部……97

第三篇 服务机构(企业)运作篇

第5章 政务中心……104
5.1 市场监督管理局……104
5.1.1 企业设立登记……105
5.1.2 监督投诉……107
5.2 国家税务总局……112
5.2.1 税务登记……113
5.2.2 纳税申报……114

第6章 商业银行 120
6.1 银行操作界面 120
6.2 银行开户业务 121
6.3 银行收款 122
6.4 转账业务 123
6.4.1 银行转账 123
6.4.2 企业账户查询 126
6.5 贷款业务 127
6.5.1 贷款流程 127
6.5.2 查询贷款情况 130
6.5.3 企业偿还本金或给付利息 131
6.6 对账业务 132
6.7 实训中的单据 133

第7章 物流公司 139
7.1 物流管理理论 139
7.1.1 物流的概念与功能 139
7.1.2 物流管理 139
7.1.3 物流业务流程 140
7.1.4 第三方物流 140
7.1.5 国际物流 141
7.2 物流公司职责与实习任务 141
7.2.1 物流公司职责与功能 141
7.2.2 实习任务 141
7.2.3 实习安排 142
7.3 物流公司介绍及运营规则 142
7.3.1 物流公司介绍 142
7.3.2 合同管理部 143
7.3.3 企业管理部 143
7.3.4 仓储管理部 147
7.3.5 运输管理部 148
7.3.6 财务部 149
7.4 物流业务处理系统操作流程 150
7.4.1 企业办理物流交付 150
7.4.2 物流公司与企业签订"国内货物运输协议" 151
7.4.3 企业订单发布 152
7.4.4 物流公司确认企业物流运输订单 154
7.4.5 物理公司办理企业产品运输 155
7.4.7 物流公司发货 157
7.4.8 企业支付物流费 158

第8章 会计师事务所 160
8.1 会计师事务所业务规则 160
8.1.1 会计师事务所相关理论和知识 160
8.1.2 会计师事务所实习任务及实习安排 164
8.1.3 会计师事务所实习过程 164
8.4.6 企业确认物流费用 170
8.2 会计核算业务规则 171
8.2.1 会计业务相关理论和知识 171
8.2.2 会计业务实习任务及实习安排 186
8.2.3 会计业务实习过程——金蝶KIS学生操作指南 187

第9章 融媒体中心 204
9.1 融媒体中心相关理论和知识 204
9.1.1 报纸的版式设计 204
9.1.2 新闻采访中的成功沟通和价值挖掘 206
9.1.3 报纸版面的编排与设计 207
9.1.4 新媒体传播与运营 209
9.2 融媒体中心实习任务及岗位划分实习安排 211
9.2.1 融媒体中心实习任务与安排 211
9.2.2 融媒体中心岗位划分及工作内容 211
9.3 融媒体中心实习过程 213
9.3.1 新闻素材的采集 213
9.3.2 融媒体中心自办报纸的出刊 213
9.3.3 微信公众号的运营 213
9.3.4 抖音短视频内容制作与运营 216
9.3.5 总结视频文件的制作 217

第10章 管委会 219
10.1 管委会工作职责及进度安排 219
10.1.1 管委会主要工作职责 219
10.1.2 管委会实习进度安排 220

10.2 管委会实习过程……………………221
    10.2.1 制作实习各类信息表格……221
    10.2.2 常用工具或平台操作流程…236
10.3 管理分析报告……………………242

第11章 招标投标公司……………………243
11.1 招标投标基础知识………………243
    11.1.1 招标投标概述……………243
    11.1.2 招标投标的程序…………244
11.2 综合实习中的招标投标业务处理…………………………………246
    11.2.1 招标投标实习的安排及要求……………………………246
    11.2.2 招标投标的实习过程及指导……………………………247

第四篇 企业数据处理及分析篇

第12章 经营数据收集处理………………256
12.1 金蝶KIS业务基础参数构建……256
    12.1.1 登录金蝶KIS………………256
    12.1.2 业务基础参数设置………257
12.2 采购管理……………………………265
    12.2.1 采购订单……………………266
    12.2.2 采购入库……………………267
    12.2.3 采购发票……………………268
    12.2.4 采购信息查询………………270
12.3 生产管理……………………………271
    12.3.1 生产管理概况………………271
    12.3.2 生产任务单…………………272
    12.3.3 生产领料……………………273
    12.3.4 产品入库……………………274
12.4 销售管理……………………………275
    12.4.1 销售报价……………………276
    12.4.2 销售订单……………………277
    12.4.3 销售出库……………………279
    12.4.4 销售发票……………………280
12.5 经营业务易错问答………………281
12.6 打印管理……………………………290
    12.6.1 原始单据的打印……………290
    12.6.2 记账凭证的打印……………295
    12.6.3 科目汇总表的打印…………298
    12.6.4 银行存款明细账的打印……300

第13章 企业经营分析……………………302
13.1 经营分析理论概述………………302
13.2 经营数据记录……………………304
    13.2.1 运营流程表填写的基本要求……………………………305
    13.2.2 原材料供应商运营流程表…306
    13.2.3 物流公司运营流程表………309
13.3 经营数据整理……………………310
    13.3.1 Power Query 多表合并……310
    13.3.2 Power Pivot 数据建模……313
    13.3.3 Power View 数据交互报表…314
13.4 经营数据预测……………………315
    13.4.1 单变量预测…………………316
    13.4.2 两个变量预测………………317
    13.4.3 多变量预测…………………318
13.5 经营数据分析……………………321
    13.5.1 分析思路……………………321
    13.5.2 制造公司经营分析举例(仅供参考)………………322
    13.5.3 物流公司经营分析举例(仅供参考)………………327
    13.5.4 经营分析中的思考…………331

第14章 财务分析…………………………332
14.1 财务分析的含义…………………332
14.2 财务分析的作用…………………332
14.3 财务分析的内容…………………332
    14.3.1 财务趋势分析………………332
    14.3.2 财务指标分析………………335
    14.3.3 财务综合分析………………339
    14.3.4 财务分析显示的问题………340
    14.3.5 对策建议……………………340

参考文献……………………………………341

第一篇　概述篇

> 第 1 章　现代企业运作综合实习概述

第1章
现代企业运作综合实习概述

1. "现代企业运作综合实习"是什么样的课程

"现代企业运作综合实习"是一门跨学科、跨专业(多专业)的综合性虚拟仿真实验课程,课程的主要开设对象是经济学、管理学这两大学科门类的所有专业的高年级本、专科(高职)学生。本课程可作为其他专业高年级学生的创新创业实践训练课程,还可以作为经管类专业研究生的专业选修课程。课程的学时一般不低于60学时。

简要地说,现代企业运作综合实习就是在校内实验室构建一个浓缩的、典型的"微型经济社会",成立现代制造企业、贸易公司、银行等企业及市场监督管理局、国家税务总局等市场管理机构(见图1-1),将不同专业的学生安排在"微型经济社会"中不同的"工作岗位"一起"上班",通过手工操作和计算机实习软件操作相结合的方式,模拟现代企业和其他经济组织的组建、运营、管理等活动,模拟生产经营及相关业务处理。该课程具备如下特点。

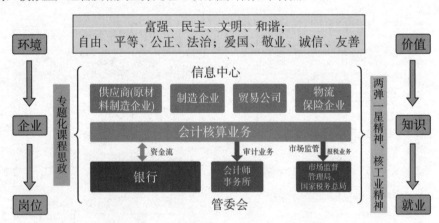

图1-1 "微型经济社会"中的组织机构

(1) 高仿真的社会经济环境和职场工作环境。国内已有较多高校通过不同的方式,实现了"将经济社会搬进校园"的教学理念,开展类似的综合实习,收到了良好的教学效果。成都理工大学工程技术学院经济与管理实验教学中心在该课程实验室场景设计(图1-2至图1-4是该实习中心实验室实景)、业务规则、业务流程、实习用具(如账证、器材)等方面采用了很"实"的高仿真设计方法,有些甚至与现实要求完全一样,如会计准则、招投标工作等。这样的教学设计,使实习工作在诸多方面接近现实的职场,拉近了学生与社会实际的距离,对高年级学生求职及今后就业起到了较好的桥梁作用。"微型经济社会"中的"虚",主要是指制造企业的原材料购买、生产、交易、物流等与实物相关的环节,或者业务是在实习软件中以虚拟仿真的形式进行的。这里的"虚",不是虚假,是符合现实、接近现实的"模拟仿真"。

图1-2　综合实习中的"银行"

图1-3　综合实习中的"税务局"

图1-4　综合实习中心的"制造企业"实习区

(2) 以"任务驱动"实习流程的自主运转和学生的自主学习。开展综合实习时，在完成团队组建、机构注册进入到经营环节后，整个"微型经济社会"中所有企业及其他组织机构的业务处理和运转都在各自岗位任务驱动下实现自主、协同开展，如同我们所在的现实社会里一样。

在综合实习中，学生是中心，是处理业务的主体，是进行分析决策的主体，学生以"做"为中心，在"学中做、做中学"，较大程度上实现自我管理、自我学习、自我分析决策。教师在实习中辅助学生在实习各阶段集中或分散指导某类实习岗位的业务处理和分析决策；监控实习过程的进度和进展，处理实习过程中的异常情况或突发事件；对生产经营过程中的违规行为进行仲裁、处理；对实习个人和团队(组织机构)的实习表现进行评价等。

(3) 多方面、多层次的综合实践。在整个实习的过程中，每个组织机构或每个团队需要完成的工作，既有本团队内部事务，又有与其他机构的业务往来；学生既要完成自己岗位的本职工作，又要参与所在机构的决策、管理等其他事务，既要与团队内部的所有成员共事，又要与外部的其他机构打交道；完成实习工作既要手工操作，又要熟练掌握实习软件的使用；组织机构之间既有分工、协同，又有相互竞争博弈。这些都要求学生努力做到理论联系实际、综合运用此前所学知识去分析解决问题。因此，综合实习为学生提供了一个全方位的能力展现平台、素质训练和提高平台，对学生理论基础的巩固、专业技能的提高、综合素质的训练等起到非常大的促进作用。

2. 开设现代企业运作综合实习课程的目的和意义

在现代企业运作综合实习中，学生置身于高仿真的企业、管理机构和市场之中，虽然很多经营活动和业务处理是模拟性质的，但是由于经营、管理活动的高仿真性，学生要完成好实习任务，也需要像经营一家现实的企业那样根据市场反应变化做出正确的决策，将此前所学理论知识、技能应用于所在实习岗位及所在实习组织机构，完成一系列的经营决策或业务处理，并为此承担相应的结果和责任。学生能经历和感受到经济管理活动的复杂性、多变性、整体性和相关性，经历和感受不同决策、不同经营环境导致不同的经营结果，经历和感受所在岗位的工作与所在企业、部门乃至整个"微型经济社会"运转的关联性，经历和感受实习工作的成功与失败，经历和感受个人、团队的合作与竞争，经历和感受"上班""加班"的滋味，等等。因此，综合实习通过各种"虚实结合"的体验和训练，既可以检验和巩固学生所学专业理论与技能，又可以提高学生的综合素质，同时拉近学生与社会实际的距离，起到"走近社会、走进社会"的桥梁作用。在现代企业运作综合实习的教学过程中将专业课程教学与职业理想、职业道德有机融合，找准结合点，抓住切入点，贯穿全程，真正做到"传道、授业、解惑"。作为经济管理类专业的综合实验课程，其教学任务不仅要向学生"授业"(即传授经济管理专业知识技能的应用)，还要"解惑"(即解决这些知识技能在实际应用中可能遇到的问题)，更要"传道"(即培养学生的良好品德，诚实守信，认真做人，踏实做事)，使学生接受符合时代发展要求的教育，这正是我们开设现代企业运作综合实习课程的目的和意义所在。

3. 注意事项

前面已经提到，"现代企业运作综合实习"是一门综合程度高、实践性强的课程，虽然实习时间不是很长，但内容覆盖面广，需要学生综合应用此前所学理论去分析问题、综合应用此前所学知识和技能等去解决问题。对所有学生来说，这些都是不小的挑战。

参加实习的学生，需注意以下几个方面。

(1) 高度重视。开设现代企业运作综合实习这门课程，对学校、对指导老师和管理团队来说，都是非常不容易的，需要投入大量的人力、物力、财务；对于即将走向社会的高年级学生来说，能在校内参加这样的综合实习，值得珍惜，更应重视。

(2) 做好充分的准备工作。应先应阅读本书和指导教师指定的其他资料,事先了解综合实习的相关内容。此外,还应当复习或从零开始学习有关的知识与技能。

(3) 认真完成好每一个实习环节。由于实习是连续性的,中间如果有间断,势必影响自己个人、所在团队甚至整个实习项目的开展,因此,没有特殊情况,学生不应缺席,要根据教学安排和指导老师的要求,认真完成所在岗位的实习任务。

(4) 养成预习和总结的好习惯。每天在实习前,应做好预习工作,对即将完成的工作或要处理的业务先有所了解、有所准备;每一天实习结束后,应总结实习工作的得失,加深对所学所做的理解,甚至为改进后续实习工作提出新的思路或方式。

(5) 勇于创新实践。实习工作的很多任务和项目,没有唯一答案或最好答案,策略不同,结果就很可能不同。学生实习时,应当具有主动学习、主动探索的意识,有敢于不唯书本、不唯教师的创新精神,在完成规定工作的前提下勇于创新实践,勇于提出、尝试不同的工作方法、经营方式和竞争博弈策略。

(6) 注意培养自己的综合素质。学生可通过实习,有意识地锻炼自己的表达能力,学会与人沟通、与人合作,培养团队意识和协助精神,等等。

第二篇　竞争性企业经营篇

- 第2章　个人及企业注册
- 第3章　原材料供应商企业
- 第4章　制造企业和贸易公司

第2章 个人及企业注册

"现代企业运作综合实习"课程借助第三方软件,通过仿真环境的营造,使学生深刻体验经济社会的一系列运营活动。在运营初始阶段,学生初次使用系统时需要注册、登录个人信息,并通过个人账号完成企业设立登记的流程。

2.1 个人注册流程

2.1.1 登录系统界面

(1) 在开始菜单或者桌面上选择浏览器(推荐使用谷歌浏览器),输入系统网址:http://172.16.3.10:8080/crossm/index,进入系统初始界面,如图2-1所示。

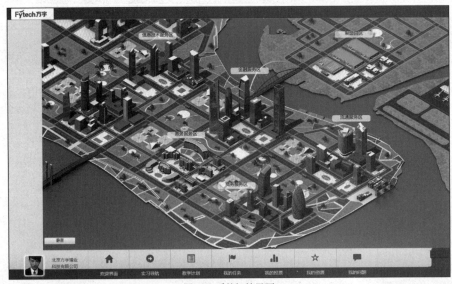

图2-1 系统初始界面

(2) 进入系统初始界面后可以看见企业园区全貌,一共分为6个区域,如图2-2所示。
① 制造园区(制造企业、贸易企业、原材料供应商)。
② 金融服务区(商业银行、会计师事务所、中国人民银行等)。

图2-2 企业园区分布

③ 政务服务区(市场监督管理局、国家税务总局等)。
④ 流通服务区(国际货运代理公司、物流公司、招投标采购中心)。
⑤ 信息技术服务区(未启用)。
⑥ 商务服务区(未启用)。

2.1.2 进行个人注册

(1) 熟悉登录界面后,学生需要单击界面右侧的头像图标,展开登录功能区,单击"注册"按钮进行个人注册,如图2-3所示。

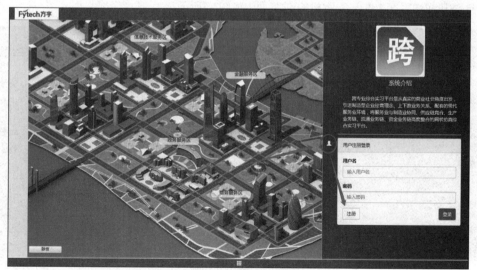

图2-3 个人注册及登录界面

(2) 单击"注册"按钮后进入个人注册界面,如图2-4所示。
① 用户名邮箱推荐使用个人QQ邮箱,区分大小写。
② 用户名邮箱和密码需要牢记,登录时需要使用用户名邮箱和密码,若员工遗忘用户名及密码,CEO可通过"组织机构"进入查看。

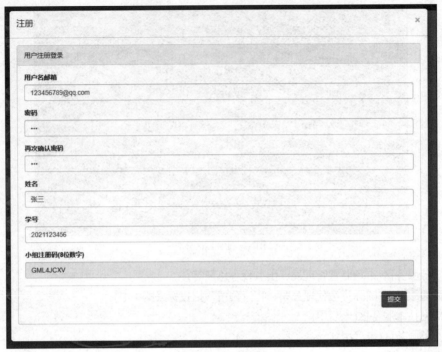

图2-4 个人注册界面

③ 学号和姓名使用自己的真实学号和姓名。

④ 学生进行个人注册前，各企业(机构)的实习指导教师将统一发放8位小组注册码，各企业(机构)的负责人使用"CEO注册码"，其他员工使用"员工注册码"。

(3) 注册成功后直接进入企业(机构)的界面，如图2-5所示。

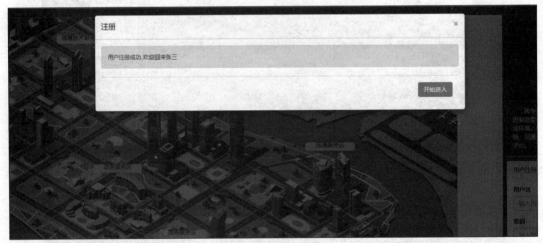

图2-5 注册成功界面

2.1.3 进行系统登录

单击右侧头像图标，输入用户名邮箱及密码，单击登录，进入各企业(机构)的实习界面，如图2-6所示。

图2-6 登录界面

2.2 企业注册流程

企业(或机构)符合法定程序要件和实体要件,并取得法人资格,才能开始营业活动。公司的成立是完成公司的组建行为与有关主管机关审查认可行为的和谐统一;仅有公司组建行为的完成,即便其行为完全符合有关程序要件和实体要件,不经登记机关的认可或政府的许可(有些特殊业务必须经政府许可),并予以公告,公司也不能视为成立,无法取得法人资格,更不能进行营业活动,否则要承担有关法律责任。

《中华人民共和国公司法》第六条提到:设立公司,应当依法向公司登记机关申请设立登记。以使用手机App在某地办理企业开办流程为例,公司设立登记流程主要包括以下几个步骤。

(1) 用户注册:申请人通过手机App注册账号,注册时需要提供本人真实手机号码及身份证原件,需由本人进行人脸识别认证,人脸识别通过后则注册成功。

(2) 手机App登录后,在首页点击"企业开办",进入企业开办登记申请填报流程;点击"签名待办",可对提交信息进行签名确认;点击"我的业务",可查看"我"填报的所有申请案进度,并可针对具体某个申请案的状态进行各种操作。

(3) 单击进入"企业办理"后,跳转到企业名称的登记页面,按顺序录入"名称区划(选择城市和行政区)、名称字号(自己拟定的企业名称)、行业表述(手动搜索行业且只能选择系统显示的行业,请注意括号内的对应行业描述并选择适合的行业,否则会对之后的经营范围产生影响)、组织形式(根据企业实际情况选择,若为一人独资企业,则选择有限责任公司自然人独资)"信息,然后选择登记机关。此时,系统会自动生成拟申请企业名称。用户确认后单击"下一步"按钮,系统会对企业名称查重,若查重通过,则进入下一个环节(申报通过不代表登记机关对于企业名称的确认,具体以审核意见为准);如果查重不通过,则需对企业字号进行修改。

(4) 填报委托代理人信息及工商联络员信息、拟设立企业信息、经营范围、党建信息、股东出资信息(包括股东类型、姓名、证件及认缴信息等)、主要人员信息(包括"董事、监事、经理"信息)、税务信息、财务负责人(监事不能同时担任财务负责人)等。

(5) 选择银行预约开户，直接在下拉菜单中选择对应的银行网点；若不预约银行开户，可选择跳过。

(6) 企业基本信息填完之后，如果需要完善相关材料清单(主要是住所信息证明)，则需单击"信息完善"，完善相应材料、上传图片，然后预览材料。

(7) 填报公安备案信息，主要是填报印章制作信息。

(8) 填报办税人员实名信息，如果选择不申请领用发票，则选择否，直接进入下一步社保信息登记环节，申请人需自行到税务窗口补录税务信息、领取发票。

(9) 社保信息登记，如果选择不采集社保，则直接进入下一步签名环节，申请人需自行到社保窗口补录信息。

(10) 企业需要签名人员登录各自的手机App，通过"企业开办""签名待办"，进入需要签名的列表页面。提交签名后，需点击签名页面上的"提交签名"，完成签名操作，出现"已成功签署"等字样后才表示签名成功。

(11) 申请人通过首页"企业开办""我的业务"，进入申请列表页面，可以查看所有人员的签名情况。如果信息有误，可单击重新编辑进行修改。在正式提交资料前，资料可以暂时保存，经办人可以多次填写。申请人在办理进度中可查看申请进度。其中涉及的业务有：一窗办理审核、营业执照领取、公章领取、税票领取等。所有环节都已完成后，企业开立正式办理完毕。

根据实际的公司设立登记流程，本次实习的企业设立登记简化为4个步骤：市场监督管理局注册登记、税务登记、基本账户开立，以及各企业的组织机构设置。

【注意】

① 各个企业(或机构)在企业设立登记阶段，最好使用CEO的账户来完成各项工作。

② 如果有多个账户同时提交同一个企业(或机构)的同一项工作的申请文件，会使该项工作被系统锁定，无法继续完成该任务，最终导致企业(或机构)设立登记失败。

2.2.1 企业登记流程

(1) 完成登录后，单击下面的"快进进入"，进入企业界面，出现任务提示，如图2-7所示。

图2-7 企业设立登记任务提示界面

(2) 单击"完成企业登记"一栏,进入"市场监督管理局",单击"企业登记—企业名称预先核准",即可看见市场监督管理局企业登记的详细流程,单击"新建",开始企业登记的第一步,具体如图2-8、图2-9和图2-10所示。

图2-8　市场监督管理局界面

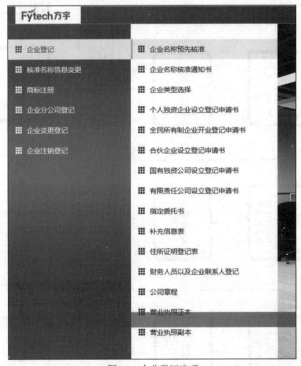

图2-9　企业登记选项

(3) 依次填写"企业名称预先核准申请表""内资公司设立登记申请书""指定委托书""补充信息表"的电子及纸质版,并提交至市场监督管理局,等待相关工作人员审核。每一份表格均需要工作人员审核通过后才能填写下一份表格,同时,企业经办人员需要通过市场监督管理局"我的任务—领取任务"来领取已审核通过的下一个任务。市场监督管理局通过单击下方"实习导航",找到"政务服务区"中的"市场监督管理局",具体如图2-11、图2-12所示。

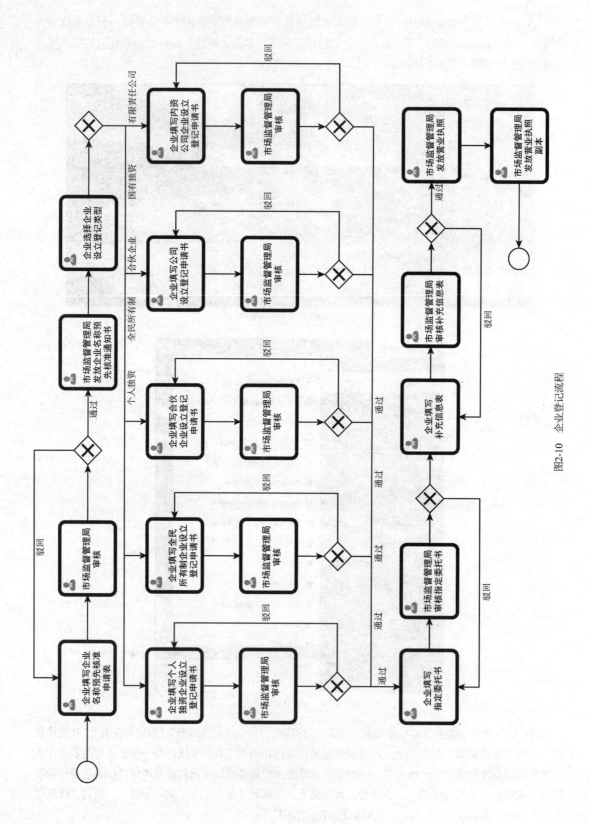

图2-10 企业登记流程

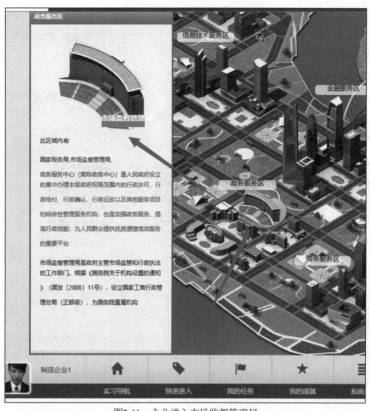

图2-11　企业进入市场监督管理局

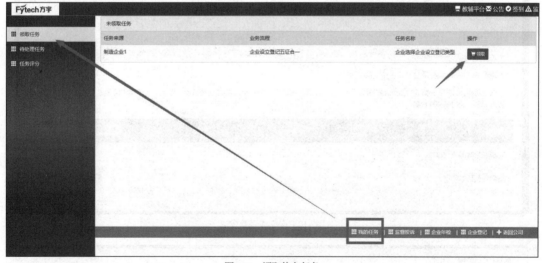

图2-12　领取待办任务

【注意】

① 企业在命名的时候需要符合《企业名称登记管理规定》；企业名称一般由4个部分构成，即行政区划、字号(或商号)、行业(行业特点)、组织形式，其中字号应由两个以上汉字组成。其他具体规定可查询并参考《企业名称登记管理规定》相关条款。

② 企业名称预先核准通知书(纸质文件)的有效期为6个月，有效期满，已核准的名称自动失

效。如有效期届满仍未完成企业设立登记的,可以在有效期届满前向工商部门申请延长名称有效期,延期期限也为6个月,再次到期后不能再次延续,名称将自动失效。核名通过之后,如未取纸质文件,名称的有效期为2个月。

③ 本次实习的所有企业均选择"有限责任公司"。

④ 如果企业填写的表格被市场监督管理局驳回,企业需要重新填写相关内容并再次提交,同时派企业经办人员再次到市场监督管理局提交审核申请。

⑤ 具体表格模板可扫描下方二维码获取。

企业设立登记
申请书

法定代表人登记表

企业名称预先核准
登记通知书

企业名称预先核准
申请书

企业住所
(经营场所)证明

(4) 所有表格审核通过后,进入企业操作界面即可看见"完成企业登记"一栏显示"已完成",如图2-13所示。

(5) 查看营业执照:企业可从市场监督管理局的"企业登记—营业执照正本/副本"进入,单击操作栏中的"查看"即可查看营业执照,如图2-14所示。

(6) 领取纸质营业执照及副本:所有的电子及纸质版资料审核通过后,企业经办人员即可去市场监督管理局领取纸质版的营业执照正本,如图2-15所示。

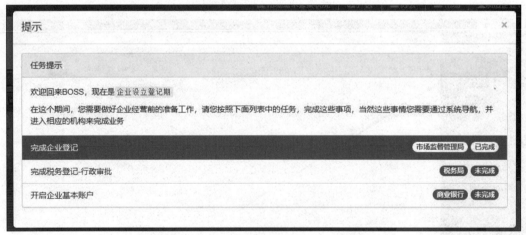

图2-13 已完成企业登记

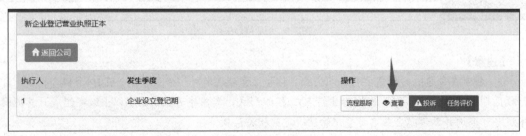

图2-14 查看营业执照

图2-15 企业营业执照

2.2.2 税务登记流程

(1) 单击企业界面中提示的"完成税务登记—行政审批"一栏即可进入"税务局"界面，如图2-16所示。

图2-16 "税务局"界面

(2) 单击"行政审批"，分别完成"税务登记—税务登记表""税务报到—增值税一般纳税人资格登记"，以及"发票领购—发票领购"3个任务，填写"税务登记表""纳税人登记表"及"发票领购申请表"，具体流程如图2-17、图2-18、图2-19、图2-20所示。

【注意】

① 3个任务可同时完成，提交后再提醒相关税务局工作人员审核。

② 电子版和纸质版表格可同时提交给工作人员审核。

③ 具体模板可扫描二维码获取(见下页)。

增值税一般纳税人
申请认定表

发票领购
申请审批表

税务登记表

图2-17 税务登记界面

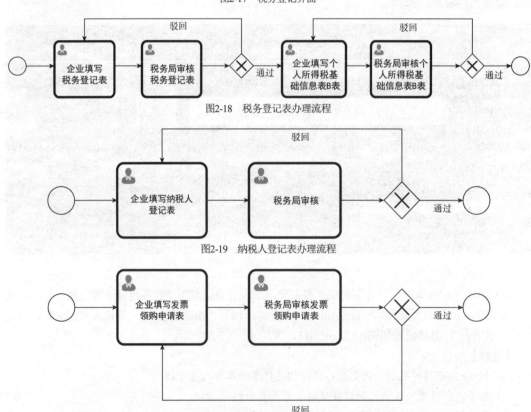

图2-18 税务登记表办理流程

图2-19 纳税人登记表办理流程

图2-20 发票领购申请表办理流程

(3) 税务局全部审核通过后,即可见"完成税务登记—行政审批"显示"已完成",如图2-21所示。

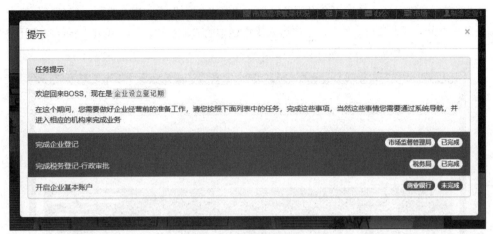

图2-21 完成税务登记

(4) 领取增值税专用发票及普通发票:电子版及纸质版资料全部审核通过后,企业经办人员可凭纸质资料前往税务局领取一本增值税专业发票及一本普通发票。

2.2.3 开立基本账户流程

(1) 开立企业基本账户需要查看系统中的名称,一般叫作基本存款账户:单击操作提示中"开设企业基本账户"一栏即可进入银行,单击"开户业务—企业基本开户业务",新建流程,依次完成《开户申请书》《银行结算账户申请书》的填写,等待银行工作人员依次审核通过,同时完成纸质版《开立单位银行结算账户申请书》的填写,并提交给相应的银行工作人员。具体模板可扫描二维码获取,具体流程如图2-22所示。

开立单位银行结算账户申请书

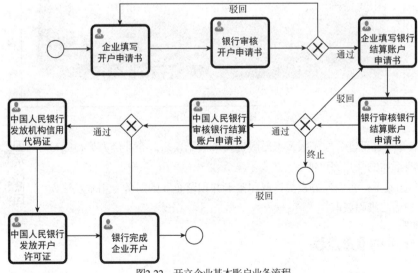

图2-22 开立企业基本账户业务流程

(2) 银行工作人员依次审核无误后即完成开户,此时任务提示中"开启企业基本账户"一栏显示已完成。当三栏全部变成蓝色"已完成"时,才表示企业已做好企业经营前的准备工作(见图2-23)。

(3) 查看开户许可证:通过"金融服务区"—"商业银行"进入银行界面,找到任务栏中"开户业务"—"企业基本开户业务",单击进入操作栏中的"流程跟踪",找到"银行完成开户许可证—已完成"一栏,单击进入,即可查看(见图2-24)。

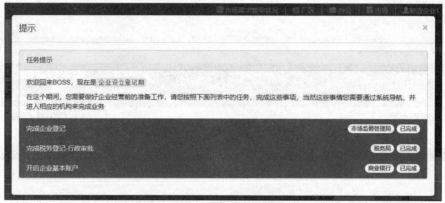

图2-23 企业设立登记任务完成界面

图2-24 开户许可证

(4) 领取开户许可证:电子版及纸质版资料审核无误后,企业经办人员即可前往银行领取纸质的开户许可证。

(5) 预留印鉴章:企业经办人员领取印鉴卡并预留企业的财务专用章及法人章,模板可扫描二维码获取。

银行预留印鉴卡

2.2.4 组织机构设置流程

企业在进入经营期前需要完善本企业的组织机构设置,CEO应按照招聘时人员的分工正确设置岗位和权限，这是保证后续实习能够正常有序开展的重要条件；同时，对企业岗位权限的设定应在企业设立期完成，在系统进入正式经营后设定权限将不起作用。

组织机构设置流程具体操作流程具体如下。

(1) 设置岗位及相应的权限：通过企业经营界面，找到右边操作栏中的"我的办公室"，进入我的办公室，单击任务栏中的"组织机构管理"—"部门管理"—"企业岗位权限管理"，新建岗位并设置对应的权限，具体操作如图2-25所示。

图2-25　企业岗位权限管理

(2) 分配岗位：单击"部门管理"—"人员权限管理"，单击"修改"，选择不同的岗位即可更改对应人员的岗位，如图2-26所示。

图2-26　人员权限管理

2.2.5 其他准备资料

1. 企业日常工作制度

现代企业管理制度的4个主要管理对象为人、财、物、信息,后三者都需要人去管理和操作,人是行为的主体。企业日常工作制度一般包括出勤制度、工作内容、总结制度、会议制度、发展目标、晋升与发展、合理化建议、监督机制等。

2. 企业经营理念

企业经营理念是对企业经营活动的目标、目的、原则等问题的思考和界定,即战略愿景、组织使命、企业文化。

战略愿景也被称为企业发展前景或者企业发展目标,它是支撑企业长期发展的远景目标,也是组织希望创造的未来景象。

组织使命即"企业存在的目的"或者"企业经营的目的",如果说企业的战略愿景是企业争做第一,那么企业的组织使命就是企业如何争第一,或者靠什么争第一。

企业文化,也被称为企业的经营哲学。它是处理企业内部人与人之间关系及企业与企业外部各种不同主体关系的最高依据和法则,是企业组织"做人"的总原则。

3. 企业logo

logo是"logogram"的简写,翻译成中文是标志、徽标或商标的意思。各种不同的logo有其各自不同的意义和作用,如代表不同国家的国旗、各种社会活动logo、公共场所logo、企业logo等。它们以简练的图形符号,表达一种特定的信息,常采用直接、间接、联想、暗喻、象征手法,将较为复杂的信息,集中概括在简洁美观的图形之中。

第3章
原材料供应商企业

3.1 原材料供应商企业相关理论知识

3.1.1 原材料供应商企业介绍

产品供应链是指从初级生产直到消费的各环节和操作的顺序,涉及产品及其辅料的生产、加工、分销、储存和处理,其范围从原材料生产者、产品生产制造商、运输和仓储者、转包商到零售商和产品服务环节及相关的组织,如设备、包装材料生产者、清洗行业、添加剂和配料生产者。

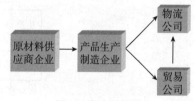

在现代企业运作综合实习中,产品供应链由原材料供应商企业、产品生产制造企业、贸易公司和物流公司组成。产品流通过程如图3-1所示。

图3-1 产品流通过程

原材料供应商企业处于本次实习产品供应链的最前端,主要是为生产制造企业提供生产中所需要的零部件。原材料供应商企业的工作内容如图3-2所示。

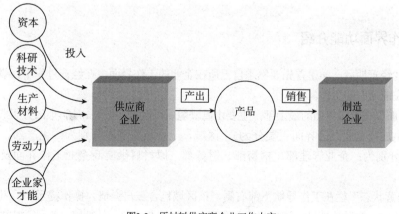

图3-2 原材料供应商企业工作内容

原材料供应商企业在生产中,投入的主要生产要素包括资本、科研技术、生产材料、劳动力和企业家才能。在本次实习中，资本主要指经营企业所用的资金，除了初始资金500万元外，还可以通过向银行贷款的融资方式获得资金。原材料供应商企业在创立初期直接获得了M1A型产品的生产资格，如果要生产其他工艺类型的产品，就需要先投入研发人员和资金，研发成功后方可投入生产。企业在生产产品时所需要的生产材料需要在系统中预订、购买。企业在生产产品时所需要的劳动力，需要在系统中雇用初级工人、高级工人、车间管理人员(车间管理人员本身没有生产能力，所以不能直接使用。但是车间管理人员可以提高工人的生产效率，因此车间管理人员需要与初级工人或者高级工人相互配比使用)并将劳动力合理分配到各条生产线中进行生产活动。企业家才能主要是指在CEO的组织和管理下，每个部门负责人发挥自己的管理创新能力，为企业的发展出谋划策。

原材料供应商企业所生产的产品主要是批量销售给生产制造企业，交易前双方通过商务洽谈确定交货时间、交货数量及交易价格。

3.1.2 原材料供应商企业组织结构

组织结构是组织的全体成员为实现组织目标，在管理工作中进行分工协作，在职务范围、责任、权力方面所形成的结构体系。在现代企业运作综合实习中，原材料供应商企业可以由CEO设立生产部、采购部、销售部和财务部(见图3-3)，4个部门协同合作，共同完成经营目标。

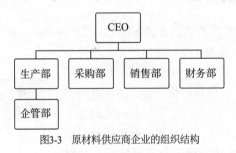

图3-3　原材料供应商企业的组织结构

3.2　原材料供应商企业的经营规则及操作流程

3.2.1　工作界面功能介绍

进入企业经营期后，学生首先要熟悉自己所在企业的工作界面。在经营过程中，学生需要通过系统操作来完成所有的工作。

"工作导航"在工作界面的最上部，主要由驾驶舱、厂区、办公、市场4个部分组成。

原材料供应商企业办公界面主要分为5个区域，上层从左到右分别为：生产部、采购部，下层从左到右分别为：企业管理部、销售部、财务部。原材料供应商企业工作界面及各部分功能如图3-4所示。

"企业经营状态"栏在工作导航下部右侧，该区域包含账户详情、操作提示、当前时间、开拓市场、产品研发、资质认证等，该栏目下部为当前选中的办公部门的功能。当前选中的办公部门为生产部，因此在该区域可以看到生产线和产品研发两个标签，在生产线标签下可以查看生产线的名称、状态和最大产量。

图3-4 原材料供应商企业工作界面

（一）工作导航

工作导航包括4个部分，分别对应企业整体状况、厂区建设状况、各部门工作界面和市场开拓投资状况等。利用工作导航可以方便地在不同功能间转换。

(1) 驾驶舱。单击"驾驶舱"，弹出下拉菜单，如图3-5所示。驾驶舱主要包括市场需求繁荣状况、市场需求预测(实时更新)、资金状况、收入状况、仓库容量剩余状况、仓库吞吐量剩余状况、生产线产量状况。

(2) 厂区。单击"厂区"，企业可以选择厂区，并购买该厂区的使用权，以及厂房和仓库。

提示：企业只有购买了厂区后才能开始经营活动。

(3) 办公。在驾驶舱或者厂区等其他界面，可以通过单击"办公"回到办公界面，再进行各部门业务处理。

(4) 市场。单击"市场"，显示企业的市场开拓情况，每个季度初期可以在已开拓的市场进行竞单操作。

（二）"企业经营状态"栏

"企业经营状态"栏主要由8个部分组成，集中显示了该企业的整体经营状态，如当前时间、开拓情况、产品研发、资质认证等，如图3-6所示。

图3-5 驾驶舱下拉菜单

图3-6 企业经营状态

(1) 企业名称：企业注册成功后系统会显示企业注册的名称。单击"企业名称"，可以查看企业的基本信息。如果在期初设置了企业密码，单击"企业名称"可以显示"结束本季操作"按钮，每个季度操作结束后应及时单击该按钮。

(2) 账户详情：单击"账户详情"，可以查看企业的银行账号、账户余额、银行存款日记账等信息。

(3) 我的办公室：单击"我的办公室"，可以对企业的组织机构进行设置与管理、查看企业经营管理记录、企业的财务状况。

(4) 操作提示：提示企业当前未完成的操作。在实习的过程中企业要注意，并不是所有的未完成操作都是必须完成的。

(5) 当前时间：显示企业目前实习所处的经营阶段。

(6) 开拓市场：显示企业市场开拓的情况，已开拓成功的市场图标会被点亮。

(7) 产品研发：显示企业产品研发的情况，已研发成功的产品图标会被点亮。

(8) 资质认证：显示企业的资质认证情况，已通过的资质认证图标会被点亮。

(9) 部门功能：显示左侧办公区域中被选中部门相应的功能。

3.2.2 厂区

原材料供应商企业在成立初期，首先要选择并购买一个厂区，作为本企业的生产经营场所。企业只有购买了厂区，才能开始经营活动。企业购买厂区后，可以根据需要在建设中心建造厂房和仓库，在租赁中心进行租赁仓库等经营活动。

（一）厂区建设规则

系统提供了6个不同的区域可供选择，即京津唐经济特区、环渤海经济特区、长江三角洲经济特区、珠江三角洲经济特区、东北老工业基地及西部大开发基地，企业可以根据制定的发展战略自主选择建厂区域。各区域厂区的基本情况如表3-1所示。

表3-1 厂区基本情况表

所在地区	代表城市	类型	土地价格(元/m^2)	厂区面积(m^2)	每期最大可扩建面积(m^2)
京津唐经济特区	北京	小型	1 000	1 000	1 000
		大型	1 000	1 200	1 200
环渤海经济特区	大连	小型	850	1 000	1 000
		大型	850	1 200	1 200
长江三角洲经济特区	武汉	小型	800	1 000	1 000
		大型	800	1 200	1 200
珠江三角洲经济特区	深圳	小型	1 100	1 000	1 000
		大型	1 100	1 200	1 200
东北老工业基地	沈阳	小型	900	1 000	1 000
		大型	900	1 200	1 200
西部大开发基地	成都	小型	700	1 000	1 000
		大型	700	1200	1200

在厂区建设过程中,企业竞争者需要遵守以下规则。

(1) 每个企业在整个经营过程中,只能购买一个厂区,厂区分为大型厂区和小型厂区两种类型,面积分别为$1\,200m^2$和$1\,000m^2$,每个区域的土地价格各不相同。企业购买厂区所需的费用可以通过式3-1计算得到。

$$建厂费用=所选区域土地的价格×厂区的面积 \quad (式3-1)$$

(2) 购买厂区时,必须一次性支付全部价款,支付购买费用后,当季度即可使用。

(3) 对于厂区内的建筑物,当季度租赁或者建造后,当季度即可使用。租赁的建筑物不占用厂区的面积,建造的建筑物占用厂区面积。

(4) 当企业在经营过程中需要增加建筑物时,如果厂区面积不足,需要对厂区进行扩建。厂区每次扩建的面积有限,每次扩建的面积可以通过式3-2计算得到,每次扩建所需的费用可以通过式3-3计算得到。

$$每次扩建面积=厂区现有面积/(已扩展次数+1)^2 \quad (式3-2)$$

$$每次扩建费用=每次扩建面积×土地的价格 \quad (式3-3)$$

(6) 厂区扩建必须一次性付款,支付扩建费用后,马上可以扩建完成,当季度即可使用。

(二) 购买厂区操作流程

(1) 在企业办公界面(见图3-4)单击工作导航中的"厂区",进入建厂区域界面。

(2) 单击某个厂区区域的时候,可以显示该市场在本地的市场需求状况,如图3-6所示。企业根据发展战略需要选择所要购买的厂区区域及厂区类型,单击"购买"。

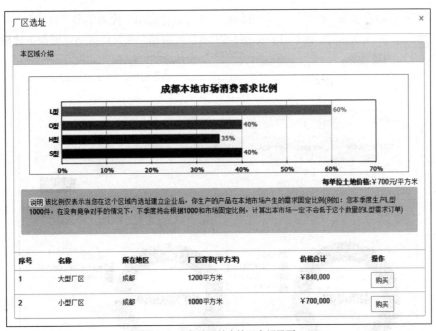

图3-6 成都地区基本情况介绍界面

(3) 在"企业经营状态"栏单击"操作提示",在操作提示界面单击"付款"。

(4) 在操作提示界面单击"签收",完成厂区的购买。

签收确认后,显示企业的厂区界面,如图3-7所示。可根据企业发展战略需要进行厂房、仓库的建设及厂区扩建等。

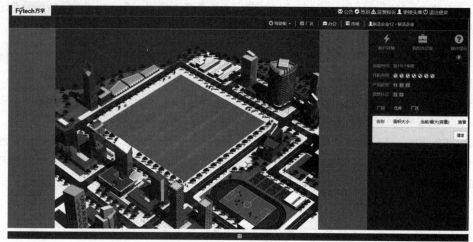

图3-7　厂区建成后界面

(三) 厂区扩建操作流程

(1) 在企业办公界面,单击工作导航中的"厂区",进入建厂区域界面,如图3-7所示。

(2) 在"企业经营状态"栏中的部门功能区单击"厂区"工作标签,单击"查看",显示厂区扩建界面。

(3) 单击"开始扩建",进行厂区的扩建。

(4) 在"企业经营状态"栏单击"操作提示",在"操作提示"界面单击"付款"。

(5) 付款后,完成企业的厂区扩建,如图3-8所示。可根据企业发展战略需要在扩建后的厂区内进行厂房、仓库的建设等。

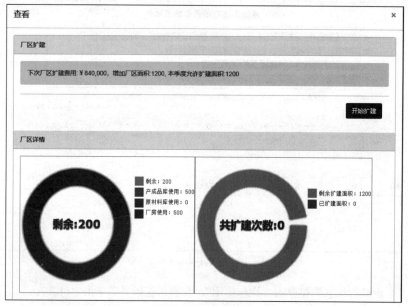

图3-8　厂区扩建界面

本次实习中的原材料供应商的固定资产主要包括厂房、仓库和生产线等。只有购买的仓库需要支付维护费用，维护费用在下个季度支付；租赁的仓库在租赁后即可投入使用，每个季度需要承担相应的租赁费用，租赁费在下个季度支付。

根据系统提示，显示支付库存保管费时，才需要支付；没有显示，则无须支付。一般情况下，在购买的仓库内，季度末存放的物料需在下个季度初支付物料保管费。租赁的仓库不需要保管费。是否支付，以系统显示为准。

3.2.3 生产部

原材料供应商企业的生产部的主要任务是根据企业决策所确定的经营方针、经营目标、经营战略、经营规划，运用计划、组织、控制等职能，把投入生产过程的各种生产要素有效结合起来，形成有机整体，按照规定的数量、期限和成本，生产市场需要的产品或劳务。

（一）厂房

1. 厂房购建规则

企业的厂区建造完成后，需要建造(购买)厂房，只有完成厂房建造，才可以购买、安装生产线，并组织生产。厂房有大、中、小三种类型，厂房类型不同，其容量、兴建价格、厂房面积就有所不同，可以安装的生产线也不同。厂房的基本信息如表3-2所示。

表3-2 厂房基本信息表

厂房类型	容量(条)	兴建价格(元)	厂房面积(m^2)	折旧期限(季度)
小型厂房	1	250 000	200	40
中型厂房	2	400 000	400	40
大型厂房	3	600 000	500	40

2. 厂房购买操作流程

(1) 在企业办公界面单击工作导航中的"厂区"，进入建厂区域界面。

(2) 在厂区中单击"建造中心"(见图3-9)，然后在"企业经营状态"栏中的部门功能区单击"厂房"工作标签，再单击"建造"。

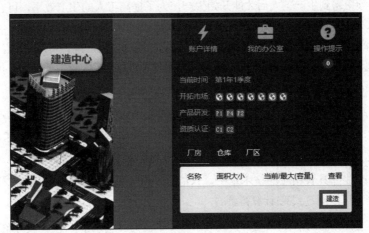

图3-9 建造厂房界面

(3) 选择要购买的厂房类型,然后单击"购买"。

(4) 在"企业经营状态"栏单击"操作提示",在操作提示界面单击"付款"。

(5) 在操作提示界面单击"签收",完成厂房的购买。

(6) 签收确认后,厂房购买完成,可根据企业发展战略需要在厂房中安装生产线。

(二)生产线

1. 生产线安装和使用规则

企业可以根据发展战略需要,购买并安装生产线,用于组织开展生产。

系统模拟了4种类型的生产线,生产线不同,其价格、技术水平、强度及产能也各不相同,详细信息如表3-3所示。

表3-3 生产线基本信息表

生产线类型	购买价格(元)	安装周期(季度)	转产周期(季度)	技术水平	最大产能(件/季度)	人员使用率(%)	折旧期限(季度)
劳动密集型生产线	500 000	0	0	2	500	50	5
半自动生产线	1 000 000	0	1	3	500	100	40
全自动生产线	1 500 000	1	1	4	450	1000	40
柔性生产线	2 000 000	1	0	4	400	300	40

在生产线的安装和使用过程中,企业竞争者需要遵守以下规则。

(1) 必须在建成后的厂房中购买安装生产线。厂房容量不足时,无法购买安装生产线。

(2) 购买生产线必须一次性支付全部价款,在价款支付完毕后自动开始安装,在安装周期完成的当季度可投入使用。原材料供应商生产线的损耗比较大,有可能一两个季度就使用报废,因此,在实习过程中,原材料供应商的生产线按照5个季度进行折旧,或者按照工作量法进行折旧。

(3) 生产线建成后初始产能为0,且每种类型的生产线都有最大产能限制。

(4) 企业必须招聘到生产工人后才能开始生产,为了提高工人的生产效率,可合理配置生产工人与车间管理人员的比例。

(5) 开始生产前必须将人员调入生产线,以提高生产线的可用产能。可用产能(注意:不是产量)最多只能提高到该生产线的最大产能。人员使用率表示每个生产工人或生产管理人员所能提高的产能。生产线可用产能可以通过式3-4计算得到。

$$生产线可用产能=(生产工人专业能力×生产工人人数+生产工人专业能力×生产工人人数×车间管理人员管理能力提升率×车间管理人员人数)×人员使用率 \quad (式3-4)$$

注意:计算后数值如果不是整数,应按四舍五入取整。

(6) 每条生产线都具有相应的技术水平,只能生产低于或者等于该生产线技术水平的工艺产品。生产线的产量可以通过式3-5计算得到。

$$生产线单次生产产品的个数=(生产线技术水平-产品的工艺水平)×生产线可用产能 \quad (式3-5)$$

(7) 每条生产线都可以通过升级来提升技术水平，升级周期为一个季度。每次提升的幅度可通过式3-6计算得到，每次提升所需要的费用可通过式3-7计算得到。

$$生产线提升的水平＝当前技术水平/2/提升次数 \qquad (式3-6)$$

$$生产线提升的费用＝生产线购买价款/2 \qquad (式3-7)$$

注意：当生产线的技术水平与产品的工艺水平相等时，1个产能对应0.5个产量。

(8) 生产线转产是指不生产原来生产的产品，改为生产另一种类型的产品。企业必须在生产线建成完工后，并且在空闲状态下才能对该生产线进行转产。

(9) 生产线转产不需要支付转产费用，但有的生产线有转产周期。提示：产品类型不同，其涉及的工艺也不同，所以需要转产，比如生产M1A转到生产M1B是需要转产的，M2、M3内部的工艺各不相同，也需要转产。

(10) 企业在生产线转产期间不能对该条生产线进行任何操作，因此在转产之前，如果需要调出生产工人和车间管理人员，应先调出后再进行转产。

(11) 劳动密集生产线、半自动生产线签收后，可直接投入生产；全自动生产线、柔性生产线需要一个季度的安装周期。

(12) 原材料供应商企业的M1、M2、M3的生产周期为0。

(13) 生产线生产的过程中会发生磨损，主要表现为强度降低。

(15) 企业可以通过对生产线进行管理维修来恢复生产线的强度，使其恢复生产能力。维修需要支付相应的维修费用。

(16) 生产线维修完成后，将变成一条全新的生产线，与初次安装时的各种性能基本相同，唯一不同的是全新的生产线可以自由选择生产产品的类型，但是管理维修后的生产线仍然默认原来生产的产品类型，如果要生产其他产品，需要进行转产。

(17) 每种类型的生产线的维修周期和生产线升级周期都需要1个季度。

2. 生产线购买操作流程

(1) 在企业办公界面的办公区域单击"生产部"。

(2) 在右侧"企业经营状态"栏中的部门功能区单击"生产线"工作标签，单击"购买生产线"。

(3) 选择要购买的生产线，单击"购买"。

(4) 在"企业经营状态"栏单击"操作提示"，在操作提示界面单击"付款"。

(5) 在操作提示界面单击"签收"，完成生产线的购买。

签收确认后，生产线购买完成，可根据企业发展战略需要组织生产经营活动。

注意：企业要根据发展战略选择合适类型的生产线来生产产品，以免造成不必要的损失。

（三）产品研发

1. 产品研发规则

原材料供应商企业成立初期，M1A不需要研发，即可投入生产。除了M1A，其他产品均需要研发，且只有研发成功后，才能投入生产。产品的研发需要投入一定的资金和人力，各类型产品研发的具体信息如表3-4所示。

表3-4　原材料供应商企业产品研发基本信息表

研发项目	基本研发能力要求	基础投放资金(元)	系统推荐资金(元)	代表BOM	工艺水平
M1型产品研发	0	0	0	M1型产品A型工艺清单	1
M1型产品工艺改进	30	200 000	280 000	M1型产品B型工艺清单	0
新型产品研发	50	500 000	700 000	M2型产品A型工艺清单	2
新型产品研发	50	500 000	700 000	M3型产品A型工艺清单	3
M2型产品工艺改进	30	300 000	420 000	M2型产品B型工艺清单	1
M3型产品工艺	30	500 000	700 000	M3型产品B型工艺清单	2

在产品研发过程中，企业竞争者需要遵守以下规则。

(1) 每次研发所投入的资金不得少于最少投放资金。

(2) 研发投入的资金可以累计，即如果第一次研发失败，第二次所投入的资金与第一次投入的资金累计计算。建议累计投入资金不少于推荐资金，以保证研发成功。

(3) 企业招聘到研发人员后，才能开始产品研发工作。

(4) 开始研发前必须先调入研发人员，只有该研发项目的研发人员能力达到基本研发能力要求，才能开始研发。

(5) 产品的研发周期是一个季度，即在投入研发后的下一个季度查看研发是否成功。研发成功的产品当季度可以投入生产。

(6) 产品研发具有一定的风险性，并不是投入研发资金和研发人员就一定会成功。研发的成功率可以通过式3-8计算得到。

$$研发成功率 = (投入的有效研发资金 \times 80\% / 推荐资金 + (投入的研发人员研发能力 - 基本研发能力要求) \times 20\% / 100) - (20\% \sim 40\% 的随机值) \qquad (式3-8)$$

注意：投入的研发人员和研发资金应合理分配，任何一方较弱都有可能导致研发失败。

2. 产品研发操作流程

企业首先应根据研发成功率公式，计算需要研发的产品所需的资金和科研人员的数量。

(1) 在企业办公界面的办公区域单击"生产部"。

(2) 在右侧"企业经营状态"栏中的部门功能区单击"产品研发"工作标签，选择要研发的产品，单击"查看"。

(3) 进入投入研发界面(见图3-10)，输入要投入的资金数额，单击"投入资金"，在操作提示界面单击"付款"。

(4) 单击"投入研发人员"，输入要投入的研发人员的数量，在操作提示界面单击"付款"。

注意：在当前季度结束前，可以继续投入资金和研发人员，也可以撤出研发人员。

图3-10 投入研发界面

(四) 仓库

1. 仓库购买(租赁)和使用规则

仓库分为产成品库和原材料库,但在大型系统中增加了原材料供应商企业后,仓库只有一种综合仓库,分为大、中、小三种类型。仓库类型不同,其容量、兴建价格、占地面积、租赁费、吞吐量也不相同,仓库的基本信息如表3-5所示。

表3-5 仓库基本信息表

仓库类型	容量(件)	兴建				租赁	吞吐量(件)
		兴建价格(元)	维护费用(元/季度)	折旧期限(季度)	占地面积(m^2)	租赁费(元/季度)	
小型仓库	3 000	300 000	2 000	40	300	80 000	10 000
中型仓库	6 000	600 000	2 000	40	500	100 000	20 000
大型仓库	12 000	800 000	2 000	40	1 000	200 000	30 000

在仓库的购买(租赁)和使用的过程中,企业竞争者需要遵守以下规则。

(1) 在购买厂区后,企业可以根据发展战略规划选择购买(自行兴建)或者租赁仓库,用来存放开展生产所需的原辅材料和产成品。

(2) 企业购买或租赁的仓库每个周期都有吞吐量限制,吞吐量在每个季度单独计算,即在每个季度初还原为最大值。吞吐量的具体数据如表3-5所示。

(3) 原材料企业采购的原辅材料必须存入仓库以备生产领用,生产的产品在下个季度初要存入仓库后以备继续生产或销售。

(4) 在原辅材料、产成品入库前,企业必须先查看仓库的基本情况,在容量和吞吐量允许的数量范围内,分批存入合适的仓库。

(5) 租赁的仓库到期时，可以主动申请退租；如果不主动申请退租，系统会自动将租赁合同延长一个季度。

(6) 租赁的仓库主动退租时，必须清空该仓库内的所有原辅材料和产成品；如果当前季度结束时仓库中还存放原辅材料或产成品，系统会自动将租赁合同延长一个季度。

(7) 企业对租赁的仓库进行主动退租时，需要立即支付本季度的租赁费用；如果续租，租赁费用将在下一个季度初支付。

(8) 可以将物料进行移库，但是移库时，移出的仓库需要有足够的吞吐量，物料移入的仓库仍然需要有吞吐量，否则移库不成功。同时，移库不会减轻吞吐量的负担。因此，在非必要的前提情况下，尽量不进行移库。

【线下操作】

(1) 采购部在收到采购的原辅材料或产成品入库时，需要填写入库单(或收料单)。

(2) 生产部在领取原辅材料进行生产时，需要填写领料单。

(3) 销售部在领取产成品进行销售时，需要填写出库单。

2. 仓库建造(购买)操作流程

(1) 在企业办公界面上，单击工作导航中的"厂区"，进入建厂区域界面。

(2) 在厂区中单击"建造中心"，如图3-11所示，在"企业经营状态"栏中的部门功能区单击"仓库"工作标签，然后单击"建造"。

图3-11　仓库建造界面

(3) 选择要购买的仓库类型，然后单击"购买"。

(4) 在"企业经营状态"栏单击"操作提示"，在操作提示界面单击"付款"。

(5) 在操作提示界面单击"签收"，完成仓库的购买。(为了方便管理，企业可以对仓库进行命名和编号)

签收确认后，仓库购买完成。所有的仓库都是即买即用的，企业可以根据需要在合适的时间购买。企业在经营的过程中可随时查看每个仓库的使用情况，如图3-12所示。

3. 仓库租赁操作流程

(1) 在企业办公界面上，单击工作导航中的"厂区"，进入建厂区域界面。

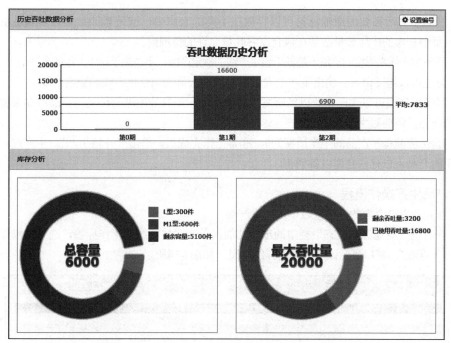

图3-12 仓库详细信息界面

(2) 在厂区中单击"租赁中心",如图3-13所示。在"企业经营状态"栏中的部门功能区单击"仓库"工作标签,然后单击"租赁"。

(3) 选择要购买的仓库类型,然后单击"租赁"。

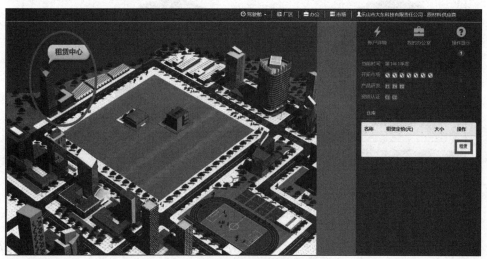

图3-13 仓库租赁界面

(4) 确认后,仓库租赁完成。所有的仓库都是即租即用的,企业可以根据需要在合适的时间租赁。

(五)产品生产

1. 产品生产规则

(1) 产品生产需要投入原辅材料,仓库中的原辅材料数量只有满足现有产能时,才能开始生产。

(2) 产品生产所需要的原辅材料可以存放在不同的仓库中，但是累计数量必须满足生产的要求，并且每个仓库的出库数量必须在该仓库吞吐量允许的范围内。

(3) 每条生产线本季度的产量不能低于该生产线的额定产能，不能高于该生产线的允许最大产能。

(4) 企业可以通过调入、调出生产工人和车间管理人员来调整生产线的额定产能。

(5) 每条生产线可以生产企业已经研发成功的产品，但只能生产一种类型产品；如果要生产其他类型的产品，需要对生产线进行转产。

原材料供应商每种产品的生产周期为0，准备工作完成后，单击"开始生产"，生产过程瞬间完成，完工的产品可以存入仓库以备销售。

2. 产品生产操作流程

(1) 在企业办公界面的办公区域单击"生产部"。

(2) 在右侧"企业经营状态"栏中的部门功能区单击"生产线"工作标签，选择要操作的生产线，单击"查看"，窗口显示该生产线的详细信息，如图3-14所示。

图3-14　生产线详细信息界面

在生产线信息界面可以查看到该条生产线的名称、状态、生产线人员情况、生产线升级情况、生产情况，以及建造完成时间和人员调入、调出情况等。

(3) 单击"调入人员"，按照企业计划的产能调入生产工人和车间管理人员。生产线在生产工人调入之前，可用产能为0，即必须调入生产工人才能提升产能。

注意：生产线在不调入生产工人的前提下，仅仅调入车间管理人员是不能提升产能的。

(4) 单击"开始生产"，显示该条生产线生产前的备料信息。在图3-15所示的界面下方输入产出数量，单击"提交"。

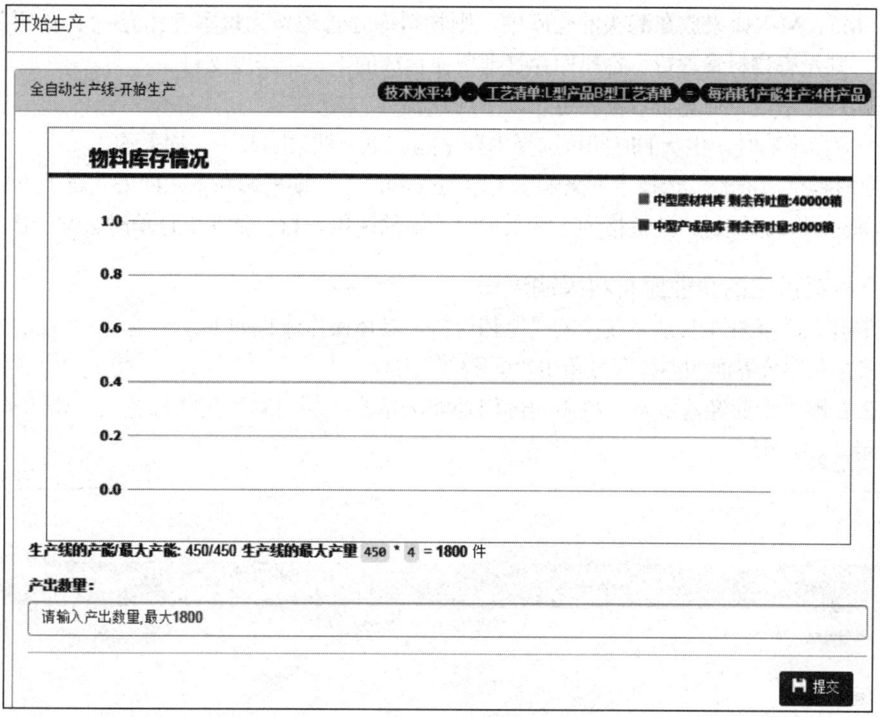

图3-15 生产线备料信息界面

（六）产品库存

应根据实际情况支付物料的库存管理费用。库存管理费用在下个季度初一次性支付，企业在经营过程中应尽量减少库存以节约生产成本。

3.2.4 采购部

采购部要根据企业的拓展规模及年度的经营目标，制订有效的采购目标和采购计划；组织实施市场调研，预测和跟踪企业采购需求，熟悉各种物资的供应渠道和市场变化情况，据此编制采购预算和采购计划，实施采购的预防控制和过程控制，有效降低成本。

为了保证企业生产经营活动持续进行，原材料供应商企业的采购部主要负责在系统中采购生产中所需的原辅材料。

（一）原材料采购

1. 原材料采购规则

原材料供应商企业在组织生产前必须按照产品的物料清单(BOM)采购原辅材料。原辅材料的详细价格信息如表3-6所示。

表3-6 原辅材料价格信息表

原辅材料名称	一般采购时原材料平均市场价格(元)	紧急采购时原材料平均市场价格(元)
M4	100	200
M5	200	400
M-X	300	600

M4、M5、M-X如果放在购买的仓库中，则物料库存管理费为每季度50元/个；如果放在租赁的仓库中，则没有物料管理费。物料库存管理费在存放的下一个季度支付。

在采购过程中，企业竞争者需要遵守以下规则。

(1) 企业在采购时，供货的时间可选择本期采购、下一期采购或下二期采购。

(2) 原材料供应商企业选择本期采购属于紧急采购，下一期采购和下二期采购属于正常采购。紧急采购时，原辅材料的价格为正常采购时价格的两倍。材料款在下订单时必须一次性支付。

2. 原材料供应商企业原材料采购流程

原材料供应商企业主要从系统中购买原辅材料，具体操作流程如下。

(1) 在企业办公界面的办公区域单击"采购部"。

(2) 在右侧"企业经营状态"栏中的部门功能区单击"原材料"工作标签，单击"购买"，如图3-16所示。

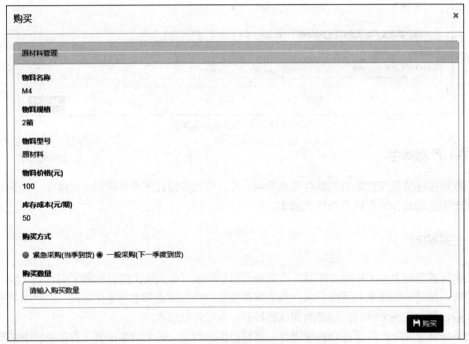

图3-16　系统中原材料购买界面

(3) 选择购买方式，填写购买数量，选择采购时间，单击"购买"。

(4) 在"企业经营状态"栏单击"操作提示"，在操作提示界面单击"付款"。

(5) 订购完成后，可以在"采购订单"标签下查看订单的相关信息。

【线下操作】

(1) 原材料供应商企业的采购部在收到向系统采购的原辅材料入库时，需要填写入库单(或收料单)；并将第3联(记账联)传递给财务部用来做会计核算，第1、2联本部门留存。

(2) 原材料供应商企业的采购部需要代替系统开增值税发票，并将第2联(抵扣联)、第3联(发票联)传递给财务部用来做会计核算，第1、4联本部门留存。

(3) 生产制造企业原材料采购流程

① 生产制造企业向原材料供应商企业采购原辅材料，在双方签订《产品交易合同》后，应由

生产制造企业创建电子交易合同,在原材料供应商企业(乙方)确认后,采购合同正式生效。生产制造企业可以在"采购订单"标签下查看订单的相关信息;原材料供应商企业可以在"销售订单"标签下查看订单的相关信息。

② 按照合同约定,原材料供应商企业(乙方)按时交货,并支付物流费用;生产制造企业支付货款,并签收物料入库。

【注意】

① 所填写的采购数量、合同总额必须为整数。

② 若系统有操作密码,企业可自主结束本季操作,此时给该企业发出交易请求,可能造成合同交货日期不正常,故在确定交易前注意交易双方所处的状态。

【线下操作】

(1) 原材料供应商企业的销售部在交货领取原辅材料时,需要填写出库单,并将第3联(记账联)传递给财务部用来做会计核算,第1、2联本部门留存。

(2) 原材料供应商企业的销售部需要开增值税发票,并将第1联(记账联)传递给财务部用来做会计核算,第2联(抵扣联)、第3联(发票联)传递给生产制造企业,第4联(留底联)本部门留存。

(二)产品物料清单(BOM)

原材料供应商企业的采购部在采购原材料前,应和生产部门充分沟通,根据企业的生产计划及产品的物料清单(BOM)确定要采购的原辅材料的种类和数量;不要根据经验随意采购,采购原材料过多,会造成库存积压,使企业生产成本提高,流动资金减少;采购不足,会影响生产。

在采购原辅材料时,企业竞争者需要遵守以下规则。

(1) 图3-17括号中的数字为每种类型产成品在生产中所需原辅材料的数量。

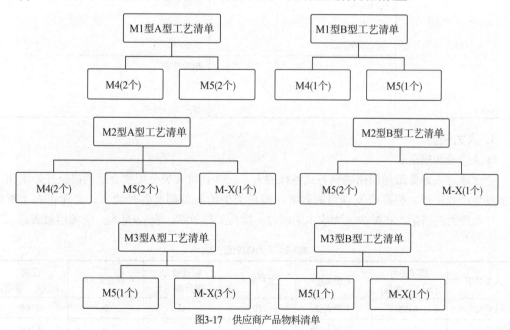

图3-17 供应商产品物料清单

(2) 每个产成品(M1、M2、M3)和原辅材料出库或入库时所占吞吐量各不相同,具体情况如表3-7所示。

表3-7　原材料供应商企业吞吐量信息表

产成品名称	吞吐量(件)	原辅材料名称	吞吐量(件)
M1	1	M4	2
M2	1	M5	3
M3	1	M-X	3

3.2.5　企业管理部

企业管理部是综合管理部门，具有企业综合管理职能和做好CEO管理参谋的职能。

在实训中，企业管理部的主要职责是：在CEO的领导下，制订企业的战略发展规划，并协助推行；负责企业制度建设和各项管理制度的制定与推行；督察各部门分战略规划的执行情况；负责公司的人力资源、信息化、资质认证等工作。

企业管理部分分为线上和线下，线上主要完成员工招聘、资质认证等工作，线下主要负责企业的日常管理工作。

（一）线上的企业管理部

表3-8中的员工类别是企业可以招聘的员工类别，并不表示企业必须招聘所有的类别。

表3-8　各类企业线上企业管理部门完成事项

公司类别	员工招聘	
	员工类别	招聘时间及要求
原材料公司	初级工人	招聘当季
	高级工人	当季使用
	车间管理人员	当季可辞退
	研发人员	招聘当季 当季使用 当季不可辞退

1. 人力资源

1) 人力资源规则

企业通过人力资源部门招聘到各式各样的人才，并且将人员分配到合适的岗位开始工作，以驱动生产线生产、提高研发项目的效率。每种类型的人员都有各种能力，企业在人才招聘时，注意能力的搭配，在减少人力成本的同时，提高工作效率。表3-9是人力资源信息表。

表3-9　人力资源信息表

人员类型	招聘费用 (元/人·季度)	人员类型	生产能力	管理能力 提升率(%)	研发能力	工资 (元/人·季度)
初级工人	6 000	生产人员	10	0	0	4 000
高级工人	10 000	生产人员	20	0	0	6 000
车间管理人员	8 000	生产人员	0	25	0	5 000
研发人员	10 000	研发人员	0	0	10	10 000

【相关说明】
① 招聘的人员在当季即可投入工作,招聘费用在招聘时立即支付。
② 科研人员进入研发项目后,在产品研发成功以前,可以随时调出。
③ 生产工人在产品完工之前不能从生产线上调出。在每季度产品投产前,生产工人可自由调度。
④ 人员工资在下一季度支付。
⑤ 向生产线安排生产类人员是提升生产线产能的唯一途径,人员安排有多种组合,其主要决策为减少人力成本,提高生产效率。可用产能可以通过式3-9得到,总提升研发能力可以通过式3-10得到。

$$可用产能=(工人专业能力×工人人数+工人专业能力×工人人数×车间管理人员$$
$$管理能力百分比×车间管理人员人数)×生产线人员利用率 \qquad (式3-9)$$

注:值不为整数时按四舍五入取整。

如:新建的半自动生产线,其人员利用率为100%,工人产业能力为10,车间管理人员管理力能力百分比为25%,没调入工人前可用产能为0。调入8个初级工人后,生产线产能为8×10×100%=80,再调入9个车间管理人员,总可用产能为(80+8×10×25%×9)×100%=260。相应地,如果将半自动生产线换为劳动密集型生产线,因为它的人员利用率为50%,调入同样多的工人和管理人员,可用产能只为130。

$$总提升研发能力=科研人员专业能力×科研人员人数 \qquad (式3-10)$$

⑥ 解聘人员时,除支付本季度工资之外,还需支付两个月工资。
⑦ 人员为空闲状态时也需要支付工资。

2) 招聘人员

企业管理部负责招聘人员,但是招聘人员的数量是根据产能需要和研发需要计算而得的。原材料供应商公司的生产工人、车间管理人员在同一季度内可以在不同生产线之间自由调配。

(1) 单击"企业管理部—人力资源—招聘人员",如图3-18所示。

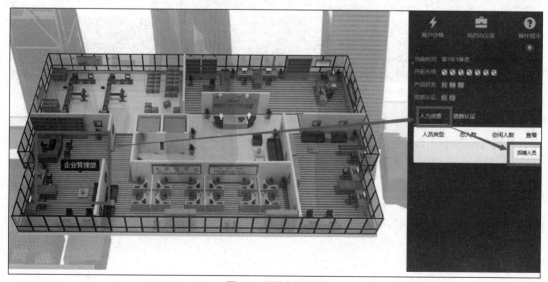

图3-18 招聘人员界面

(2) 选择招聘人员的类型,单击"招聘",输入"招聘人数",并提交,完成付款(支付的是招聘费用),如图3-19所示。

招聘人员							
序号	人员类型	招聘费用(元)	工资(元/期)	管理能力	专业能力	人员类型	操作
1	初级工人	6000	4000	0	10	生产人员	招聘
2	高级工人	10000	6000	0	20	生产人员	招聘
3	车间管理人员	8000	5000	25	0	生产人员	招聘
4	研发人员	10000	10000	0	10	研发人员	招聘

图3-19 人员招聘费用、工资、工作能力等

(3) 操作界面上提示"确认签收已招聘人员"。招聘的人员当季可以使用。
3) 解聘流程
(1) 单击"企业管理部—人力资源",选择需解聘人员类型,单击"查看",如图3-20所示。

图3-20 人员信息查看

(2) 单击"解聘人员",输入"解聘人数",如图3-21所示,然后单击"提交",如图3-22所示,完成付款(支付工人工资)。

(3) 若未支付工人上个季度工资,则无法解聘工人,同类型工人工资是一起支付的,不能单个支付。

(4) 解聘时需支付两个季度的工资。比如,初级工人工资是4 000元/人·季度,招聘当季马上解聘需支付8 000元;招聘当季除外的其他季度,则需要先支付上个季度的工资4 000元,以及另外支付8 000元。

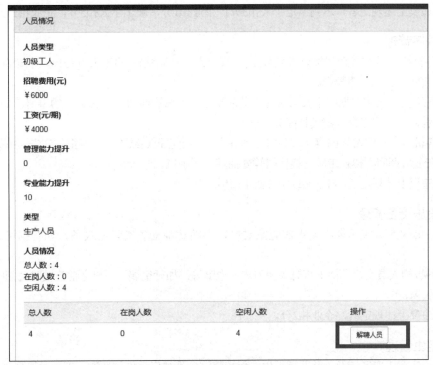

图3-21 解聘人员界面

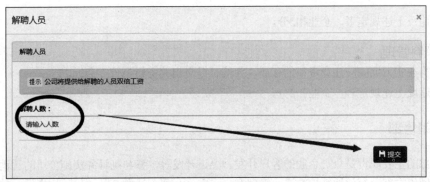

图3-22 解聘人员提交界面

（二）线下的日常管理制度

为了创造一个安全、舒适、健康的实习环境，确保各机构进行有序的经营管理。现根据实习的具体情况，制定综合实习日常管理制度作为各机构实习人员工作行为管理规范，各机构人员应自觉遵守和维护。该制度适用于各机构全体人员。

1. 出勤管理

(1) 各机构人员实习期间应做到不迟到、不早退、不旷工。如有请假，应按照流程开具假条，交至管委会。

(2) 上班时间：周一至周五(08:15—11:40，14:30—17:55)。

(3) 考勤时间：08:15—08:30，14:30—14:45，期间不定时抽查。

(4) 考勤未到者，如上班15分钟之内未到，记为迟到；如30分钟之内未到，记为旷课。

注：违反上述规定者，迟到早退个人扣3分，企业扣1分，旷工个人扣5分，企业扣1分。

2. 秩序管理

(1) 各机构人员实习期间按要求佩戴工作证(个人信息完整)，穿着大方得体，不穿奇装异服、拖鞋等；教室内手机一律静音。

(2) 各机构人员实习期间不做与实习无关的事情，不做影响机构正常运营的事情，如玩手机、打游戏、看视频、吃零食、嬉戏打闹等。

(3) 各机构人员实习期间遵守实验室管理规定，不随意张贴纸张，如海报、广告、单据等。

(4) 在上班期间不得在走廊、楼梯间等处抽烟、玩手机。

注：违反上述规定者，个人扣3分，企业扣1分。

3. 设施设备管理

(1) 各机构人员实习期间爱护实验室财产，不随意乱动各类设施设备，如有损坏，按照规定赔偿。

(2) 各机构人员实习期间下班时关闭窗户、电脑等；如开空调，下班之前应及时关闭(开启空调期间注意关窗)。

注：违反上述规定者，企业扣2分。

4. 卫生管理

各机构注意工作区域及公共区域卫生，保持整洁，不得任意堆放杂物，应及时清理废物，扔入垃圾桶。

注：违反上述规定者，企业扣2分。

5. 资料管理

各机构在实习期间应注意资料的存放，并按时提交相关资料至管委会处。

注：违反上述规定者，企业扣2分。

3.2.6 销售部

销售部的主要职责是负责企业的客户开发、渠道开发等，参与制订并实施公司的营销战略与销售计划、销售方案，有效地维护渠道、管理客户，完成公司下达的产品销售计划指标。

在实训中，销售部全面负责产品销售工作，会同市场部制订企业的销售战略与销售计划，并将企业销售计划指标分解、制订、执行实现计划指标的具体措施；负责组织市场销售的运作，提出调整价格、产品品种、产品分配流向和改进销售办法的建议、措施；负责组织产品营销工作，确保销售量、销售额、市场占有率计划的实现，确保产品货款的按期结算和资金的按期回收；组织进行营销合同的谈判，代表企业与客户、经销商、代理商签订销售合同；深入了解本行业，把握最新销售信息，为企业提供业务发展战略依据。

(一) 原材料供应商企业交易双方及销售货物类型整体概况

原材料供应商企业在购买原材料时交易双方及交付货物类型等相关信息如表3-10所示。

表3-10 企业交易双方及交付货物类型信息表

销售方	采购方	可销售的货物类型	销售方式及规则	订单获得	订单交付
原材料	原材料	M1,M2,M3	线下谈业务	线上下订单	物流交付
	制造企业	M1,M2,M3		线上下订单	物流交付

注：对销售方而言，收款时间根据采购方采购方式而定。

通常情况下，采购方向销售方下采购订单，销售方将产品出库，然后交付物流；一般为线下谈判，线上下订单，一旦确认合同，该笔合同则不能取消。

（二）货物到达时间和款项到账时间情况

购销双方货物和款项到达时间与采购方的采购方式相关，采购方式不同，交付货物的时间和收取的货款也有所不同，共有4种情况，具体如下。

(1) 销售"本期采购"的货物，即现货交易，如表3-11所示。

表3-11 第一种情况：本期采购货物、款项交付及到达时间

	1季度	2季度
采购方	本期采购 付货款 收货	
销售方	确认订单 交货 给物流费	收货款

(2) 销售"下一期采购"的货物，当于有一个季度的到货周期，如表3-12所示。

表3-12 第二种情况：下一期采购货物、款项交付及到达时间

	1季度	2季度
采购方	下一期采购	付货款 收货
销售方	确认订单	交货 给物流费 收货款

(3) 销售"下二期采购"的货物，相当于有两个季度的到货周期，如表3-13所示。

表3-13 第三种情况：下二期采购货物、款项交付及到达时间

	1季度	2季度	3季度
采购方	下二期采购		付货款 收货
销售方	确认订单		交货 给物流费 收货款

（三）原始单据填写情况

(1) 销售部填写增值专用发票。销售产品时，填写增值税专用发票，第1联给会计记账，第4联本部门留存，第2、3联给采购方，如果采购方是系统，则可不给系统。

(2) 销售部门填写出库单。销售产品时，填写出库单，出库单的第1、2联留存，第3联给会计记账联。注意出库单中的单价为不含税单价，是自己公司的成本价，而非销售价格。

（四）各企业交易的具体情况

1. 原材料公司销售货物给原材料公司

交易的产品类型：M1或M2或M3。

采购方操作流程：进入采购方办公室，找到采购部并单击"采购订单"，然后创建交易，选择销售方、物料类型、采购时间、合同总额并单击"确认"，最后等待对方确认。

1) 销售方确认合同

(1) 按照操作提示，可以查看交易双方、交付时间、物料类型、件数、合同款总额、收款时间、违约金等相关信息，然后勾选"确认合同"或"拒绝合同"。

(2) 若选择确认合同，应勾选"确认合同"复选框，单击"提交"，如图3-23所示，一旦确认，则无法撤销。

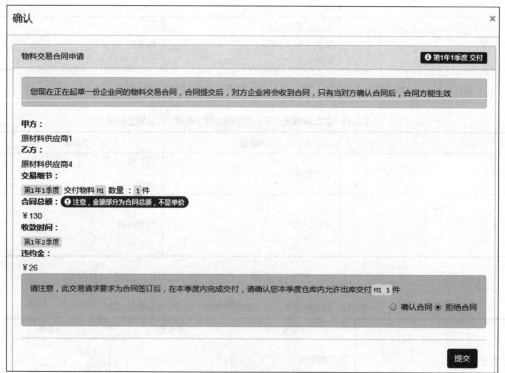

图3-23 销售方确认或拒绝合同

(3) 单击"销售部"，查看已签订的销售合同，如图3-24所示。

2) 销售方交付货物

销售方交付货物的整体流程(完成合同)如下。

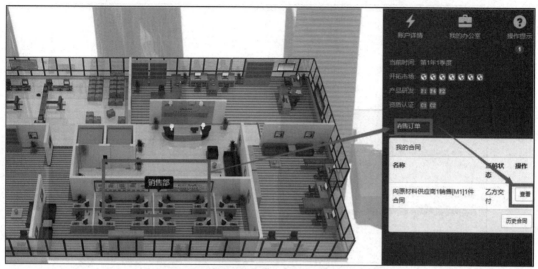

图3-24 销售方在"销售部"可查看已签订的合同详情

(1) 销售方(原材料供应商)确认来自购买方的订单请求,勾选"确认合同"或"拒绝合同",然后单击"提交"。

(2) 单击"销售部",选择需要交付的销售订单,单击"查看",再单击"出库"(也可以从操作提示中对应的订单处,单击"出库"),如图3-25所示。

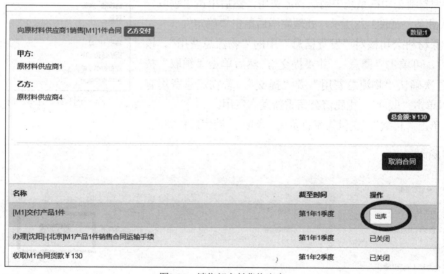

图3-25 销售部交付货物出库

此处的"取消合同"按键已失效,单击"取消合同"会显示"此合同不允许取消"。也就是说,合同一旦确认签订,就无法取消。

(3) 等待出库成功后单击"刷新",选择"国内物流"并填写电子版《国内货物运输协议》,完成后单击"提交",然后选择物流公司,单击"提交"并单击"确定"。线下去物流公司填写纸质《国内货物运输协议》,待物流公司确认后继续在系统上处理。

(4) 企业发布订单信息,单击"领取",如图3-26所示(特别提示:此处不要单击国内物流,单击后只有流程图,无法进行后续操作)。

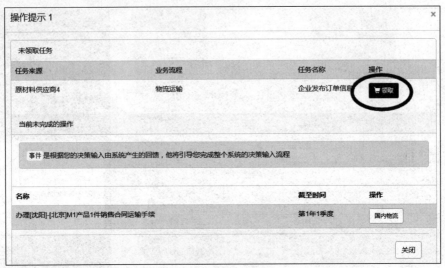

图3-26　企业发布订单信息

(5) 单击"领取",处理相关业务,完毕后填写"订单信息"(见图3-27),开始集货调度。

(6) 原材料公司把工作进展线下告知物流公司,并等待物流公司通过系统发布物流费用。

(7) 原材料公司在系统中确认物流费用,然后单击"领取"处理相关业务,如图3-28所示,处理完毕后单击"确定"。

(8) 原材料公司核对"发货信息"中的"物流总费用"。核对无误后,可单击"同意",并"提交",然后单击"领取"按钮,以再次确认"物流总费用"并"提交"。若物流总费用有误,可以单击"驳回",由物流公司重新发布费用。

(9) 单击"付款",支付物流总费用。到此,销售过程完成。

图3-27　订单详情

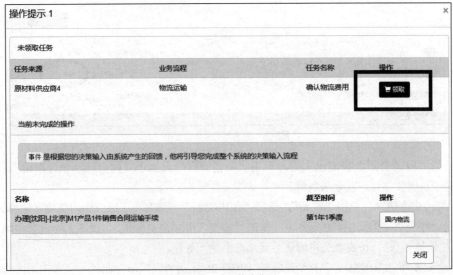

图3-28　确认物流费用

3) 销售方收取货款

采购方第一季度下单,第一季度交货,下一季度收钱。

收款方式一:下一个季度在"操作提示"中单击"收款"。

收款方式二:单击"销售部",选择查看对应订单,单击"收款"(若收款时间未到,则会提醒"付款时间未到")。

收款方式三:进入"财务部",选择"资金申请",然后单击"收款"。

2. 原材料公司销售货物给制造公司

销售的产品:M1或M2或M3

1) 购买方

此时购买方为制造公司,制造公司需要先进入办公区的采购部,单击"原材料",选择对应的物料名称,单击"购买",此时需要填写《物料交易合同》,选择被购买的对象,填写物料类型、采购数量、采购时间、货款总额,如果确认无误,则单击"确认"来确定订单。

2) 销售方

销售方为原材料供应商,具体流程如下。

(1) 此时销售方为原材料企业,原材料企业可见"来自制造企业8,M1产品48件交易请求确认",单击"确认",则可查看详细的交易请求内容(购买双方、交付时间、物料类型、数量、合同总额、对方收款的时间、违约金等信息),如图3-29所示,然后确认合同或拒绝合同。

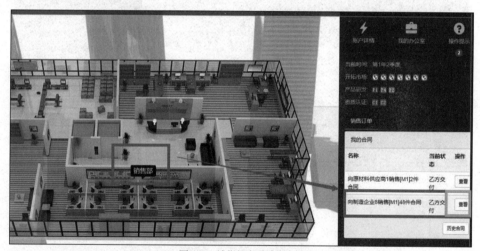

图3-29 销售部查看销售合同

(2) 如果确认无误,则选择"确认合同"并提交和确定。

(3) 进入"销售部",单击"销售订单",选择对应的订单,可以查看出库情况。在对应订单处单击"出库"。

(4) 单击"刷新",并进入"销售部",选择对应销售订单,单击"查看",然后查看"国内物流"里的《国内货物运输协议》,单击"提交",进入选择物流公司的界面,继续单击"提交"。

(5) 原材料企业线下告知物流公司,等待物流公司发布物流费用。

(6) 原材料企业继续在线上领取"企业发布订单信息"任务并处理,填写订单信息(填写订单标题、运输单价、货物数量等信息),然后开始集货调度。

(7) 领取并"确认物流费用"任务并处理,选择"同意"或"驳回",然后单击"提交"。

(8) 若确认无误，则选择“同意”和“提交”，继续领取任务并处理，此时再次核对发货信息中的物流总费用，确认无误后单击“提交”。

(9) 返回公司，选择支付物流费，单击“付款”(物流费用马上到对方账上)。

(10) 至此，此笔订单交付完成，等待收款。

3.2.6　财务部

线下的企业之间不能进行转账，企业只向外围机构进行转账，转账时在财务部填写电子版的转账支票，比如：企业向税务局纳税。财务部的电子转账主要是向税务局、会计师事务所、工商局转账，物流费用的支付、银行利息的支付、向银行偿还贷款则不通过这种方式，若通过此处，企业会支付两次。偿还本金当季，不需要支付利息，即使支付，也是支付上个季度的利息。

(一) 财务部基本情况

此时需要进入公司“财务部”，单击“资金申请”，选择“资金记录”(或在账户详情中查看)，可查看账号、账户余额及每个季度资金来往明细，如图3-30、图3-31所示。

图3-30　查看资金记录界面

资金记录

您的银行账号为：2018082114592200023(商业银行)，账户共计余额为￥2,636,122

序号	详情	操作账户	对方账户	金额
	期初资金			￥2,743,992
1	收取M1合同货款￥130	2018082114592200023	2018082110385300009	￥130
2	支付生产工人工资费用-20000	2018082114592200023	2018082110385300003	-￥20,000
3	小型综合仓库租赁费用	2018082114592200023	2018082110385300004	-￥80,000
4	解雇人员	2018082114592200023	2018082110385300003	-￥8,000
	期末资金			￥2,636,122

1季度　2季度

图3-31　企业资金账户详情

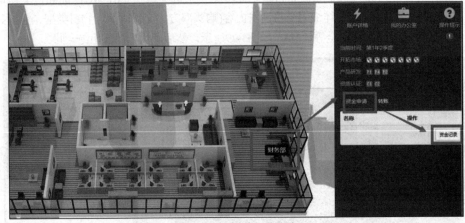

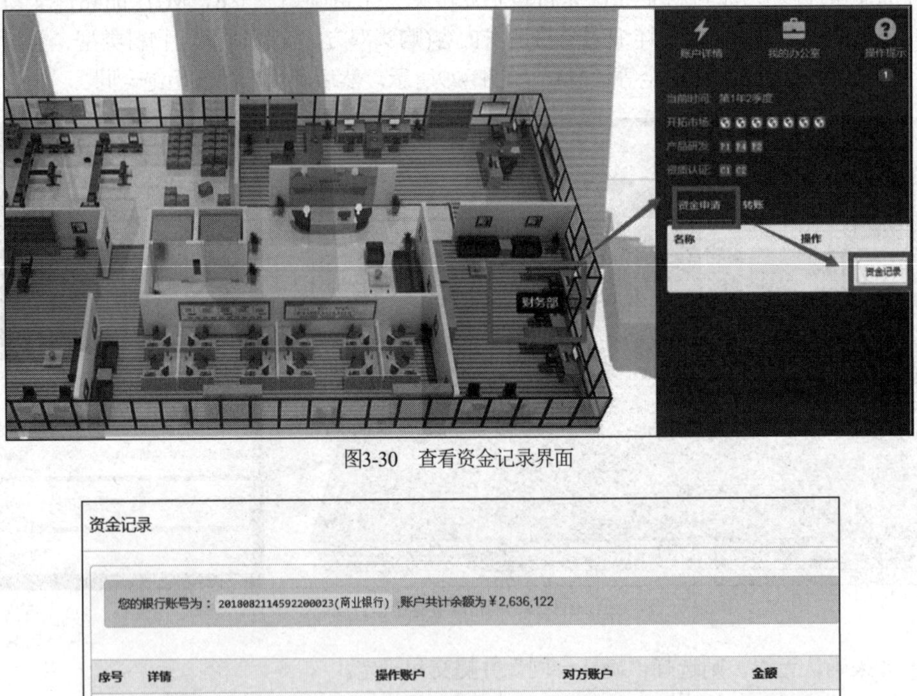

（二）转账业务

在企业经营过程中，转账业务是比较常见的，如企业向税务局纳税，具体操作如下。

1. 企业界面

(1) 在实习导航里的"政务服务区"找到"国家税务局"，并单击进入，然后单击"纳税申报"，选择"国税"，填写《国税通用缴款书》，单击"新建"，填写《中华人民共和国税收通用缴款书》，然后提交。

(2) 等待税务局审核。

(3) 企业进入"财务部"单击"转账"，进入电子转账界面，填写电子支票相关信息，填写完成后单击"转账"，如图3-32所示。

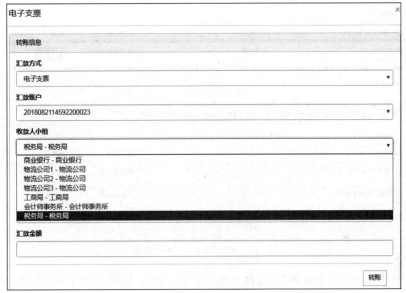

图3-32　电子转账界面

(4) 填写"支票"，如图3-33所示，然后单击"提交"。

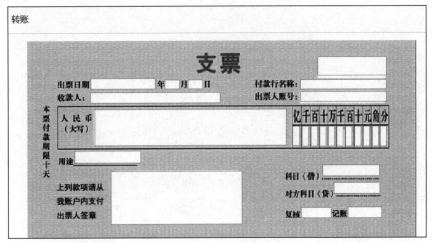

图3-33　电子支票

(5) 银行审核通过，款项即刻支出。

特别提示：此处的转账只针对实体企业向会计师事务所、税务局、工商局转账。企业与企业之间不能进行转账，企业交付物流费用、向银行支付利息、偿还本金等均不通过这种方式。

电子版转账支票的金额第一次填写时一定要核对清楚，因为这一金额是最后转出的金额。即使银行驳回，企业也进行了修改，但是最后转出的金额仍然默认为第一次填写的金额，不会按照修改后的金额扣除。

(6) 如果银行驳回，企业需要单击"领取"，如图3-34所示，然后处理和修改电子版转账支票信息，检查后单击"提交"。(若企业更改电子转账支票中的金额，需再次提交)

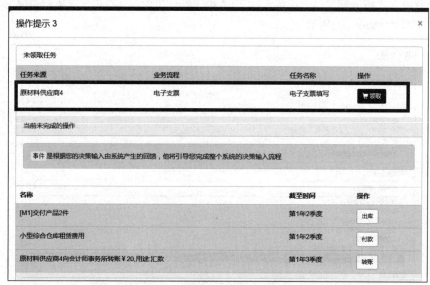

图3-34　企业领取驳回的电子支票

(7) 银行需要单击"现金业务"，选择"电子支票审核"，领取相关任务并处理，核查完成后单击"确定通过"，最后单击"提交"。此时，款项划拨成功。

第4章 制造企业和贸易公司

4.1 现代企业管理理论

4.1.1 企业管理概念

企业是社会生产力发展到一定水平的结果,是商品生产与商品交换的产物。企业是以营利为目的,为满足社会需要,依法从事商品生产、流通和服务等经济活动,实行自主经营、自负盈亏、自我发展的法人实体和市场竞争主体。

现代企业的法律形式主要包括个人业主制企业、合伙制企业、合作制企业、无限责任公司、有限责任公司和股份有限公司等。

企业组织结构主要有直线制、职能制、直线—职能制、事业部制、模拟分权制、矩阵制等形式。

企业管理是指由企业的经理人员或经理机构对企业的经济活动过程进行计划、组织、领导和控制,以提高经济效益,实现营利的目的。

4.1.2 企业战略管理

企业战略管理是指企业对自己未来的方向制定总体战略并实施这些战略的管理过程。企业战略管理过程大致可以分为两个阶段:企业战略规划阶段和企业战略实施阶段。

1. 企业战略环境分析

企业战略环境分析主要包括企业宏观环境分析、行业竞争力分析和企业资源与能力分析。

(1) 企业宏观环境分析主要分析政治和法律环境、经济环境、科技环境、社会和文化环境、自然环境。

(2) 行业竞争力分析主要分析潜在竞争者的进入能力、替代品的替代能力、购买者的讨价还价能力、供应者的讨价还价能力、行业内部现有竞争者之间的竞争。

(3) 企业资源与能力分析(SWOT分析)主要分析企业内部优势、企业内部劣势、企业外部环境的机会和企业外部环境的威胁。

2. 企业总体战略

企业总体战略一般分为稳定与紧缩战略、一体化战略和多样(元)化战略。

(1) 稳定与紧缩战略包括稳定战略(如无变化战略、维持利润战略、暂停战略、谨慎实施战略等)、紧缩战略(如转向战略、放弃战略、清算战略等)。

(2) 一体化战略包括纵向一体化战略、横向一体化战略。

(3) 多样(元)化战略：又称多角化战略或多元化战略。

3. 企业竞争战略

企业竞争战略分为成本领先战略、差异化战略和集中化战略。

4.1.3 企业管理主要范畴

企业管理主要包括企业计划与决策管理、生产管理、质量管理、物流管理、市场营销管理、财务管理、人力资源管理、企业文化管理和管理信息系统等。

1. 企业计划与决策管理

企业计划就是根据社会需要和企业的自身能力，制定企业在一定时期内的奋斗目标，通过计划的编制、执行和检查，协调和合理安排企业中各方面的经营和管理活动，有效地利用企业的人力、物力和财力资源，最终为企业创造最佳的经济效益和社会效益。

常用的计划工作方法：PDCA计划循环法、滚动计划法、网络计划图、鱼刺图和甘特图等。

决策管理是企业为了达到一定目标，在掌握充分的信息和对有关情况进行深刻分析的基础上，用科学的方法制订并评估各种方案，从中选出合理方案的过程。

2. 生产管理

生产管理是企业为实现一定的目标，有效利用资料，在企业创造产品和服务的过程中进行系统的管理。

生产管理一般包括生产系统设计和生产运行管理。

生产管理的目标需要满足顾客对时间、质量、成本和服务的要求。

企业生产计划一般包括年度生产计划和生产作业计划。

3. 质量管理

1994年版ISO 9000族标准中将全面质量管理(TQM)定义为：一个组织以质量为中心，以全员参与为基础，目的在于通过让顾客满意和本组织所有成员及社会受益而达到长期成功的管理途径。

为了保证获得持续稳定质量的产品，企业必须接受顾客的审核。企业贯彻ISO 9000标准，进行质量认证成为当今质量管理的潮流。

4. 物流管理

在《中华人民共和国国家标准 物流术语》(GB/T 18354—2021)中物流的定义是："根据实际需要，将运输、储存、装卸、搬运、包装、流通加工、配送、信息处理等基本功能实施有机结合，使物品从供应地向接收地进行实体流动的过程。"

物流的功能主要包括运输功能、仓储功能、包装功能、装卸搬运功能、流通加工功能、配送功能、信息服务功能。

物流管理又称物流"软技术"，是指对原材料、半成品和成品等物料在企业内外部流动的全过程所进行的计划、组织、实施和控制等活动。

社会对现代物流服务的要求可以用这样一句话来表达：在需要的时间，将需要的物品按照指定的时间送达需要的场所。物流管理的最基本目标就是以最低的成本向用户提供满意的服务。

5. 市场营销管理

市场营销是在市场经济条件下，企业通过市场交换为最大限度地满足消费者的需要并获得自身的生存和发展而有计划地实施一系列相互关联的整体经济活动。

市场营销管理一般包括营销环境分析、目标市场选择与定位、市场营销组合策略。

(1) 营销环境分析。营销环境分析分为宏观环境分析和微观环境分析。宏观环境分析包括人口环境、经济环境、自然环境、技术环境、政治和法律环境、社会文化环境等。微观环境分析包括企业本身、企业营销渠道、市场、竞争者、社会公众等。

(2) 目标市场选择与定位：包括市场细分、目标市场选择和市场定位3个步骤。

(3) 市场营销组合策略。传统的市场营销组成策略一般指4Ps策略，即产品策略、价格策略、渠道策略和促销策略。

与传统营销的4Ps对应的4Cs理论，是以消费者需求为导向，重新设定了市场营销的4个基本要素，即消费者、成本、便利和沟通，该理论强调企业应该把追求顾客满意放在首位，真诚与顾客进行沟通。

6. 财务管理

财务管理是指企业以再生产过程中客观存在的财务活动和财务关系为基础而产生的企业组织财务活动、处理与各方面财务关系的一系列经济活动的总称。企业财务管理目标通常为利润最大化、每股盈余最大化、股东财富最大化、企业价值最大化等。企业财务管理内容包括资金筹集、资产管理、损益管理、财务分析等。

7. 人力资源管理

人力资源是指在企业生产过程中投入的具有劳动能力的人的总量。人力资源管理的核心是做好以下4个方面：选人、育人、用人和留人。企业人力资源管理过程具体包括人力资源规划与招聘、人力资源开发与培训、组织设计与职务分析、绩效评价。

8. 企业文化管理

企业文化是指企业在生产经营过程中，经过企业领导长期倡导和员工长期实践所形成的具有本企业特色的、为企业成员普遍认同和遵守的价值观念、信仰、态度、行为准则、道德规范、传统及习惯的总和，以企业成员共享的价值体系为核心。

企业文化具有人本性、独特性、软约束性、相对稳定性和连续性等特点。企业文化的内容按照结构分为精神层面、制度层面、行为层面和物质层面。

企业形象战略(CIS)是指企业为了塑造企业形象，通过统一的视觉设计，将企业的经营理念、企业文化及企业经营活动等传达给企业员工及社会公众，以凸显企业的个性精神，使社会公众对企业产生一致的认同感和印象，从而提高企业竞争能力的经营战略。

9. 管理信息系统

管理信息系统是一个人和机器结合的人机系统，是用系统思想建立起来的，以电子计算机为基础，为管理过程服务的信息系统。

管理信息系统一般由管理系统、信息处理系统和传输系统三部分组成。

管理信息系统在企业中的几种典型应用系统包括企业资源计划(ERP)、供应链管理(SCM)、客户关系管理(CRM)、物联网(IoT)。

4.2 制造企业和贸易公司职责与实习任务

制造公司和贸易公司的经营是现代企业运作综合实习的核心部分，通过模拟真实场景、岗位配备来进行企业运作，其间不仅包含同行业内激烈的竞争，还包括与各类外围服务机构之间的业务往来。学生在组建企业、运营企业、财务结算等一系列活动中体会企业经营运作的全过程，从而深刻认识到理论知识与实践相结合的重要性，领悟科学的管理规律，提升自身综合能力。

在现代企业运作综合实习中，产品供应链由原材料供应商企业、生产制造企业、贸易公司和物流公司组成。产品流通过程如图4-1所示。

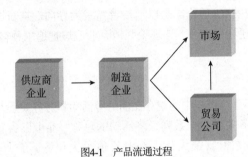

图4-1 产品流通过程

4.2.1 制造企业职责

生产制造企业处于本次实习产品生产的终端，主要通过生产成品，并向市场或贸易公司进行销售，从中获利。生产制造企业的工作内容如图4-2所示。

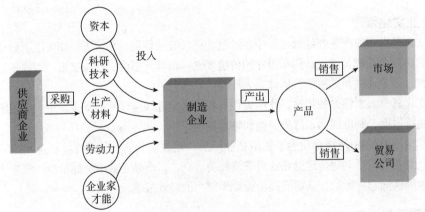

图4-2 生产制造企业工作内容

生产制造企业在生产中，投入的主要生产要素主要包括资本、科研技术、生产材料、劳动力和企业家才能。在本次实习中，资本主要指经营企业所用的资金，除了初始资金1 000万元外，还可以通过向银行贷款的融资方式获得资金。企业在生产产品前，需要进行产品研发，以获得该类型产品的生产资格；生产制造企业在创立初期直接获得了L型产品的生产资格，如果要生产其他工艺类型的产品，就需要先投入研发人员和资金，研发成功后方可投入生产。企业在生产产品时所需要的原辅材料需要向原材料供应商企业预订、购买。企业在生产产品时所需要的劳动力，需要在系统中雇用生产工人(初级、高级)和车间管理人员，并将劳动力合理分配到各条生产线中进行生产活动。企业家才能主要指在CEO的组织和管理下，每个部门负责人发挥自己的管理创新能力，为企业的发展出谋划策。

制造企业所生产的产品可直接向市场销售，也可以批发销售给贸易公司。企业向市场销售产品时，主要是通过在系统模拟的市场环境中竞争获取订单，然后根据订单要求按时交货；企业向贸易公司销售产品时，双方通过商务洽谈的方式确定交货时间、交货数量及交易价格。

4.2.2 贸易公司职责

贸易公司在本次实习中主要承担中间商的角色，从制造企业购买产成品，并向市场销售，从中获利。贸易公司的工作内容如图4-3所示。

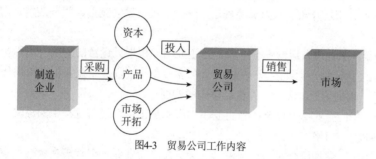

图4-3 贸易公司工作内容

贸易公司在经营中，投入的主要经营要素包括资本、产品和市场开拓。在本次实习中，资本主要是指经营企业所用的资金，除了初始资金2 000万元外，还可以通过向银行贷款的融资方式获得资金。企业销售的产品需要向生产制造企业预订、购买，双方通过商务洽谈的方式确定交货时间、交货数量及交易价格。在CEO的组织和管理下，企业通过在系统模拟的市场环境中投放广告，开拓多个市场，从而在竞争中获取更多的订单，然后根据订单要求按时交货。

4.2.3 实习任务

制造企业和贸易公司在实习中的主要任务如下。

(1) 厂区选址。企业根据市场需求分析情况、市场竞争情况选择合适的厂区地理位置。

(2) 组织生产(仅限制造企业)。制造企业制订生产计划，组织企业完成产品研发、原辅材料的采购、人力资源规划等工作。一切准备就绪后，企业开始生产产品。

(3) 市场开拓。市场开拓包括开拓企业市场和开拓系统市场。生产制造企业、贸易公司既要开拓企业市场，又要开拓系统市场。

(4) 销售竞单。生产制造企业、贸易公司在系统市场开拓成功后，可以在系统市场中参与竞单，要考虑如何增强本企业的竞争力。

(5) 商务谈判。原材料供应商企业、生产制造企业和贸易公司之间进行的交易，由双方自主洽谈，并签订交易合同。

(6) 物流交付。各企业在进行货物交付时，需要与物流公司进行运输业务合作，双方自主洽谈合作细节内容。

(7) 纳税申报。各企业应在每个季度结束后，主动到税务局进行纳税申报，为经济社会的发展贡献一份力量。

(8) 资金筹划。各企业在经营的过程中，资金预算非常重要，可适当借助银行贷款来完成经营活动。

4.2.4 实习安排

制造企业和贸易公司可根据实习任务内容，做如下安排。

(1) 第1天：做好实习动员及工作分工。工作分工包括竞聘公司CEO，做招聘培训，制作招聘海报，填写应聘简历，举行招聘会，CEO自主招聘员工，组建自己的团队。

(2) 第2天：完成公司注册。各企业CEO根据公司注册流程，做好内部分工，到相应的服务机构办理各项注册业务。

(3) 第3～4天：企业进入试运营阶段。各企业CEO组织员工认真学习经营规则，制订经营计划，学习组织生产、市场开拓、人力资源规划、产品定价、销售竞单、商务谈判、物流交付、纳税申报等操作过程。

(4) 第5～9天：企业进入运营竞赛阶段。各企业CEO根据试运营的情况，组织员工总结经验教训，制订完备的经营计划，竞赛阶段一般为8个季度。在此阶段，企业要根据市场环境的变化不断地调整经营方案，以适应竞争环境，并在竞争中脱颖而出。

(5) 第10天上午：企业结束经营。各企业CEO组织员工总结经营过程中的经验、教训，进行内部分工，完成各项收尾工作。

(6) 第10天下午：参加综合实习总结表彰大会。每个企业派一名代表在大会发言，总结自己所在企业在经营过程中的经营策略、经验教训、心得体会等。

4.3 制造企业和贸易公司的经营规则及操作流程

4.3.1 制造企业和贸易公司工作界面

进入企业经营期后，学生应先熟悉自己所在企业的工作界面。在经营过程中，学生需要通过系统操作来完成所有的工作。

工作导航在工作界面的最上部，主要包括驾驶舱、厂区、办公、市场。

企业办公室场景在工作导航下部左侧，制造企业办公界面主要分为6个区域，上层从左到右分别为生产部、采购部、市场部，下层从左到右分别为企业管理部、销售部、财务部。生产制造企业工作界面及各部分功能如图4-4所示。

贸易公司办公界面主要分为5个区域，上层从左到右分别为：采购部、市场部，下层从左到右分别为企业管理部、销售部、财务部。贸易公司工作界面及各部分功能如图4-5所示。

第4章 制造企业和贸易公司

图4-4 制造企业办公界面

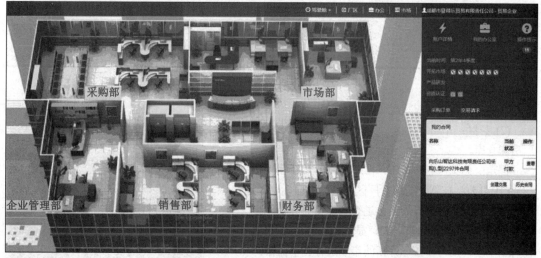

图4-5 贸易公司办公界面

"企业经营状态"栏在工作导航下部右侧，该区域包含账户详情、操作提示、当前时间、开拓市场、产品研发、资质认证等，该栏目下部为当前选中的办公部门的功能。如图4-4所示，当前选中的办公部门为生产部，因此在该区域可以看到生产线和产品研发两个标签，在生产线标签下可以查看生产线的名称、状态和最大产量。

贸易公司除了没有生产部门及其相关功能外，其他部分与生产制造企相同。

（一）工作导航

工作导航包括4个部分，分别对应企业整体状况、厂区建设状况、各部门工作界面和市场开拓投资状况等。利用工作导航可以方便地在不同功能间转换。

(1) 驾驶舱：单击"驾驶舱"，弹出下拉菜单，如图4-6所示。

驾驶舱主要包括市场需求繁荣状况、市场需求预测(实时更新)、资金状况、收入状况、仓库容量剩余状况、仓库吞吐量剩余状况、生产线产量状况。

单击"市场需求繁荣状况"显示企业所在地区的市场需求繁荣状况图，如图4-7所示。在图中，系统给出了该地区每个季度市场对每种产品的需求占比情况，用折线图表示，将鼠标移到图上折线处，则显示以百分数表示的具体数值，该数值的计算方法如式4-1所示。

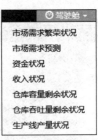

图4-6 驾驶舱下拉菜单

$$市场总需求＝市场供应量总和×(1＋该百分数的值) \quad (式4-1)$$

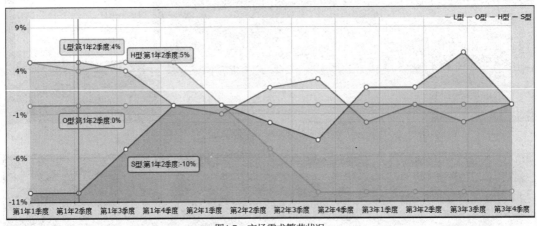

图4-7 市场需求繁荣状况

其他各项显示对应状况，在此不再赘述。

(2) 厂区：单击"厂区"，企业可以选择厂区并通过购买获得该厂区的使用权，同时可以购买厂房和仓库。

提示：企业只有购买了厂区后才能开始经营活动。

(3) 办公：在驾驶舱或者厂区等其他界面，可以通过单击"办公"回到办公界面，再进行各部门业务处理。

(4) 市场：单击"市场"，显示企业的市场开拓情况，在每个季度初期可以在已开拓的市场进行竞单操作。

已开拓的市场按钮显示为点亮的状态，没开拓的市场则显示为灰色。厂区选择哪个地区，则该地区的市场为本地市场，显示为点亮的状态，不用开拓即可进行竞单操作。

（二）"企业经营状态"栏

"企业经营状态"栏主要由8个部分组成，集中显示了该企业的整体经营状态，如当前时间、开拓市场、产品研发、资质认证，如图4-8所示。

(1) 企业名称：企业注册成功后会在此显示企业注册的名称。单击"企业名称"，可以查看企业的基本信息。

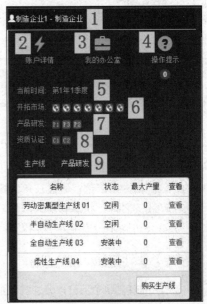

图4-8 企业经营状态

(2) 如果在期初设置了企业密码,单击"企业名称"可以显示"结束本季操作"按钮,每个季度操作结束后应及时单击该按钮,系统在季度结束后按照各企业结束时间的先后顺序在竞单中给予相应的加分。

(3) 账户详情:单击"账户详情",可以查看企业的银行账号、账户余额、银行存款日记账等信息。

(4) 我的办公室:单击"我的办公室",可以对企业的组织机构进行设置与管理、查看企业经营管理记录、企业的财务状况。

(5) 操作提示:提示企业当前未完成的操作。在实习的过程中,企业要注意,并不是所有的未完成操作都是必须完成的。

(6) 当前时间:显示企业目前实习所处的经营阶段。

(7) 开拓市场:显示企业市场开拓的情况,已开拓成功的市场图标会被点亮。

(8) 产品研发:显示企业产品研发的情况,已研发成功的产品图标会被点亮。

(9) 资质认证:显示企业的资质认证情况,已通过的资质认证图标会被点亮。

(10) 部门功能:显示左侧办公区域中被选中部门相应的功能。

4.3.2 厂区

无论是制造企业还是贸易公司,在成立初期,首先要选择并购买一个厂区,作为本企业的生产经营场所。企业只有购买了厂区,才能开始经营活动。企业购买厂区后,在厂区内可以根据需要在建设中心建造厂房和仓库,在租赁中心进行租赁仓库等经营活动。

(一)厂区建设规则

系统提供了6个不同的区域可供选择,即京津唐经济特区、环渤海经济特区、长江三角洲经济特区、珠江三角洲经济特区、东北老工业基地及西部大开发基地,企业可以根据制定的发展战略自主选择建厂区域。各区域厂区的基本情况如表4-1所示。

表4-1 厂区基本情况表

所在地区	代表城市	类型	土地价格(元/m^2)	厂区面积(m^2)	每期最大可扩建面积(m^2)	竞单加分
京津唐经济特区	北京	小型	1 000	1 000	1 000	30
		大型	1 000	1 200	1 200	30
环渤海经济特区	大连	小型	850	1 000	1 000	30
		大型	850	1 200	1 200	30
长江三角洲经济特区	武汉	小型	800	1 000	1 000	30
		大型	800	1 200	1 200	30
珠江三角洲经济特区	深圳	小型	1 100	1 000	1 000	30
		大型	1 100	1 200	1 200	30
东北老工业基地	沈阳	小型	900	1 000	1 000	30
		大型	900	1 200	1 200	30
西部大开发基地	成都	小型	700	1 000	1 000	30
		大型	700	1 200	1 200	30

在厂区建设过程中，企业竞争者遵守需要以下规则。

(1) 每个企业在整个经营过程中，只能购买一个厂区，厂区分为大型厂区和小型厂区两种类型，面积分别为1 200m^{2}和1 000m^2，每个区域的土地价格各不相同。企业购买厂区所需费用可以通过式4-2计算得到。

$$建厂费用＝所选区域土地的价格×厂区的面积 \qquad (式4-2)$$

(2) 厂区购买必须一次性支付全部价款，支付购买费用后，当季度即可使用。

(3) 厂区购买后，不需要支付开拓费用即可拥有本地市场竞争资格，并在市场竞单中具有永久市场的分值。系统中"企业经营状态"栏中"开拓市场"项对应的图标会被点亮。

(4) 厂区内的建筑物，当季度租赁或者建造后，当季度即可使用。租赁的建筑物不占用厂区的面积，建造的建筑物占用厂区面积。

(5) 当企业在经营过程中需要增加建筑物时，如果厂区面积不足，需要对厂区进行扩建。厂区每次扩建的面积有限，每次扩建的面积可以通过式4-3计算得到，每次扩建所需的费用可以通过式4-4计算得到。

$$每次扩建面积＝厂区现有面积/(已扩展次数＋1)^2 \qquad (式4-3)$$

$$每次扩建费用＝每次扩建面积×土地的价格 \qquad (式4-4)$$

(6) 厂区扩建必须一次性付款，支付扩建费用后，当季度即可使用。

（二）购买厂区操作流程

(1) 在企业办公界面(见图4-4)单击工作导航中的"厂区"，进入建厂区域界面。

(2) 单击某个厂区区域的时候，可以显示该市场在本地的市场需求状况，如图4-9所示。企业根据发展战略需要选择所要购买的厂区区域及厂区类型，单击"购买"。

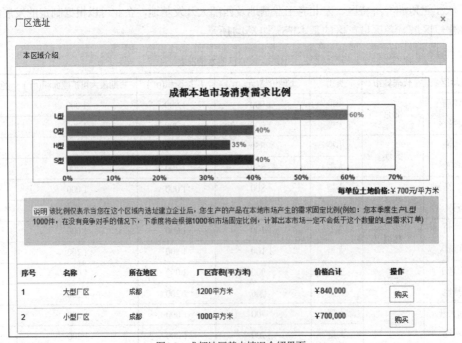

图4-9　成都地区基本情况介绍界面

(3) 在"企业经营状态"栏单击"操作提示",在操作提示界面单击"付款"。

(4) 在操作提示界面单击"签收",完成厂区的购买。

签收确认后,显示企业的厂区界面。可根据企业发展战略需要进行厂房、仓库的建设及厂区扩建等。

(三)厂区扩建操作流程

(1) 在企业办公界面(见图4-4)单击工作导航中的"厂区",进入厂区建成后界面,如图4-10所示。

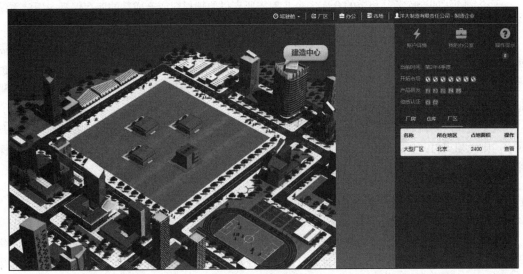

图4-10 厂区建成后界面

(2) 在"企业经营状态"栏中的部门功能区单击"厂区"工作标签,然后单击"查看",显示厂区扩建界面,如图4-11所示。

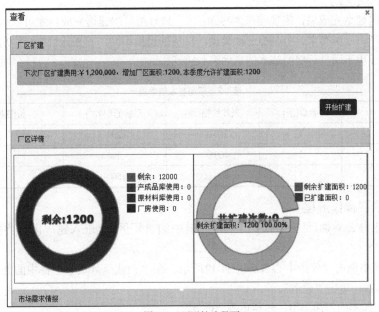

图4-11 厂区扩建界面

(3) 单击"开始扩建",进行厂区的扩建。

(4) 在"企业经营状态"栏单击"操作提示",在操作提示界面单击"付款"。

(5) 付款后,完成企业的厂区扩建。可根据企业发展战略需要在扩建后的厂区内进行厂房、仓库的建设等。

本次实习中的固定资产主要包括厂房、仓库和生产线等。固定资产每个季度需要承担相应的维护费用,维护费用在下个季度支付;租赁的仓库在租赁后即可投入使用,每个季度需要承担相应的租赁费用,租赁费在下个季度支付。

无论是购买的仓库还是租赁的仓库,企业都需要支付原辅材料或产成品的库存保管费用。系统对存放在仓库中的原辅材料和产成品按照季度末存放的数量收取相应的库存保管费用。

本次实习中的原材料供应商的固定资产主要包括厂房、仓库和生产线等。只有购买的仓库需要维护费用,维护费用在下个季度支付;租赁的仓库在租赁后即可投入使用,每个季度需要承担相应的租赁费用,租赁费在下个季度支付。无论是购买仓库还是租赁仓库,都是即买即用,即租即用。

关于仓库内物料的库存保管费用,根据系统提示,显示支付库存保管费时,才需要支付。没有显示,则无须支付。一般情况下,在购买的仓库内,季度末存放的物料需在下个季度初支付物料保管费。租赁的仓库不需要保管费。是否支付,以系统显示为准。

4.3.3 生产部

原材料供应商企业、生产制造企业的生产部的主要任务是根据企业决策所确定的经营方针、经营目标、经营战略、经营规划,运用计划、组织、控制等职能,把投入生产过程的各种生产要素有效结合起来,形成有机整体,按照规定的数量、期限和成本,生产市场需要的产品或劳务。

(一)厂房

1. 厂房购建规则

企业的厂区建造完成后,需要建造(购买)厂房,只有把厂房建造完成,才可以购买、安装生产线,并组织生产。厂房有大、中、小三种类型,厂房的类型不同,其兴建价格、厂房面积不同,可以安装的生产线也不同。厂房的基本信息如表4-2所示。

表4-2 厂房基本信息表

厂房类型	容量(条)	兴建价格(元)	厂房面积(m²)	折旧期限(季度)
小型厂房	1	250 000	200	40
中型厂房	2	400 000	400	40
大型厂房	3	600 000	500	40

2. 厂房购买操作流程

(1) 在企业办公界面(见图4-4)单击工作导航中的"厂区",进入建厂区域界面,如图4-11所示。

(2) 在厂区中单击"建造中心",如图4-12所示。在"企业经营状态"栏中的部门功能区单击"厂房"工作标签,单击"建造"。

(3) 选择要购买的厂房类型,然后单击"购买"。

(4) 在"企业经营状态"栏单击"操作提示",在操作提示界面单击"付款"。

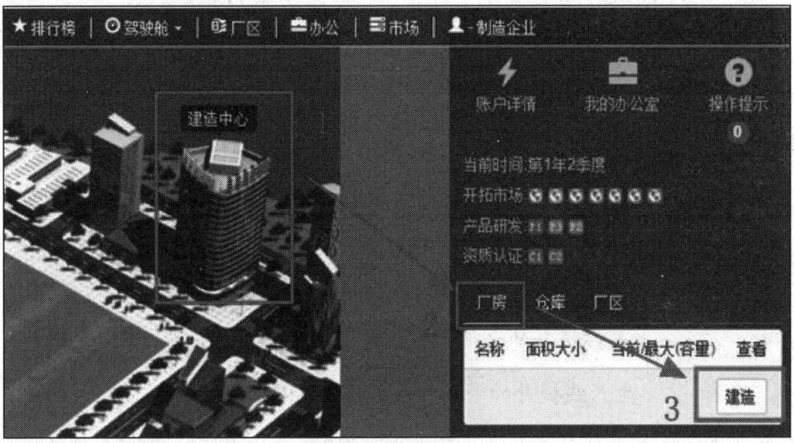

图4-12 建造厂房界面

(5) 在操作提示界面单击"签收",完成厂房的购买。
(6) 签收确认后,厂房购买完成,可根据企业发展战略需要在厂房中安装生产线。

(二) 生产线

1. 生产线安装和使用规则

企业可以根据发展战略需要,购买并安装生产线,用于组织开展生产。

系统中模拟了4种类型的生产线,生产线不同,其购买价格、技术水平、最大产能、强度等也不同。生产线的基本信息如表4-3所示。

表4-3 生产线基本信息表

生产线类型	购买价格(元)	安装周期(季度)	转产周期(季度)	技术水平	最大产能(件/季度)	人员使用率	折旧期限(季度)	强度
劳动密集型生产线	500 000	0	0	2	500	0.5	40	3
半自动生产线	1 000 000	0	1	3	500	1.0	40	4
全自动生产线	1 500 000	1	1	4	450	10.0	40	4
柔性生产线	2 000 000	1	0	4	400	3.0	40	4

在生产线安装和使用过程中,企业竞争者需要遵守以下规则。

(1) 必须在建成后的厂房中购买安装生产线,厂房容量不足时,无法购买安装生产线。

(2) 购买生产线必须一次性支付全部价款,在价款支付完毕后自动开始安装,在安装周期完成的当季度可投入使用。

(3) 生产线建成后初始产能为0,且每种类型的生产线都有最大产能限制。

(4) 企业必须招聘到生产工人后才能开始生产,为了提高工人的生产效率,可合理配置生产工人与车间管理人员的比例。

(5) 开始生产前必须将人员调入生产线,以提高生产线的可用产能。可用产能(注意:不是产量)最多只能提高到该生产线的最大产能。人员使用率表示每个生产工人或生产管理人员所能提高的产能。生产线可用产能可以通过式4-5计算得到。

生产线可用产能＝(生产工人专业能力×生产工人人数＋生产工人专业能力×生产工人人数×车间管理人员管理能力提升率×车间管理人员人数)×人员使用率　　　(式4-5)

注意：计算后数值如果不是整数，应按四舍五入取整。

(6) 每条生产线都具有相应的技术水平，只能生产低于或者等于该生产线技术水平的工艺产品。生产线的产量可以通过式4-6计算得到。

生产线的产量＝(生产线技术水平－产品的工艺水平)×生产线可用产能　　　(式4-6)

(7) 每条生产线都可以通过升级来提升技术水平，升级周期为一个季度。每次提升的幅度可通过式4-7计算得到，每次提升所需要的费用可通过式4-8计算得到。

生产线提升的水平＝当前技术水平/2/提升次数　　　(式4-7)

生产线提升的费用＝生产线购买价款/2　　　(式4-8)

注意：当生产线的技术水平与产品的工艺水平相等时，1个产能对应0.5个产量。

(8) 生产线转产是指不生产原来生产的产品，改为生产另一种类型的产品。企业必须在生产线建成完工后，并且在空闲状态下才能对该生产线进行转产。

(9) 生产线转产不需要支付转产费用，但有的生产线有转产周期。提示：产品类型不同，其涉及的工艺也不同，所以需要转产。比如，生产LA转到生产LB是需要转产的，H、O、S内部的工艺是不同的，也是需要转产的。

(10) 企业在生产线转产期间不能对该条生产线进行任何操作，因此在转产之前，如果需要调出生产工人和车间管理人员，应先调出后再进行转产。

(11) 劳动密集生产线、半自动生产线签收后，可直接投入生产；全自动生产线、柔性生产线需要一个季度的安装周期。

(12) 每种产品都有不同的生产周期。生产制造企业的L型、H型、O型、S型产品的生产周期为一个季度；原材料供应商企业的M1型、M2型、M3型产品的生产周期为0。

(13) 生产线生产的过程中会发生磨损，主要表现为强度降低。生产每批产品所消耗的产能可以通过式4-9计算得到，生产线的磨损程度可以通过式4-10计算得到。

生产产品消耗的产能＝生产的产品数量/(生产线技术水平－产品工艺水平)　　　(式4-9)

生产线磨损＝生产线消耗的产能/生产线的强度　　　(式4-10)

(14) 当生产线磨损超出该生产线的当前产能时，生产线的产能缩减为当前产能的一半；若生产线的强度继续降低，超出当前产能的1倍时，生产线将损坏。

(15) 企业可以通过对生产线进行维修来恢复生产线的强度，使其恢复生产能力。维修需要支付相应的维修费用，维修费用可以通过式4-11计算得到。

维修费用＝生产线累计磨损^2×生产线的技术水平　　　(式4-11)

(16) 生产线维修完成后，将变成一条全新的生产线，与初次安装时的基本相同，新购入的生产线可以自由选择生产的产品，管理维修后的生产线默认生产的是原有产品，如果生产其他产品，需要进行转产。

(17) 每种类型的生产线的管理维修和生产线的技术水平升级都需要1个季度。

2. 生产线购买操作流程

(1) 在企业办公界面(见图4-4)的办公区域单击"生产部"。
(2) 在右侧"企业经营状态"栏中的部门功能区单击"生产线"工作标签,单击"购买生产线"。
(3) 选择要购买的生产线,单击"购买"。
(4) 在"企业经营状态"栏单击"操作提示",在操作提示界面单击"付款"。
(5) 在操作提示界面单击"签收",完成生产线的购买。

签收确认后,生产线购买完成,可根据企业发展战略需要组织生产经营活动。

注意:企业要根据发展战略选择合适类型的生产线来生产产品,以免造成不必要的损失。

(三) 产品研发

1. 产品研发规则

生产制造企业成立初期,系统默认L型产品A型工艺研发成功,可以投入生产,其他类型产品必须经过研发,且研发成功后才能投入生产。产品的研发需要投入一定的资金和人力,各类型产品研发的基本信息如表4-4所示。

表4-4 生产制造企业产品研发基本信息表

研发项目	基本研发能力要求	最少投放资金(元)	推荐资金(元)	代表BOM	工艺水平
L型产品研发	0	0	0	L型产品A型工艺清单	1
L型产品工艺改进	50	100 000	300 000	L型产品B型工艺清单	0
H型产品研发	100	300 000	1,000 000	H型产品A型工艺清单	2
H型产品工艺改进	50	100 000	300 000	H型产品B型工艺清单	1
O型产品研发	100	1 000 000	2 000 000	O型产品A型工艺清单	3
S型产品研发	100	1 500 000	3 000 000	S型产品A型工艺清单	4
高端工艺改进	30	300 000	600 000	O型产品B型工艺清单	2
				S型产品B型工艺清单	3

在产品研发过程中,企业竞争者需要遵守以下规则。

(1) 每次研发所投入的资金不得少于最少投放资金。
(2) 研发投入的资金可以累计,即如果第一次研发失败,第二次所投入的资金与第一次投入的资金累计计算。建议累计投入资金不少于推荐资金,以保证研发成功。
(3) 企业招聘到研发人员后,才能开始产品研发工作。
(4) 开始研发前必须先调入研发人员,只有该研发项目的研发人员能力达到基本研发能力项要求,才能开始研发。
(5) 产品的研发周期是一个季度,即在投入研发后的下一个季度查看研发是否成功。研发成功的产品当季度可以投入生产。

(6) 产品研发具有一定的风险性,并不是投入研发资金和研发人员就一定会成功。研发的成功率可以通过式4-12计算得到。

$$研发成功率＝(投入的有效研发资金×80\%/推荐资金＋(投入的研发人员研发能力－基本研发能力要求)×20\%/100)－(20\%～40\%的随机值) \quad (式4-12)$$

注意:投入的研发人员和研发资金应合理分配,任何一方较弱都有可能导致研发失败。

2. 产品研发操作流程

企业首先应根据研发成功率公式,计算需要研发的产品所需的资金和科研人员的数量。

(1) 在企业办公界面(见图4-4)的办公区域单击"生产部"。

(2) 在右侧"企业经营状态"栏中的部门功能区单击"产品研发"工作标签,选择要研发的产品,单击"查看",如图4-13所示。

图4-13　投入研发界面

(3) 输入要投入的资金数额,单击"投入资金",在操作提示界面单击"付款"。

(4) 单击"投入研发人员",输入要投入的研发人员的数量,在操作提示界面单击"付款"。

注意:在当前季度结束前,可以继续投入资金和研发人员,也可以撤出研发人员。

(四) 仓库

1. 仓库购买(租赁)和使用规则

仓库分为产成品库和原材料库,但在大型系统中增加了原材料供应商企业后,仓库只有一种综合仓库，分为大、中、小三种类型，仓库类型不同，其容量、兴建价格、占地面积、租赁费、吞吐量也不相同。仓库的基本信息如表4-5所示。

表4-5 仓库基本信息表

仓库类型	容量(件)	兴建				租赁	吞吐量(件)
		兴建价格(元)	维护费用(元/季度)	折旧期限(季度)	占地面积(m^2)	租赁费(元/季度)	
小型仓库	3 000	300 000	2 000	40	300	80 000	10 000
中型仓库	6 000	600 000	2 000	40	500	100 000	20 000
大型仓库	12 000	800 000	2 000	40	1 000	200 000	30 000

在仓库的购买(租赁)和使用的过程中，企业竞争者需要遵守以下规则。

(1) 在购买厂区后，生产制造企业可以根据发展战略规划选择购买(自行兴建)或者租赁仓库，用来存放开展生产所需的原辅材料和产成品；贸易公司主要用来存放从生产制造企业采购的产成品。

(2) 企业购买或租赁的仓库每个周期都有吞吐量限制，吞吐量在每个季度单独计算，即在每个季度初还原为最大值。吞吐量的具体数据如表4-5所示。

(3) 生产制造企业采购的原辅材料必须存入仓库以备生产领用，生产的产品在下个季度初要存入仓库后以备继续生产或销售。贸易公司采购的产成品必须存入仓库以备后续销售。

(4) 在原辅材料、产成品入库前，企业必须先查看仓库的基本情况，在容量和吞吐量允许的数量范围内，分批存入合适的仓库。

(5) 租赁的仓库到期时，可以主动申请退租；如果不主动申请退租，系统会自动将租赁合同延长一个季度。

(6) 租赁的仓库主动退租时，必须清空该仓库内的所有原辅材料和产成品；如果当前季度结束时仓库中还存放原辅材料或产成品，系统会自动将租赁合同延长一个季度。

(7) 企业对租赁的仓库进行主动退租时，需要立即支付本季度的租赁费用；如果续租，租赁费用将在下一个季度初支付。

【线下操作】

(1) 采购部在收到采购的原辅材料或产成品入库时，需要填写入库单(或收料单)。

(2) 生产部在领取原辅材料进行生产时，需要填写领料单。

(3) 销售部在领取产成品进行销售时，需要填写出库单。

2. 仓库建造(购买)操作流程

(1) 在企业办公界面(见图4-4)单击工作导航中的"厂区"，进入建厂区域界面。

(2) 在厂区中单击"建造中心"，在"企业经营状态"栏中的部门功能区单击"仓库"工作标签，单击"建造"。

(3) 选择要购买的仓库类型，然后单击"购买"。

(4) 在"企业经营状态"栏单击"操作提示"，在操作提示界面单击"付款"。

(5) 在操作提示界面单击"签收"，完成仓库的购买。为了方便管理，企业可以对仓库进行命名和编号。

签收确认后，仓库购买完成。所有的仓库都是即买即用的，企业可以根据需要选择在合适的时间购买。企业在经营的过程中可随时查看每个仓库的使用情况，如图4-14所示。

3. 仓库租赁操作流程

(1) 在企业办公界面(见图4-4)单击工作导航中的"厂区",进入建厂区域界面。

(2) 在厂区中单击"租赁中心"。在"企业经营状态"栏中的部门功能区单击"仓库"工作标签,单击"租赁"。

(3) 选择要购买的仓库类型,然后单击"租赁"。

(4) 在"企业经营状态"栏单击"操作提示",在操作提示界面单击"付款"。

(5) 在操作提示界面单击"签收",完成仓库的租赁。

(6) 签收确认后,仓库租赁完成。所有的仓库都是即租即用的,企业可以根据需要选择在合适的时间租赁。

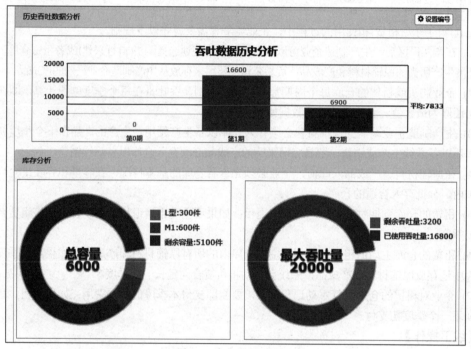

图4-14　仓库详细信息界面

(五)产品生产

1. 产品生产规则

(1) 产品生产需要投入原辅材料,仓库中的原辅材料数量只有满足现有产能时,才能开始生产。

(2) 产品生产所需要的原辅材料可以存放在不同的仓库中,但是累计数量必须满足生产的要求,并且每个仓库的出库数量必须在该仓库吞吐量允许的范围内。

(3) 每条生产线本季度的产量不能低于该生产线的额定产能,不能高于该生产线的允许最大产能。

(4) 企业可以通过调入、调出生产工人和车间管理人员来调整生产线的额定产能。

(5) 每条生产线可以生产企业已经研发成功的产品,但只能生产一种类型产品;如果要生产其他类型的产品,需要对生产线进行转产。

(6) 每种产品都有不同的生产周期。生产制造企业的L型、H型、O型、S型产品的生产周期为一个季度,即本季度投入生产,到下个季度初完成生产,完工的产品可以存入仓库以备继续生产或销售。

2. 产品生产操作流程

(1) 在企业办公界面(见图4-4)的办公区域单击"生产部"。

(2) 在右侧"企业经营状态"栏中的部门功能区单击"生产线"工作标签,选择要操作的生产线,单击"查看",窗口显示该生产线的详细信息,如图4-15所示。

图4-15 生产线详细信息界面

在生产线信息界面可以查看到该条生产线的名称、状态、生产线人员情况、生产线升级情况、生产情况,以及建造完成时间和人员调入、调出情况等。为了方便管理,企业可以对生产线进行命名和编号,例如用"L-A-01"表示本企业L-A型产品的第一条生产线。

(3) 单击"调入人员",按照企业计划的产能调入生产工人和车间管理人员。生产线在生产工人调入之前,可用产能为0,即必须调入生产工人才能提升产能。

注意: 生产线在不调入生产工人的前提下,仅仅调入车间管理人员是不能提升产能的。

(4) 单击"开始生产",显示该条生产线生产前备料信息,如图4-16所示。在该界面下方输入产出数量,单击"提交"。

(5) 在"企业经营状态"栏单击"操作提示",在操作提示界面单击"付款"。

(6) 在操作提示界面单击"签收",完成生产线的购买。

签收确认后,生产线购买完成,可根据企业发展战略需要在厂房中安装生产线。

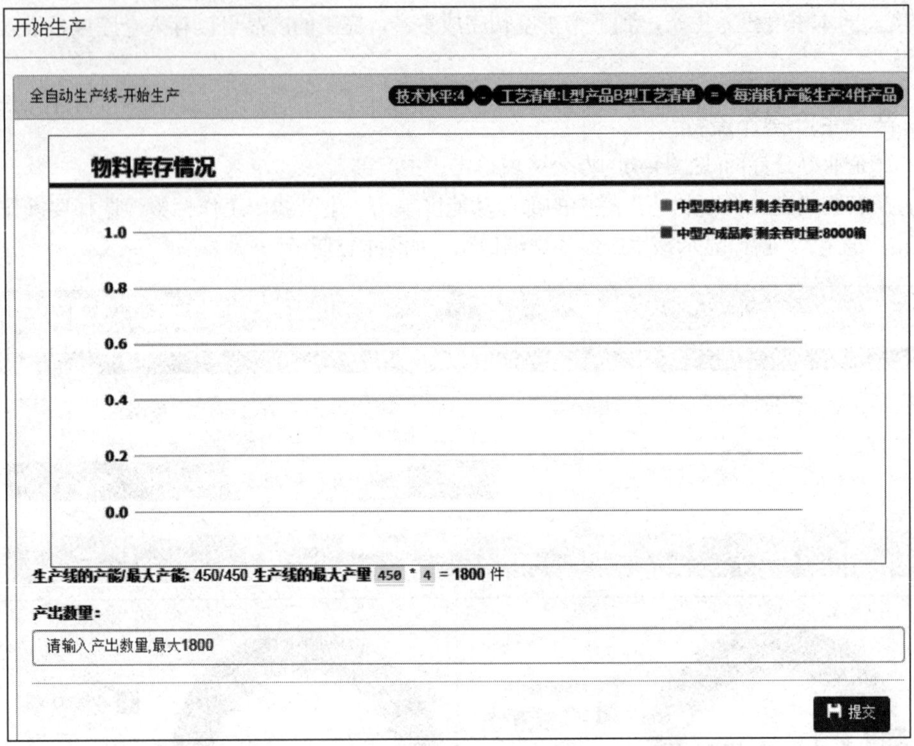

图4-16　生产线备料信息界面

（六）产品库存

无论是购买的仓库还是租赁的仓库，企业都需要支付原辅材料或产成品的库存保管费用。系统对存放在仓库中的原辅材料和产成品按照季度末存放的数量收取相应的库存保管费用。产成品的库存管理费用可以在表4-6中查询。

表4-6　产成品库存费用表

产成品名称	标底价(元)	库存成本(元/件·季度)
L型	4 000	100
H型	6 000	150
O型	8 000	150
S型	10 000	150

库存管理费用在下个季度初一次性支付，企业在经营过程中应尽量减少库存以节约生产成本。

4.3.4　采购部

采购部要根据企业的拓展规模及年度的经营目标，制订有效的采购目标和采购计划；组织实施市场调研，预测和跟踪企业采购需求，熟悉各种物资的供应渠道和市场变化情况，据此编制采购预算和采购计划，实施采购的预防控制和过程控制，有效降低成本。

为了保证企业生产经营活动持续进行，生产制造企业的采购部主要负责向原材料供应商企业采购生产中所需的原辅材料；贸易公司的采购部主要负责向生产制造企业采购用于销售的产成品。

（一）原材料采购

1. 原材料采购规则

生产制造企业在组织生产前必须按照产品的物料清单(BOM)采购原辅材料。原辅材料的详细价格信息如表4-7所示。

表4-7 原辅材料价格信息表

原辅材料名称	原材料平均市场价格(元)
M1	与原材料公司谈判，双方协商产生
M2	与原材料公司谈判，双方协商产生
M3	与原材料公司谈判，双方协商产生

在采购过程中，企业竞争者需要遵守以下规则。

(1) 企业在采购时，供货的时间可选择本期采购、下一期采购或下二期采购。

(2) 生产制造企业向原材料供应商企业采购原辅材料时，交易价格和供货时间由买卖双方商定并签订产品交易合同。系统默认卖方支付物流费，实际谁支付可以协商。双方谈好订单后，购买方在系统中下达采购订单，销售方需要确认订单。销售款项和货物到达时间与下单时间密切相关，详见4.3.6销售部。

2. 生产制造企业原材料采购流程

生产制造企业向原材料供应商企业采购原辅材料，在双方签订产品交易合同后，应由生产制造企业创建电子交易合同，具体操作流程如下。

(1) (生产制造企业)在企业办公界面(见图4-4)的办公区域单击"采购部"。

(2) (生产制造企业)在右侧"企业经营状态"栏中的部门功能区单击"原材料"工作标签，单击"购买"。

(3) 在物料交易合同申请界面中，(生产制造企业)从"乙方"一栏的下拉列表中选择所要交易的原材料供应商企业的名称，选择所采购的物料类型，填写采购数量，选择采购时间，输入该批物料采购的总金额(含税价)，单击"确定"，如图4-17所示。

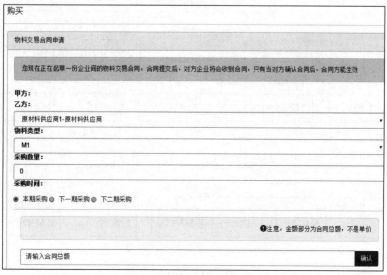

图4-17 物料交易合同申请界面

(4) 在原材料供应商企业(乙方)确认后,采购合同正式生效。生产制造企业可以在"采购订单"标签下查看订单的相关信息;原材料供应商企业可以在"销售订单"标签下查看订单的相关信息。

(5) 按照合同约定,原材料供应商企业(乙方)按时交货,并支付物流费用,生产制造企业支付货款并签收物料入库。

注意:
① 所填写的采购数量、合同总额必须为整数。
② 若系统有操作密码,企业可自主结束本季度操作,此时给该企业发出交易请求,可能造成合同交货日期不正常,故在确定交易前注意交易双方所处的状态。

【线下操作】
(1) 原材料供应商企业的销售部在交货领取原辅材料时,需要填写出库单,并将第3联(记账联)传递给财务部做会计核算,第1、2联本部门留存。

(2) 原材料供应商企业的销售部需要开增值税发票,并将第1联(记账联)传递给财务部做会计核算,第2联(抵扣联)、第3联(发票联)传递给生产制造企业,第4联(留底联)本部门留存。

(3) 生产制造企业的采购部在收到原辅材料入库时,需要填写入库单(或收料单),并将第3联(记账联)传递给财务部做会计核算,第1、2联本部门留存。

(4) 生产制造企业的采购部需要将收到的增值税发票传递给财务部做会计核算。

(二) 制造企业产品物料清单(BOM)

生产制造企业的采购部在采购原材料前,应和生产部门充分沟通,根据企业的生产计划及产品的物料清单(BOM)确定要采购的原辅材料的种类和数量;不要根据经验随意采购,采购原材料过多,会造成库存积压,使企业生产成本提高,流动资金减少;采购不足,会影响生产,如图4-18所示。

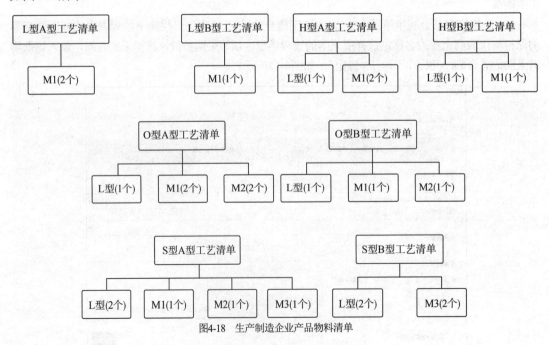

图4-18 生产制造企业产品物料清单

在采购原辅材料时,企业竞争者需要遵守以下规则。

(1) L型产品既是企业生产产品中的一种,也是H型、O型和S型产品生产中的原材料,在系统中显示为半成品。

(2) 图4-18括号中的数字为每种类型产品在生产中所需原辅材料的数量。

(3) 每个产成品(L型、H型、O型、S型)和原辅材料出库或入库时所占吞吐量各不相同,具体情况如表4-9所示。

表4-8 生产制造企业、贸易公司吞吐量信息表

产成品名称	吞吐量(件)	原辅材料名称	吞吐量(件)
L型	3	M1	1
H型	3	M2	1
O型	3	M3	1
S型	3	—	—

(三)产品交易

1. 生产制造企业与贸易公司进行产品的交易操作流程

生产制造企业与贸易公司之间的产品交易,在双方签订产品交易合同后,应由贸易公司在采购部的采购合同里创建电子交易合同,具体操作流程如下。

(1) (贸易公司)在企业办公界面(见图4-5)的办公区域单击"采购部"。

(2) (贸易公司)在右侧"企业经营状态"栏中的部门功能区单击"采购订单"工作标签,单击"创建交易",如图4-19所示。

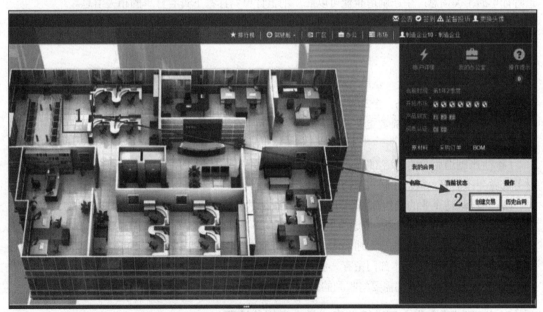

图4-19 创建交易界面

(3) 在物料交易合同申请界面中,(贸易公司)从乙方一栏的下拉列表选择所要交易的生产制造企业的名称,选择所采购的产品类型,填写采购数量,选择采购时间,输入该批产品采购的总金额(含税价),单击"确定",如图4-20所示。

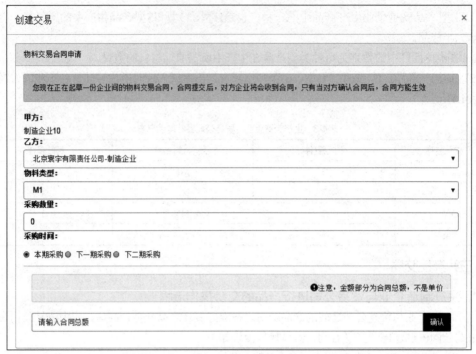

图4-20 物料交易合同申请界面

(4) 在生产制造企业(乙方)确认后,采购合同正式生效。贸易公司可以在"采购订单"标签下查看订单的相关信息;生产制造企业可以在"销售订单"标签下查看订单的相关信息。

(5) 按照合同约定,生产制造企业(乙方)按时交货,并支付物流费用,贸易公司支付货款并签收物料入库。

注意:

① 所填写的采购数量、合同总额必须为整数。

② 若系统有操作密码,企业可自主结束本季操作,此时给该企业发出交易请求,可能造成合同交货日期不正常,故在确定交易前注意交易双方所处的状态。

【线下操作】

(1) 生产制造企业的销售部在交货领取产成品时,需要填写出库单;并将第3联(记账联)传递给财务部做会计核算,第1、2联本部门留存。

(2) 生产制造企业的销售部需要开增值税发票,并将第1联(记账联)传递给财务部做会计核算,第2联(抵扣联)、第3联(发票联)传递给生产制造企业,第4联(留底联)本部门留存。

(3) 贸易公司的采购部在收到产成品入库时,需要填写入库单;并将第3联(记账联)传递给财务部做会计核算,第1、2联本部门留存。

(4) 贸易公司的采购部需要将收到的增值税发票传递给财务部做会计核算。

2. 生产制造企业之间进行的产成品交易操作流程

生产制造企业之间可以进行L型产成品的交易,在双方签订产品交易合同后,应由买方在采购部的采购订单项里创建电子交易合同,具体操作流程如下。

(1) (买方)在企业办公界面(见图4-4)的办公区域单击"采购部"。

(2) (买方)在右侧"企业经营状态"栏中的部门功能区单击"采购订单"工作标签,单击"创建交易"。

(3) 在物料交易合同申请界面中，(买方)从"乙方"一栏的下拉列表选择所要交易的生产制造企业的名称，填写采购数量，选择采购时间，输入该批产品采购的总金额(含税价)，单击"确定"。

(4) 在(卖方)确认后，采购合同正式生效。(买方)可以在"采购订单"标签下查看订单的相关信息；(卖方)可以在"销售订单"标签下查看订单的相关信息。

(5) 按照合同约定，(卖方)按时交货，并支付物流费用，(买方)支付货款并签收物料入库。

注意：

① 所填写的采购数量、合同总额必须为整数。

② 若系统有操作密码，企业可自主结束本季操作，此时给该企业发出交易请求，可能造成合同交货日期不正常，故在确定交易前注意交易双方所处的状态。

【线下操作】

(1) (卖方)企业的销售部在交货领取产成品时，需要填写出库单，并将第3联(记账联)传递给财务部做会计核算，第1、2联本部门留存。

(2) (卖方)企业的销售部需要开增值税发票，并将第1联(记账联)传递给财务部做会计核算，第2联(抵扣联)、第3联(发票联)传递给(买方)企业，第4联(留底联)本部门留存。

(3) (买方)企业的采购部在收到产成品入库时，需要填写入库单，并将第3联(记账联)传递给财务部做会计核算，第1、2联本部门留存。

(4) (买方)企业的采购部将收到的增值税发票传递给财务部做会计核算。

3. 卖方合同确认操作流程

企业间交易双方在创建电子交易合同时，有一个重要的环节是：卖方必须认真审核并确认买方所发起的交易申请，具体操作流程如下。

(1) (卖方)在右侧"企业经营状态"栏中的操作提示中单击"查看"，再单击"确认"按钮，如图4-21所示。

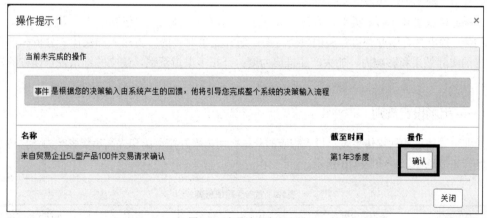

图4-21 交易请求确认界面

(2) (卖方)在物料交易合同申请确认界面，核对交易信息，无误后选择"确认合同"，单击"提交"后与(买方)达成交易合同，如图4-22所示。

(3) (卖方)在物料交易合同申请确认界面，核对交易信息，如果与双方签订的纸质版产品交易合同不一致，可选择"拒绝合同"，然后单击"提交"。(买方)可以重新创建交易合同。

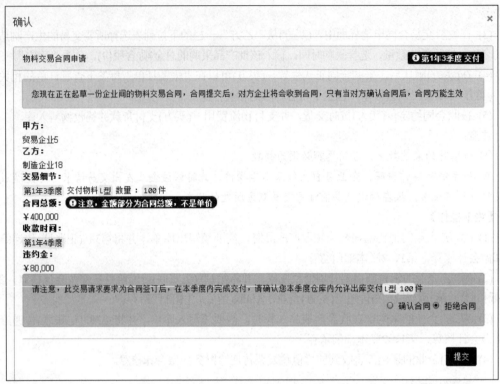

图4-22 物料交易合同申请确认界面

4.3.5 市场部

市场部的主要职责是通过市场调研和投资策略整合，在与其他生产制造企业、贸易公司的市场竞争中胜出，使本企业获得更大的利润。

市场部要收集和了解各类市场信息和相关情报，并在此基础上进行归纳分析，根据本企业的自身优劣势，提出具有创意并可实施的投资方案；研究竞争对手的广告投入的媒体，分析和评价各类广告的实际效果和影响力，加大产品推广力度；开拓多渠道营销，建立并维系各合作方的良好关系。

（一）市场投资规则

企业可以通过各种宣传手段，投入相应的开拓费用，来开拓市场和提高市场影响力。宣传手段和市场开拓信息如表4-9和表4-10所示。

表4-9 宣传手段信息表

宣传手段	平均最少投入资金(元)	市场反应比率(%)	类型	允许投放次数
电视广告	300 000	100	个体市场	2次/3季度
网络新媒体广告	400 000	50	群体市场	1次/1季度
电影广告植入	600 000	150	个体市场	1次/3季度
产品代言	500 000	60	群体市场	1次/2季度

表4-10 市场开拓信息表

市场名称	代表城市	临时性开拓所需资金(元)	永久性开拓所需资金(元)	永久市场竞单加分
黄河中游	北京	300 000	4 000 000	30
长江中游	武汉	150 000	1 500 000	30
大西北	成都	250 000	2 000 000	30
东北	沈阳	200 000	3 000 000	30
南部沿海	深圳	250 000	3 000 000	30
北部沿海	大连	250 000	1 500 000	30

在市场投资过程中,企业竞争者需要遵守以下规则。

(1) 每种宣传手段所面向的市场分为个体市场和群体市场。面向个体市场的宣传手段,每次只能面向一个市场进行宣传;使用群体市场宣传手段,允许一笔广告费同时投入多个市场进行宣传。

(2) 市场反应比率是指按该方式投入的广告费将按照市场反应比率进入选中的市场形成有效资金。

(3) 每种宣传手段有投放次数限制。

(4) 本季度进入某个市场的有效资金必须超过该市场的"临时性开拓所需资金"。

(5) 企业如果在几个季度中连续对同一个市场进行有效资金投入,当本季度进入该市场的累计有效资金达到该市场的"永久性开拓所需资金"时,该市场视为永久性开拓成功。

(6) 本季度投入广告费用后,在下一季度显示为开拓成功。

(7) 市场开拓成功后,企业可以在该市场参加市场竞单。

(8) 企业进入市场的有效资金数额直接影响企业在本市场的市场影响力,市场影响力将直接影响企业在本市场的销售竞单得分。市场影响力可以通过式4-13计算得到。

$$市场影响力 = 本企业市场有效投资金额 / 该市场所有企业有效投资总额 \qquad (式4\text{-}13)$$

【群体市场宣传举例】

以网络新媒体广告为例

企业如果想在东北、南部沿海、黄河中游、北部沿海4个市场进行网络新媒体广告投放,其中临时性开拓所需资金最多的市场是黄河中游(30万元),要使投入的资金在每个市场都有效,所需投入的资金为60万元(=30万元/50%)。但是该广告方式要求平均最少投入资金为40万元,所以投入4个市场的总资金需要160万元(=40万元×4)。最后,每个市场的有效资金为80万元(=160万元×50%),远超过每个市场的临时开拓所需资金。

所以,该企业要想使用网络新媒体广告方式在这4个市场进行的临时开拓取得成功,需要投入资金为160万元。

(二) 市场投资操作流程

企业在进行市场投资前,先确定所要投资的地区和投资金额。

(1) 在企业办公界面(见图4-4)的办公区域单击"市场部"。

(2) 在右侧"企业经营状态"栏中的部门功能区单击"市场投资"工作标签,单击"投入",如图4-23所示。

(3) 选择"宣传手段",单击"投放",如图4-24所示。

图4-23 市场部功能区界面

投入

请选择您希望使用哪种途径进行广告投放

类型：个体投放代表一次广告只能头像一个市场，群体投放代表一次广告费选择的所有的市场都将被投放广告
市场反应比率：您投放的广告金额，按照多少百分比反应到您选择的市场上

广告名称	类型	平均最小投放金额	市场反应比率	操作
电视广告	个体投放	¥300,000	100%	投放
网络新媒体广告	群体投放	¥400,000	50%	投放
电影广告植入	个体投放	¥600,000	150%	投放
产品代言	群体投放	¥500,000	60%	投放

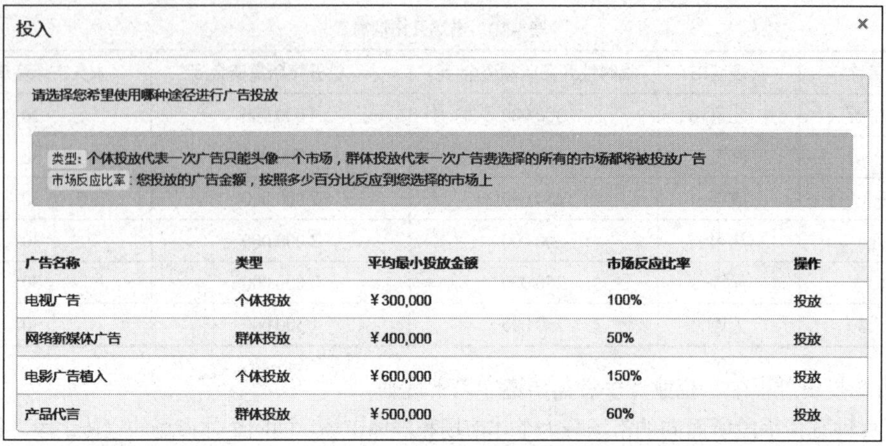

图4-24　宣传手段投放界面

(4) 选择要投放的市场区域，输入投放资金，单击“提交”，如图4-25所示。

(5) 在“企业经营状态”栏单击“操作提示”，在操作提示界面单击“付款”。

付款后，在下个季度初查看是否投放成功，投放成功后该地区的图标会被点亮。

投放

请选择您希望将广告投入到那个市场区域

类型：个体投放代表一次广告只能头像一个市场，群体投放代表一次广告费选择的所有的市场都将被投放广告
市场反应比率：您投放的广告金额，按照多少百分比反应到您选择的市场上

选择	名称	临时开拓资金	永久开拓资金
○	北京	300000	4000000
○	武汉	150000	1500000
○	成都	250000	2000000
○	沈阳	200000	3000000
○	深圳	250000	3000000
○	大连	250000	1500000
○	亚洲	300000	5000000

请输入投入的广告费　提交

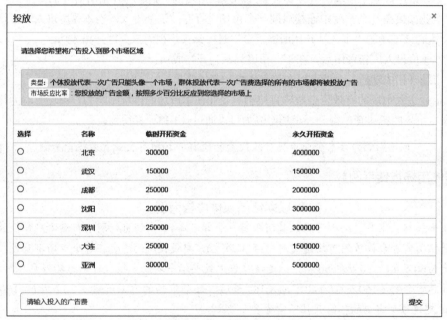

图4-25　广告费投入界面

4.3.6　销售部

销售部的主要职责是负责企业的客户开发、渠道开发等工作，参与制订并实施公司的营销战略与销售计划、销售方案，有效地维护渠道、管理客户，完成公司下达的产品销售计划指标。

在实训中，销售部全面负责产品销售工作，会同市场部制订企业的销售战略与销售计划，并将企业销售计划指标分解，制订、执行实现计划指标的具体措施；负责组织市场销售的运作，提出调整价格、产品品种、产品分配流向和改进销售办法的建议、措施；负责组织产品营销工作，确保销

售量、销售额、市场占有率计划的实现,确保产品货款的按期结算和资金的按期回收;组织进行营销合同的谈判,代表企业与客户、经销商、代理商签订销售合同;深入了解本行业,把握最新销售信息,为企业提供业务发展战略依据。

(一) 企业交易双方及销售货物类型整体概况

企业交易双方及交付货物类型等相关信息如表4-11所示。

表4-11　企业交易双方及交付货物类型信息表

销售方	购买方	可销售的货物类型	销售方式及规则	订单获得	订单交付
原材料	制造企业	M1,M2,M3	线下谈业务	线上下订单	物流交付
制造企业	制造企业	L	线下谈业务	线上下订单	物流交付
	贸易公司	L,H,O,S	线下谈业务	线上下订单	物流交付
	系统	L,H,O,S	竞单最后得分=价格分+市场影响力得分+质量分+结束本季度操作得分;同一订单得分高者获得订单	通过参与市场的竞单获得	物流交付
贸易公司	系统	L,H,O,S		通过参与市场的竞单获得	物流交付
	制造公司	L	线下谈业务	线上下订单	物流交付

注:对销售方而言,收款时间根据采购方采购方式而定。

通常情况下,采购方向销售方下采购订单,销售方将产品出库,然后交付物流公司运输。只有向系统销售时,才采用在系统中竞单的方式,获得订单后,进行出库,交付物流公司运输。其他情况下都采用线下谈业务的方式,线上下订单,一旦确认合同,该笔合同则不能取消。

(二) 货物到达时间和款项到账时间情况

购销双方的货物和款项到达时间与采购方的采购方式相关,采购方式不同,交付货物的时间和收取的货款有所不同,共有4种情况,具体如下。

1. 销售"本期采购"的货物

销售本期采购的货物,即现货交易,如表4-12所示。

表4-12　第一种情况:本期采购货物、款项交付及到达时间

	1季度	2季度
购买方	本期采购 付货款 收货	
销售方	确认订单 交货 给物流费	收货款

2. 销售"下一期采购"的货物

销售下一期采购的货物相当于有一个季度的到货周期,如表4-13所示。

表4-13　第二种情况：下一期采购货物、款项交付及到达时间

	1季度	2季度
购买方	下一期采购	付货款 收货
销售方	确认订单	交货 给物流费 收货款

3. 销售"下二期采购"的货物

销售下二期采购的货物相当于有两个季度的到货周期，如表4-14所示。

表4-14　第三种情况：下二期采购货物、款项交付及到达时间

	1季度	2季度	3季度
购买方	下二期采购		付货款 收货
销售方	确认订单		交货 给物流费 收货款

4. 销售给系统的货物

销售给系统的都相当于赊销，交付订单的下一季度才能收到货款。销售给系统的前提条件是已获得市场订单。交付订单的时间，根据获得订单的要求而定，如表4-15所示。

表4-15　制造企业、贸易公司向系统销售货物时货物、款项到达时间

	2季度	3季度
系统(购买方)		
制造公司 (贸易公司) 销售方	抢夺订单 签订合同 交付订单 (交货，给物流费)	收货款

（三）原始单据填写情况

(1) 销售部填写增值专用发票。销售产品时，填写增值税专用发票，第1联给会计记账，第4联本部门留存，第2、3联给购买方，如果购买方是系统，则可不给系统。

(2) 销售部门填写出库单。销售产品时，填写出库单，出库单的第1、2联留存，第3联给会计记账。请注意出库单中的单价为不含税单价，是自己公司的成本价，而非销售价格。

（四）各企业交易的具体情况

1. 原材料公司销售货物给制造公司

销售的产品：M1或M2或M3。

1) 购买方：制造公司

操作流程：在办公区单击"采购部"，选择"原材料"，在对应的物料名称处单击"购买"，填写

物料交易合同,选择被购买的对象,填写物料类型、采购数量、采购时间、货款总额,确认无误后单击"确认"。

2) 销售方:原材料供应商

操作流程:在操作提示界面可见"来自制造企业×,××产品×件交易请求确认",单击"确认",可查看详细的交易请求内容(包括购买双方、交付时间、物料类型、数量、合同总额、对方收款的时间、违约金等信息),如图4-26所示,根据实际情况选择"确认合同"或"拒绝合同"。

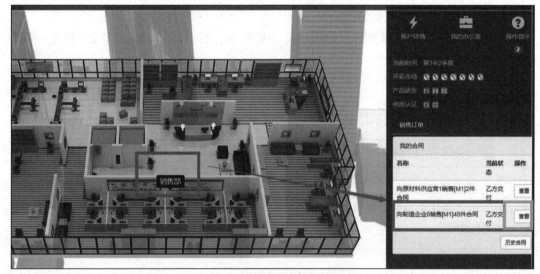

图4-26 销售部查看销售合同

若选择"确认合同",则需要进入"销售部",单击"销售订单",选择对应的订单,单击"查看"并选择"出库"(或者在操作提示中,选择对应的订单并单击"出库")。单击"刷新",再次进入"销售部"的"销售订单",单击"查看",选择"国内物流",签署《国内货物运输协议》后单击"提交",选择物流公司后再次"提交"。

完成上述操作后进行物流的相关操作。单击"操作提示"后领取"企业发布订单信息"任务,填写订单信息(填写订单标题、运输单价、货量等信息),如图4-27所示,单击"集货调度"。

完成上述操作后线下通知物流公司,告之其工作进展,由物流公司发布物流费用。返回线上进行操作,根据操作提示领取"确认物流费用"任务,确认物流费用无误后单击"同意"或"驳回"。若确认无误,则选择"同意"并"提交",根据操作提示领取任务并确定,再次核对发货信息中的物流费用,确认无误后单击"提交"。

图4-27 订单详情

完成上述操作后返回公司,根据操作提示支付物流费,单击"付款"(物流费用马上到对方账上)。至此,此笔订单交付完成,等待收款。

3) 采购方:制造公司

操作流程:根据操作提示单击"付款",支付货款,并根据操作提示签收货物。

4) 销售方：原材料供应商

操作流程：进入"财务部"单击"收款"，或者在操作提示中单击"收款"。

2. 制造公司销售货物给制造公司

销售产品类型：L型产品(此处的L型产品被视为原料)。制造与制造之间只能交易L型产品。

1) 采购方

其流程具体如下。

(1) 购买方在办公区的采购部门单击"采购订单"，单击"创建交易"。

(2) 选择被采购方、物料类型、采购数量、采购时间、合同总额，确认后单击"确定"，刷新后可在"交易请求"中查看。

2) 销售方

其流程具体如下。

(1) 销售方可以在操作提示界面进行确认，如图4-28所示。

图4-28 订单确认

(2) 单击"确认"按钮，确认相关信息，选择"确认合同"或"拒绝合同"，然后单击"提交"，如图4-29所示。

图4-29 确认销售合同详情

(3) 若选择"确认合同"，单击"提交"后在操作提示中则会出现出库界面，如图4-30所示。

图4-30 出库界面

选择"确认合同"后,也可以在销售部的"销售订单"中查看,如图4-31所示。

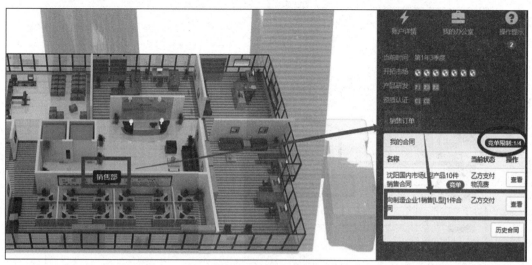

图4-31 销售订单查询界面

提示:企业之间(制造公司与制造公司之间,制造公司与贸易公司之间)交易产生的订单,不占用抢单总数。

(4) 单击"出库"按钮,选择"国内运输",然后填写《国内货物运输协议》,交付物流公司运输,完成交易。

3. 制造公司销售货物给贸易公司

制造公司销售货物给贸易公司时,交易货物类型可以是L型、H型、O型、S型产品。

1) 采购方:贸易公司

操作流程:在办公区的采购部中单击"采购订单",单击"创建交易",如图4-32所示。

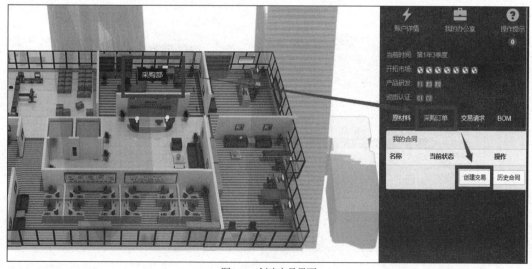

图4-32 创建交易界面

选择被采购方(只有制造公司),选择物料类型(L,H,O,S)、采购数量、采购时间、合同总额,确认后单击"刷新",可在"交易请求"中查看相关信息,如图4-33所示。

图4-33　交易双方信息填写界面

2) 销售方:制造企业

操作流程:在操作提示中,可见"来自××公司L型产品××件交易请求确认",单击"确认",确认相关信息,选择"确认合同"或"拒绝合同",如图4-34所示。

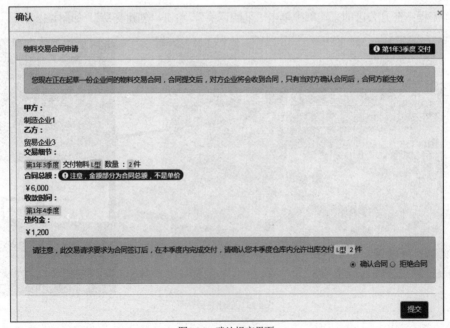

图4-34　确认提交界面

若选择"确认合同",则单击"出库"(见图4-35),完成出库操作,或在销售部的"销售订单"中单击"查看",如图4-36所示。

图4-35 出库界面

图4-36 销售信息查看界面

4. 贸易公司销售货物给制造企业

贸易公司销售货物给制造企业的货物类型只能是L型产品,其操作流程如下。

(1) 制造公司采购部负责人在采购部的采购订单菜单下创建对贸易公司L产品的购买需求。

(2) 贸易公司销售部负责人在公司操作提示栏目下对制造公司的交易需求进行审核,确定L产品的销售协议。

(3) 贸易公司销售部向制造公司交付L产品。

5. 制造公司、贸易公司销售货物给系统

制造公司与系统之间、贸易公司与系统之间只能通过抢夺订单的形式,在系统模拟的市场中销售产品。采用此方式销售产品,企业必须投入广告费,开拓市场,只有这样才能接到该市场的订单。

1) 抢单规则

订单是指系统收购产品,即制造企业将货物直接卖给系统,贸易公司获得订单后,向制造企业购买产品,然后将购买回来的产品卖给系统。

参与竞单的对象是所有制造公司和贸易公司。

- 竞单的时间:除第一季度外,每季度初进行。
- 竞单产品类型:L、H、O、S共4类产品。
- 竞单的内容:订单所在的市场、交付时间、产品类型、价格等。
- 竞单的最大个数:制造公司4个,贸易公司10个。
- 制造企业抢单规则:制造企业研发成功L改进型产品,加1分,研发成功其他产品,每个加1.5分,资质认证0.5分1个;原材料企业研发M1改进型产品,加1分,研发成功其他产品,每个加2分,资质认证1分1个;贸易公司永久开拓1个市场,加2分,资质认证0.5分1个;物流公司新增加1个网点,加1.5分,该项加分在企业经营成绩里单项加分;制造公司按照当

季度下线产品种类数量(系统允许研发生产L、H、O、S共计4种产品)获取相应的订单数量,数量为1~4个,按照企业实际情况执行,库存产品不纳入订单数量统计,若企业该季度没有产品下线,则取消其当季度的竞单资格。

制造企业、贸易公司每季度单笔订单上限及订单量参考值如表4-16所示。

表4-16 制造企业、贸易公司每季度单笔订单上限及订单量参考值

时间	类别	第2季度	第3季度	第4季度	第5季度	第6季度	第7季度	第8季度
订单总量数量	不区别	贸易公司订单每个季度10个,制造企业按照当季度下线的产品种类数量获取相应的订单数量						
单笔订单数量上限	L	800	1 000	1 200	1 400	1 600	1 800	2 000
单笔订单数量上限	H		800	1 000	1 200	1 400	1 600	1 800
单笔订单数量上限	O			800	1 000	1 200	1 400	1 600
单笔订单数量上限	S				800	1 000	1 200	1 400	1 600

竞单评分规则为竞单最后得分高者获得订单。竞单最后得分可通过式4-14计算得到。

$$竞单最后得分 = 价格分 + 认证得分 + 市场影响力得分 + 永久开拓得分 + 结束本季度操作得分 \quad (式4-14)$$

- 价格分:满分100分,定价高于标底价1%,减10分,如果定价低于标底价,价格分加2分。以L型产品为例,系统回收产品的基础价格是4 000元,每降低或者调高4元,将降低或者调高1分。
- 认证得分:根据认证规则,每完成一个质量认证,则加上相应的分数。目前系统中主要是ISO 9001认证和ISO 14000认证。
- 市场影响力得分:满分50分,影响力每占1%,加0.5分,得分最后取整。市场影响力得分取决于抢单上个季度投放的广告,其影响力占比等于自己公司所投放的广告费除以该市场所有企业投入的广告费合计。
- 永久开拓得分:如果有永久开拓,得30分;如果没有永久开拓,得0分。

认证得分、市场影响力得分、永久开拓得分是由抢单的前一季度的决策所决定的,在抢单时不能进行更改,结束本季度操作得分是在上个季度结束时由系统自动计算获得的。价格分可以在抢单时不断地进行调整。价格分与竞单得分成反比关系,价格分越高,竞单得分相应地越低。也就是说,在抢单的时候,可以通过调整价格分来调高或调低竞单得分。根据公司战略情况,如果该市场有很多家竞争者,而自己又想获得此订单,应通过降低价格来换取较高的竞单得分,进而获得订单。

L、H、O、S这4类产品的标底价如表4-17所示。

表4-17 L、H、O、S 4类产品的标底价

产成品名称	市场售价(元)标底价
L	4 000
H	6 000
O	8 000
S	10 000

注:此表中的市场售价不是最终的销售单价,最终的销售单价是抢单成功时所输入的单价。

2) 抢单流程

销售竞单的整体操作流程如下。

在公司主界面单击右上角"市场",再单击对应市场;输入申请产品的个数后,申请新订单;输入报价(产品单价);单击"数量、剩余时间"所在行,可见参与此订单竞争的公司及各自竞单得分;选择"签订合同"或者"取消订单",若"签订合同",在"查看"中可查看订单详情。

销售竞单的步骤具体如下。

(1) 抢单流程:单击主界面上的"市场",会出现销售区域地图(绿标地区表示临时或永久开拓成功的市场,灰标地区表示未开拓的市场,也就是在灰色的市场是没有抢单资格的),单击"绿标地区"。

(2) 看清楚产品类型、个数,输入申请该产品的个数,单击"申请新订单",如图4-37所示。

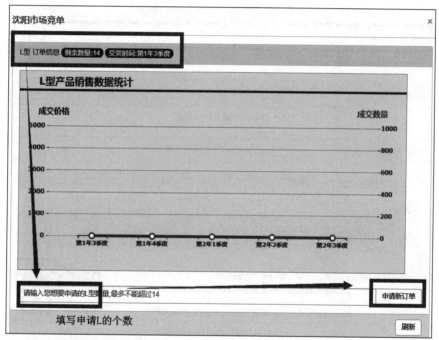

图4-37 市场订单类型、数量及交付时间

(3) 上方可见剩余订单的数量、交货时间,下方灰框中可见自己申请的产品的个数和剩余时间,此行右侧黑方框处表示参与此笔订单的企业数,①代表1家公司参与竞单,②代表两家公司参与竞单,以此类推,选择并单击此框所在行,如图4-38所示。

(4) 单击公司名称所在的行后,可见自己公司的竞单得分,以及竞单得分的构成情况,然后输入自己的报价,单击"竞价"(图中的出价是自己上一次的报价),如图4-39所示。

(5) 在竞单时间未结束前,可以多次报价;在竞单时间结束前,若没有自行报价,则系统将标的价格默认为是竞单价格。此处的竞单价格就是我们抢到订单后卖给系统的单价。卖给系统的货款总额(含税价)=订单中的货物数量×签单价格。比如公司的签单价格为4 500元,获得订单中产品的个数是100个,交付订单时(即卖给系统)货款总额(含税价)为450 000元。

(6) 竞单时间结束后,可见参加竞单的各公司竞单得分情况。如果得分相同,先出价的公司先得,如图4-40所示。

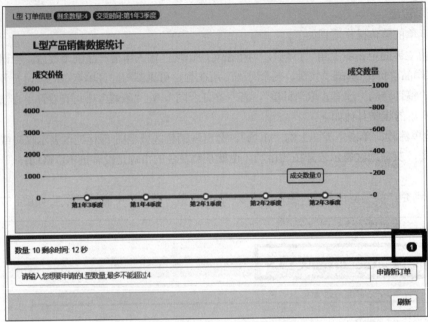

图4-38 输入订单数量

图4-39 竞单得分构成及报价

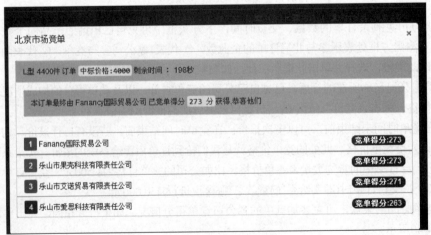

图4-40 参与抢单后竞单得分排名情况

(7) 竞单时间结束时，再输入报价会提示"订单已过期，竞单失败"。
(8) 竞单结束后，竞单得分高的企业(即获得订单的企业)会出现以下界面，如图4-41所示。

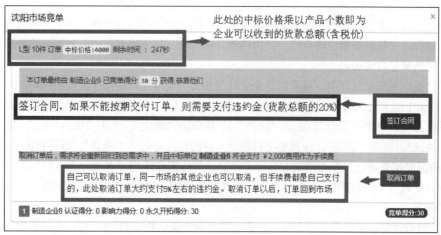

图4-41　中标订单详情

(9) 选择"签订合同"或"取消订单"。(有时间限定)

签订合同后，即可获得此订单。一旦签订合同，则不能再取消。签订合同后，如果不能按期交付订单，需要支付货款总额20%的违约金。已获得的单个订单的产品个数不能进行拆分交付，如1个订单的产品个数是500个，那么必须一次性交付500个产品，不能只交付200个或450个产品。另外，不能进行订单交易，只能进行产品交易。

自己公司可以取消订单。无论自己取消订单，还是其他人单击"取消订单"，违约金均需要由当前订单的获得者支付。取消订单的违约金需要立即支付，违约金金额和货款总额以实际公布的为准。

3) 查看已获得的市场订单

方法一：在"市场"处可以查看已获得的订单情况。

方法二：进入办公区的"销售部"，单击"销售订单"的"查看"，可查看订单详情，如图4-42所示。

图4-42　查看已获得的订单

4) 交付订单

制造公司与系统之间(销售的是抢夺的订单)的订单个数不能拆分。

制造企业销售货物给系统，主要是通过获得订单的形式进行销售。

订单交付时，卖方需向物流公司支付运输费用，所交付的产品当季就可到货。物流费用可以与物流公司议价，并需要签署运输合同后交由物流公司运输。具体物流费用应与所选的物流公司协商后确定，详情参见物流公司。

制造企业向系统交付订单，以及制造企业向贸易公司交付订单的操作流程如图4-43所示。

(1) 在操作提示窗口选中要交付的产品栏，单击"出库"(或者选中销售部，在销售竞单栏选中要交付的产品栏，单击"查看"，选择"出库")，再单击"确定"；单击"国内物流"，填写《国内货物运输协议》，单击"提交"，选择要交付物流运输的物流公司并"提交"，等待物流公司确认。

(2) 物流公司通过后，企业需要发布订单信息，具体操作流程：在操作提示窗口领取任务，单击"领取并处理"，填写订单信息并单击"集货调度"，等待物流公司审核订单信息，并到物流公司办理相关业务。

(3) 物流公司对订单信息进行审核后，企业需要再次确认物流费用(注意：此处是物流运输的总费用)，然后单击"确定"发货。

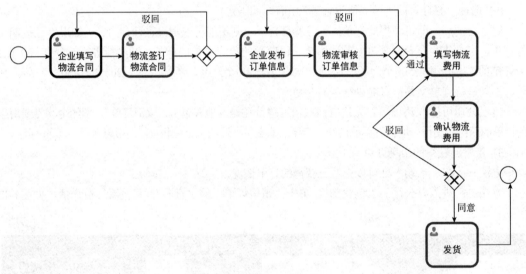

图4-43 物流运输流程

(4) 财务部注意及时支付物流费用。

(5) 订单物流交付成功后，订单在操作提示窗口中显示"已完成"。

(6) 进入办公区销售部的"销售订单"，单击"查看"，选择"出库"，刷新后单击"国内物流"，填写国内货物运输协议并"提交"，选择物流公司后再次"提交"。

(7) 线下去物流公司。

5) 收取货款

在下个季度单击"收款"或者查看对应订单并收款。

6. 制造公司、贸易公司通过招投标方式销售产品

在此种方式下，制造公司和贸易公司参与招投标中心的市场竞标活动，取得销售订单，从而实现产品的销售。竞标必须按照招标人的要求准备标书参与竞标，详见第11章。

4.3.7 企业管理部

企业管理部是综合管理部门，具有企业综合管理职能和做好CEO管理参谋的职能。

在实训中，企业管理部的主要职责是在CEO的领导下，制订企业的战略发展规划，并协助推行；负责企业制度建设和各项管理制度的制定与推行；督察各部门分战略规划的执行情况；负责公司的人力资源、信息化、资质认证等工作。

企业管理部分分为线上和线下，线上主要完成员工招聘、资质认证等工作，线下主要负责企业的日常管理工作。

（一）线上的企业管理部

表4-18中的员工类别是企业可以招聘的员工类别，并不表示企业必须招聘所有的类别。同理，对于资质认证，可以认证，也可以不认证，还可以认证其中一个或两个。认证的主要目的在于增加竞单得分。人员招聘后当季度可以使用，并投入到相应的岗位上；资质认证投入后，将在下个季度初抢单时产生作用，并永久生效。

表4-18 各类企业线上企业管理部门完成事项

公司类别	员工招聘		资质认证
制造公司	初级工人 高级工人 车间管理人员 研发人员	招聘当季， 当季使用， 当季不能辞退	ISO 9000 ISO 14000
贸易公司	无		ISO 9000 ISO 14000

1. 人力资源

1）人力资源规则

驱动生产线生产、提高研发项目的效率都需要员工，企业通过人力资源部门招聘各式各样的人才，并且将人员分配到合适的岗位开始工作。每种类型的人员都有各种能力。企业在招聘人才时，应注意能力的搭配，在尽可能地减少人力成本的同时，提高工作效率。人力资源信息表如表4-19所示。

表4-19 人力资源信息表

人员类型	招聘费用(元/人·季度)	人员类型	生产能力	管理能力提升率(%)	研发能力	工资(元/人·季度)
初级工人	6 000	生产人员	10	0	0	4 000
高级工人	10 000	生产人员	20	0	0	6 000
车间管理人员	8 000	生产人员	0	25	0	5 000
研发人员	10 000	研发人员	0	0	10	10 000

【相关说明】

(1) 招聘的人员在当季即可投入工作，招聘费用在招聘时立即支付。

(2) 科研人员进入研发项目后，在产品研发成功以前，可以随时调出。

(3) 生产工人在产品完工之前不能从生产线上调出。每季度产品投产前，生产工人可自由调度。

(4) 人员工资在下一季度支付。

(5) 向生产线安排生产类人员是提升生产线产能的唯一途径，人员安排有多种组合，其主要决策为减少人力成本，提高生产效率。可用产能可以通过式4-15计算得到，总提升研发能力可以通过式4-16计算得到。

$$可用产能=(工人专业能力×工人人数+工人专业能力×工人人数×车间管理人员管理能力百分比×车间管理人员人数)×生产线人员利用率 \qquad (式4\text{-}15)$$

注：值不为整数时，按四舍五入取整。

如：新建的半自动生产线，其人员利用率为100%，工人专业能力为10，车间管理人员管理能力百分比为35%，没调入工人前可用产能为0。调入8个初级工人后，生产线产能为8×10×100%＝80，再调入9个车间管理人员，总可用产能为(80＋8×10×25%×9)×100%＝260。相应地，如果将半自动生产线换为劳动密集型生产线，因为它的人员利用率为50%，调入同样多的工人和管理人员，可用产能只为130。

$$总提升研发能力=科研人员专业能力×科研人员人数 \qquad (式4\text{-}16)$$

(6) 解聘人员时，除支付本季度工资之外，需另付两个月工资。

(7) 人员为空闲状态时也需要支付工资。

2) 招聘人员

企业管理部负责招聘人员，但是招聘人员的个数是根据产能需要和研发需要计算而得的，生产工人、车间管理人员在同一季度内若已投入生产，在不同生产线之间不能自由调配。

(1) 在企业管理部的"人力资源"中单击"招聘人员"，如图4-44所示。

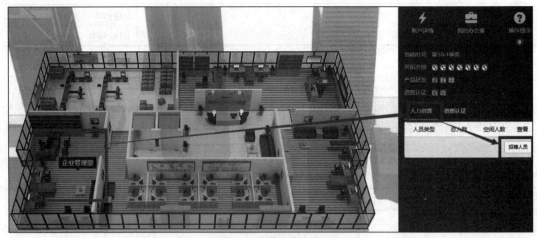

图4-44 招聘人员界面

(2) 选择招聘人员的类型，单击"招聘"，输入"招聘人数"并提交，确定后"付款"（支付的是招聘费用），如图4-45所示。

(3) 操作界面上提示"确认签收已招聘人员"。招聘的人员当季可以使用。

3) 解聘流程

(1) 选中企业管理部的"人力资源"，选择需解聘人员类型并单击"查看"，如图4-46所示。

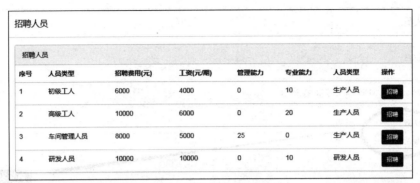

图4-45　录入招聘人员要求

图4-46　人员信息查看

(2) 单击"解聘人员",输入解聘人数,单击"提交",如图4-47、图4-48所示,"确定"后"付款"(支付工人工资)。

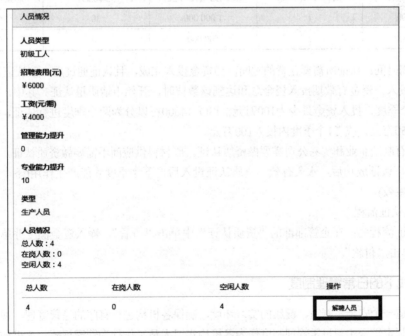

图4-47　解聘人员情况界面

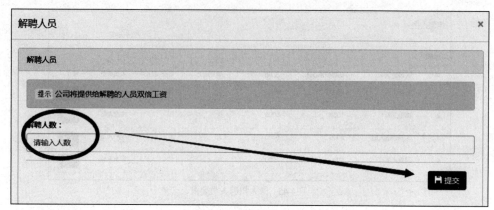

图4-48 解聘人员提交界面

(3) 若未支付工人上个季度工资，则无法解聘工人，同类型工人工资是一起支付的，不能单个支付。

(4) 解聘时需支付两个季度的工资。例如：初级工人工资是4 000元/人·季度，招聘当季马上解聘支付8 000元；招聘当季除外的其他季度，则需要先支付上个季度的工资4 000元，再另外支付8 000元。

2. 资质认证

1) 资质认证规则

资质认证包括ISO 9000和ISO 14000，企业通过资质认证可增加销售竞单中的竞单得分，详见销售竞单规则。

资质认证详细信息如表4-20所示。

表4-20 资质认证信息表

资质认证名称	需要时间(季度)	最少投入(元/季度)	竞单加分	总投入(元/季度)
ISO 9000	1	1 000 000	30	1 000 000
ISO 14000	2	500 000	30	1 000 000

(1) 所需时间：认证所需要花费的时间。当资金投入完成，且认证通过后，该认证正式获得。

(2) 总投入。资金有效期投入资金总和达到该数值时，开始申请质量认证。其中，ISO 9000认证时间为1个季度，投入资金最少为100万元；ISO 14000可以分为两个季度进行认证，每个季度最少投入资金50万元，或者1个季度内投入100万元。

注：只有制造企业和贸易公司需要做资质认证。原材料供应商不需要做资质认证。资质认证只需认证一次，认证成功后，永久有效。资质认证投入后，下个季度才能产生作用(下个季度初抢单的时候即可生效)。

2) 资质认证流程

资质认证流程为：在企管部部的"资质认证"中单击"查看"，输入资金额度并单击"投入资金"，然后单击"付款"。

(二) 线下的日常管理制度

为了创造一个安全、舒适、健康的实习环境，确保各机构进行有序的经营管理。现根据实习的具体情况，制定综合实习日常管理制度作为各机构实习人员工作行为管理规范，各机构人员应自觉遵守和维护。该制度适用于各机构全体人员。

1. 出勤管理

(1) 各机构人员实习期间应做到不迟到、不早退、不旷工。如有请假,应按照流程开具假条,交至管委会。

(2) 上班时间:周一至周五(08:15—11:40,;14:30—17:55)。

(3) 考勤时间:08:15—08:30,14:30—14:45,期间不定时抽查。

(4) 考勤未到者,如上班15分钟之内未到,记为迟到;如30分钟之内未到,记为旷课。

注:违反上述规定者,迟到早退个人扣3分,企业扣1分,旷工个人扣5分,企业扣1分。

2. 秩序管理

(1) 各机构人员实习期间按要求佩戴工作证(个人信息完整),穿着大方得体,不穿奇装异服、拖鞋等;教室内手机一律静音。

(2) 各机构人员实习期间不做与实习无关的事情,不做影响机构正常运营的事情,如玩手机、打游戏、看视频、吃零食、嬉戏打闹等。

(3) 各机构人员实习期间遵守实验室管理规定,不随意张贴纸张,如海报、广告、单据等。

(4) 在上班期间不得在走廊、楼梯间等处抽烟、玩手机。

注:违反上述规定者,个人扣3分,企业扣1分。

3. 设施设备管理

(1) 各机构人员实习期间爱护实验室财产,不随意乱动各类设施设备,如有损坏,按照规定赔偿。

(2) 各机构人员实习期间下班时关闭窗户、电脑等;如开空调,下班之前应及时关闭(开启空调期间注意关窗)。

注:违反上述规定者,企业扣2分。

4. 卫生管理

各机构注意工作区域及公共区域卫生,保持整洁,不得任意堆放杂物,应及时清理废物,扔入垃圾桶。

注:违反上述规定者,企业扣2分。

5. 资料管理

各机构在实习期间应注意资料的存放,并按时提交相关资料至管委会处。

注:违反上述规定者,企业扣2分。

4.3.8 财务部

线下的企业之间不能进行转账,企业只向外围机构进行转账,转账时在财务部填写电子版的转账支票,比如:企业向税务局纳税。财务部的电子转账主要是向税务局、会计师事务所、工商局转账,物流费用的支付、银行利息的支付、向银行偿还贷款也不通过转账方式支付,若通过转账方式支付,企业会支付两次。偿还本金当季不需要支付利息,即使支付,也是支付上个季度的利息。

(一)线上财务部基本情况

财务部线上操作流程为:在财务部的"资金申请"中单击"资金记录"(或在账户详情中查看),可查看公司银行账号、账户余额及每个季度的资金来往明细,如图4-49、4-50所示。

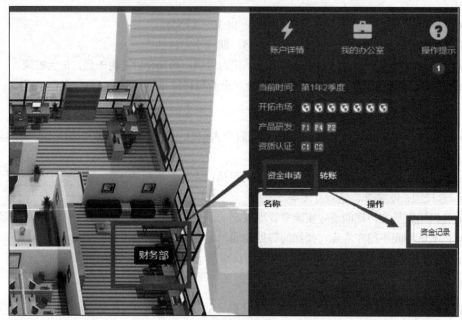

图4-49 查看资金记录界面

图4-50 企业资金账户详情

(二)转账业务

在企业经营过程中,转账业务是比较常见的,如企业向税务局纳税。

(1) 在实习导航中选择政务服务区,进入国家税务局,单击"纳税申报""国税""国税通用缴款书",填写《中华人民共和国税收通用缴款书》,然后单击"提交"。

(2) 等待税务局审核。

(3) 企业进入"财务部"进行转账,填写电子支票相关信息,填写完成后单击"转账",如图4-51所示。

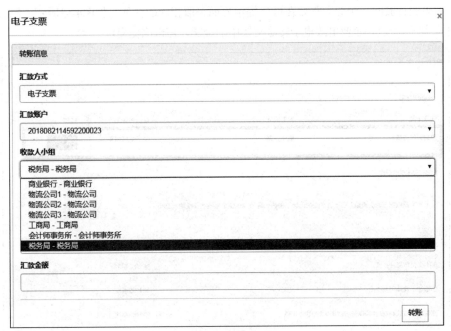

图4-51 电子转账界面

(4) 填写"支票",如图4-52所示。

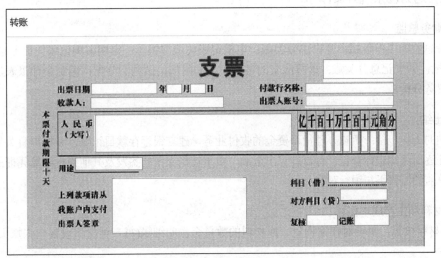

图4-52 电子支票

(5) 银行审核通过,款项即刻支出。

特别提示:此处的转账只针对实体企业向会计师事务所、税务局、市场监督管理局转账。企业与企业之间不能进行转账,企业交付物流费用、向银行支付利息、偿还本金等均不通过这种方式。

电子版转账支票的金额第一次填写时一定要核对清楚,因为这一金额是最后转出的金额。即使银行驳回,企业也进行了修改,但是最后转出的金额仍然默认为第一次填写的金额,不会按照修改后的金额扣除。

(6) 如果银行驳回,企业则需要在操作提示界面领取相应的任务,如图4-53所示,修改电子版转账支票信息后提交(若企业更改电子转账支票中的金额,需再次提交)。

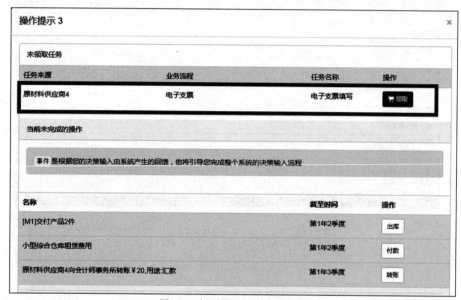

图4-53 企业领取驳回的电子支票

(三)财务部系统外操作

1. 财务总监

财务总监的工作包括:开设总分类账;审核记账凭证并编号;定期编制记账凭证汇总表(或科目汇总表),并登记总分类账;计算应交的各种税金和附加;做利润分配;编制会计报表,并进行必要的财务分析。

2. 出纳

出纳的工作包括:负责办理货币资金的收付业务,建立银行存款日记账,并根据有关货币资金收付凭证逐日逐笔进行登记,每日结算出金额。负责转账支票的签发及其他银行结算凭证的填制。在财务总监的监督下与银行对账。

3. 材料和生产成本核算

(1) 材料核算:负责对在途物资、原材料的数量金额明细账(每一种材料设置一张账页)进行详细登记。

(2) 生产成本核算:负责基本生产成本核算,开设基本生产成本明细账,并按"直接材料""直接人工"和"制造费用"等成本项目设专栏进行登记;负责制造费用登记,并按产品项目进行分配。

4. 产成品和往来结算

(1) 产成品核算:负责产成品数量金额明细账(根据产品种类),自建产成品成本汇总表及完工产品入库，月末计算并结转已销售产成品成本。

(2) 往来结算：负责办理企业与各方面的往来结算业务。与购进付款业务相关的核算，登记应付账款；与销售收款业务相关的核算，登记主营业务收入、应收账款。

5. 费用、工资及固定资产核算

(1) 费用与工资核算：负责销售费用、管理费用、财务费用的凭证登记，以及生产工人、科研人员、管理人员等的工资计提。

(2) 固定资产核算：负责固定资产增减变动的核算，在建工程的核算，以及固定资产折旧的计提，登记固定资产、在建工程、累计折旧凭证，定期与总分类账进行核对。

第三篇 服务机构(企业)运作篇

- 第 5 章 政务中心
- 第 6 章 商业银行
- 第 7 章 物流公司
- 第 8 章 会计师事务所
- 第 9 章 融媒体中心
- 第 10 章 管委会
- 第 11 章 招标投标公司

第5章 政务中心

本次实习中设置的机构"政务中心",全称是政务服务中心,是一个综合性管理服务机构,主要包括市场监督管理局和国家税务局两个职能部门,目的是加强政务服务、提高行政效能,为人民群众提供优质便捷高效服务。

本次政务中心实习的主要任务有:组建团队,做人员分工,企业设立登记及税务登记,接收并处理监督投诉,主办企业logo设计大赛,纳税申报,编写行业分析报告,资料归档及提交,完成实习报告等。具体实习安排如下。

(1) 第1天:参加实习动员大会,竞聘公司CEO,选出政务中心主任并组建团队,进行人员分工。

(2) 第2天:熟悉办公场地,领取办公用品及个人注册码,完成个人系统注册,完成所有企业的设立登记和税务登记的审核工作。

(3) 第3~4天:完成企业试运营阶段的纳税申报工作,完成企业logo设计大赛的前期准备工作(包括拟订企业logo设计大赛策划书、选定评委、收齐参赛企业的logo资料等)。

(4) 第5~9天:举办企业logo设计大赛并完成后期评选工作,完成企业正式运营阶段的纳税申报工作及统计工作,编写每个季度的行业分析报告,接受并处理企业监督投诉工作。

(5) 第10天:完成政务中心内部总结,进行资料整理归档及提交,参加综合实习总结表彰大会。

5.1 市场监督管理局

市场监督管理局的主要职责是负责市场综合监督管理、市场主体统一登记注册、市场秩序监督管理、宏观质量管理等工作。本次实习设置的市场监督管理局主要负责完成企业的设立登记、维护市场秩序等工作。

政务中心的工作人员需要登录市场监督管理局的个人账号后,单击"快进进入",进入市场监督管理局的操作界面,如图5-1所示。

主界面各选项的功能如下。

(1) 我的任务:包括领取任务、查看待处理任务、任务评分等。

(2) 财务系统:包括每家企业的记账凭证、财务明细账、税种查看、财务报表(总账科目汇总表、资产负债表、损益表、现金流量表)、财务报表分析(财务报表分析、财务报表分析排名)、财务报表单项排名(资产总计排名、所有者权益排名、利润排名)等。

(3) 组织机构:包括岗位管理、人员管理等。

图5-1 市场监督管理局界面

(4) 工作日志：包括工作日志、会议纪要、企业预算、学习报告等。

(5) 查看企业：包括企业发票使用情况、财务报表查看(手工资产负债表、手工总账科目表、手工损益表)等。

(6) 监督投诉：包括举报登记单、申述登记单、工商罚款、罚款记录等。

(7) 企业年检：包括企业年检、企业分支机构年检等。

(8) 企业登记：包括企业设立登记、核准名称信息变更、商标注册、企业分公司登记、企业变更登记、企业注销登记、企业现金收据等。本次实习主要涉及企业设立登记等。

(9) 返回公司：即返回主界面。

5.1.1 企业设立登记

政务中心的工作人员在企业注册环节应先帮助企业完成在市场监督管理局的设立登记，然后完成企业税务登记和开启基本账户任务。具体任务是根据企业提交的电子版和纸质版资料进行仔细审核，审核无误后，在系统中审核通过并核发营业执照正副本，收齐纸质资料后根据系统中的营业执照正副本填写纸质版的营业执照并发给相应的企业。具体操作流程如下。

(1) 进入市场监督管理局的操作界面后，单击"我的任务""领取任务"，根据任务来源确定所负责的企业，单击"领取"来获取审核任务，如图5-2所示。

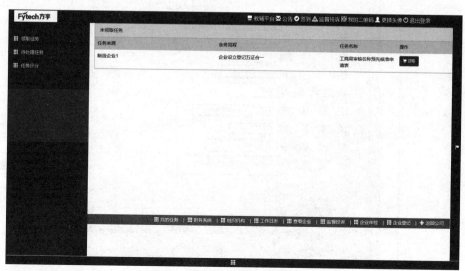

图5-2 领取市场监督管理局审核任务

【注意】

① 企业名称必须经由指导教师审核通过后方可进行申请；企业类型统一为"有限责任公司"，审核时一定要注意企业类型是否填写错误。

② 审核完"企业名称预先核准申请表"后，需要马上再领取一次任务。此时政务中心工作人员填写"企业名称预先核准通知书"后，才能将下一步任务传递到企业账号上。"企业名称预先核准通知书"的模板可扫描下方二维码获取。

③ 企业编号：原材料供应商、制造企业、贸易企业、会计师事务所、物流企业代码分别为1、2、3、4、5，由于原材料供应商代码为1，因此第1家供应商则为1001，第2家供应商为1002，以此类推。如原材料供应商为1001~1006，制造企业为2001~2015，贸易企业为3001~3004，会计师事务所为4001，物流企业为5001~5004。

④ 企业注册资本：原材料供应商为500万，制造企业为1000万，贸易企业为2000万，会计师事务所为50万，物流企业为500万。

⑤ 营业范围：原材料供应商为手机零配件生产及销售，制造企业为手机生产及销售，贸易企业为手机销售，会计师事务所为审计业务，物流企业为手机零配件运输服务、手机运输服务等。

⑥ 若企业提交的表格有误，可驳回并通知企业重新填写提交。

⑦ "企业设立登记申请书"模板、"法定代表人登记表"模板、"企业名称预先核准申请书"模板、"企业住所(经营场所)证明"模板可扫描下方二维码获取。

企业名称预先核准登记通知书

企业设立登记申请书

法定代表人登记表

企业名称预先核准申请书

企业住所(经营场所)证明

(2) 审核完"补充信息表"后再次领取任务，此时可颁发营业执照，单击"生成流水号"，开始填写企业相关信息，具体如图5-3所示。

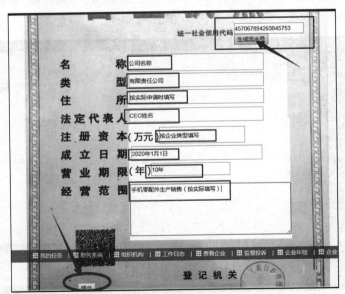

图5-3 核发营业执照

(3) 提交后再次通过"我的任务"进入"发放营业执照副本"界面，单击"提交"后，企业设立登记流程结束。

(4) 审核企业提交的纸质资料，审核无误后根据系统中的营业执照填写营业执照正副本，加盖"市场监督管理局公章"后将纸质版的"企业名称预先核准通知书"和营业执照正副本交给企业。

5.1.2 监督投诉

1) 企业监督投诉的流程

企业监督投诉的流程如图5-4所示。

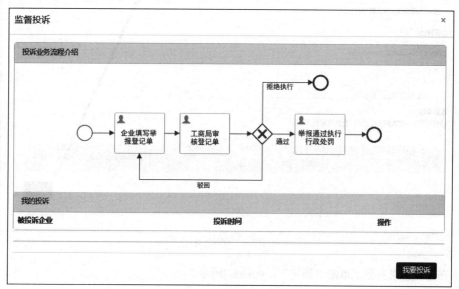

图5-4 企业监督投诉的流程

(1) 企业需要投诉时，在企业界面单击"监督投诉"，如图5-5所示。

图5-5 企业界面中的监督投诉

(2) 单击"我要投诉",选择"被投诉机构",填写"投诉理由",如图5-6所示。

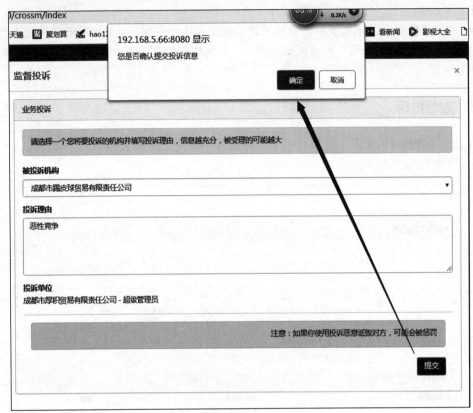

图5-6 投诉信息

(3) 在完善信息界面上单击"确定",如图5-7所示。

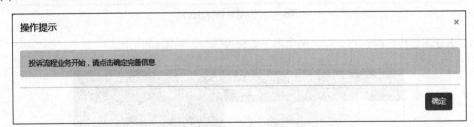

图5-7 完善信息界面

(4) 填写举报登记单,如图5-8所示。
2) 市场监督管理局审核流程
市场监督管理局审核流程具体如下。
(1) 进入主界面,单击"监督投诉""举报登记单",如图5-9所示。

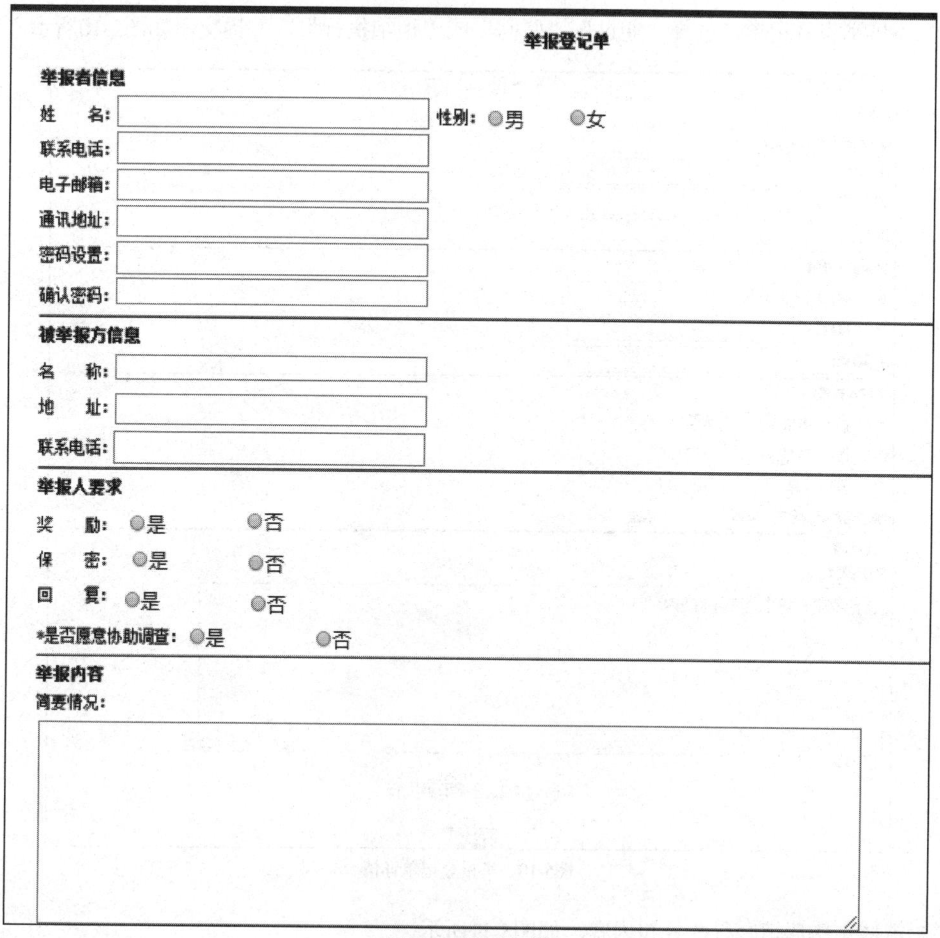

举报登记单
举报者信息
姓　　名：
性别：男　女
联系电话：
电子邮箱：
通讯地址：
密码设置：
确认密码：
被举报方信息
名　　称：
地　　址：
联系电话：
举报人要求
奖　　励：是　否
保　　密：是　否
回　　复：是　否
*是否愿意协助调查：是　否
举报内容
简要情况：

图5-8　举报登记单

监督投诉
举报登记单
申诉登记单
工商罚款
罚款记录
我的任务
财务系统
组织机构
工作日志
查看企业
监督投诉
企业年检

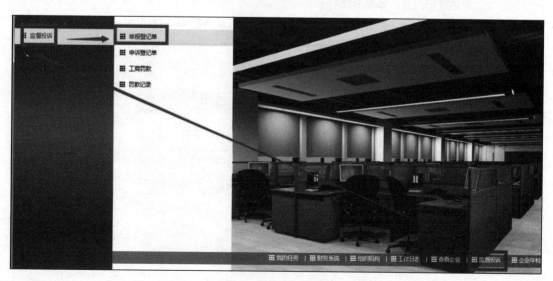

图5-9　审核举报登记单

(2) 审核举报登记单，选择"通过""驳回"或"拒绝执行"，并提交，如图5-10所示。

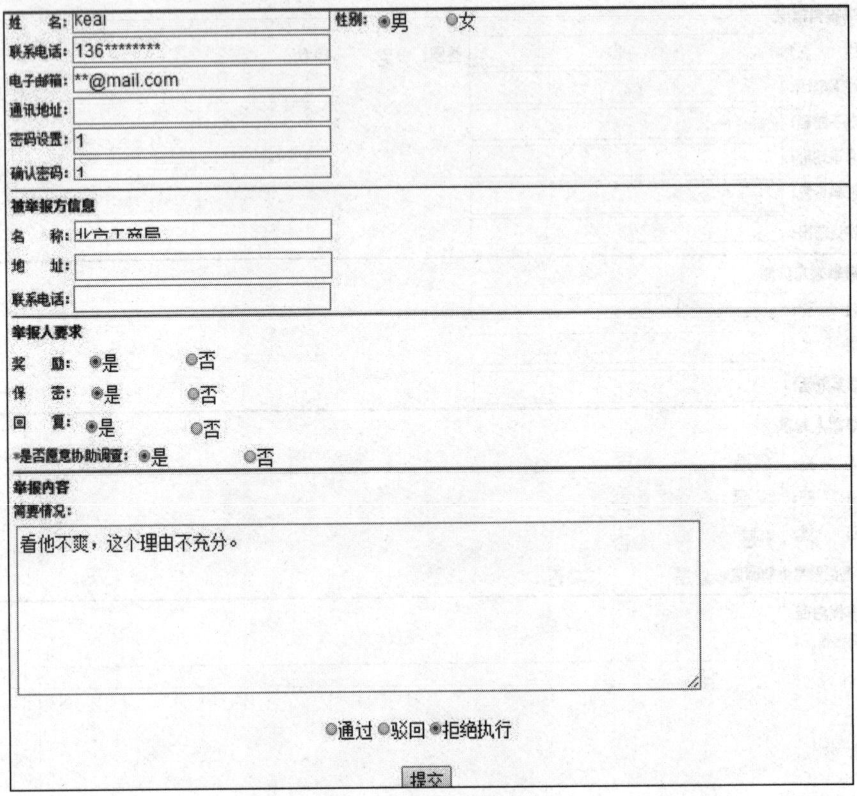

图5-10　举报登记单详情

(3) 审核完毕后填写行政处罚内容，如图5-11所示。
(4) 企业申述登记流程，如图5-12所示。
(5) 单击"监督投诉""申诉登记单"，市场监督管理局审核申诉登记单，如图5-13所示。

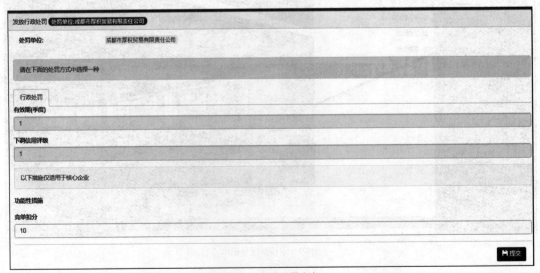

图5-11　行政处罚内容

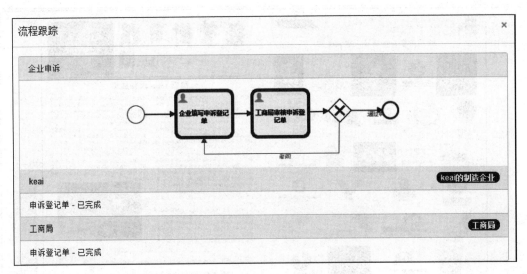

图5-12 申述登记流程图

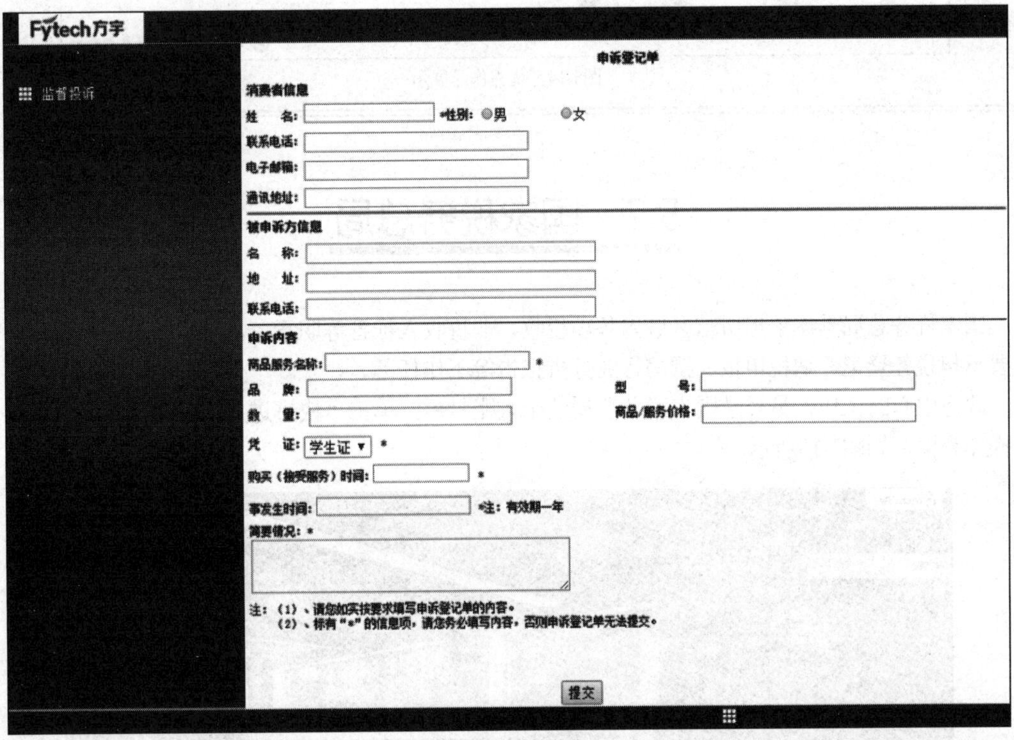

图5-13 审核信息

　　企业logo设计大赛策划书(可扫描右侧二维码获取)，主要内容包括但不限于活动背景，活动目的及意义，活动时间及地点，活动对象，活动前期准备，评选要求及评分细则，评委推选及公示，活动流程，活动奖项，网络评选活动安排，以及其他注意事项。图5-14展示了一些优秀作品。

企业logo设计大赛策划书案例

图5-14 优秀作品展示

5.2 国家税务总局

国家税务总局具体承担所辖区域内各项税收、非税收入征管等职责。本次实习的国家税务总局主要承担税务登记、纳税申报、撰写行业分析报告等工作任务。

政务中心的工作人员登录国家税务总局的个人账号后,单击"快进进入",进入国家税务总局的操作界面,如图5-15所示。

图5-15 国家税务总局操作界面

主界面各选项的功能具体如下。

(1) 我的任务：包括领取任务、待处理任务、任务评分等。

(2) 财务系统：包括每家企业的记账凭证、财务明细账、税种查看、财务报表(总账科目汇总表、资产负债表、损益表、现金流量表)、财务报表分析(财务报表分析、财务报表分析排名)、财务报表单项排名(资产总计排名、所有者权益排名、利润排名)等。

(3) 组织机构：包括岗位管理、人员管理等。

(4) 纳税法规：暂未启用。

(5) 纳税辅导：如查看单据等。

(6) 工作日志：包括工作日志、会议纪要等。

(7) 纳税申报：包括增值税申报、企业所得税申报、缴款书等。

(8) 行政审批：包括税务登记表、税务报到、发票领购等。

(9) 返回公司：返回主界面。

5.2.1 税务登记

在市场监督管理局完成企业设立登记后，企业需要到税务局办理税务登记业务，主要包括税务登记、税务报到及发票领购3个环节。税务局的工作人员主要任务是审核企业提交的电子资料和纸质资料。登录至税务局操作界面，单击"我的任务""领取任务"，根据"任务来源"一栏找到各自负责的公司，领取相应的任务并审核资料，资料有误可驳回，并通知企业重新填写提交，如图5-16所示。

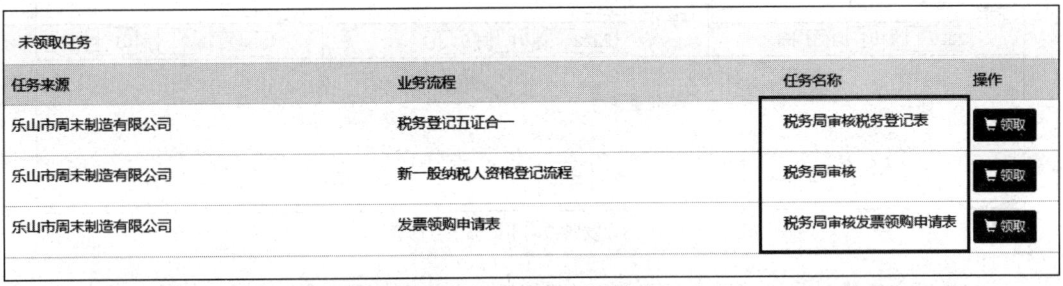

未领取任务			
任务来源	业务流程	任务名称	操作
乐山市周末制造有限公司	税务登记五证合一	税务局审核税务登记表	领取
乐山市周末制造有限公司	新一般纳税人资格登记流程	税务局审核	领取
乐山市周末制造有限公司	发票领购申请表	税务局审核发票领购申请表	领取

图5-16 领取税务局审核任务

【注意】

① 3个任务可同时提交，无须等前一个任务完成后再进行下一个任务。

② 纳税人识别号为营业执照号。

③ "税务登记表"审核无误后需要由税务机写部分内容，如图5-17所示。

④ "发票领购申请书"审核无误后需要由税务机关填写部分内容，如图5-18所示。

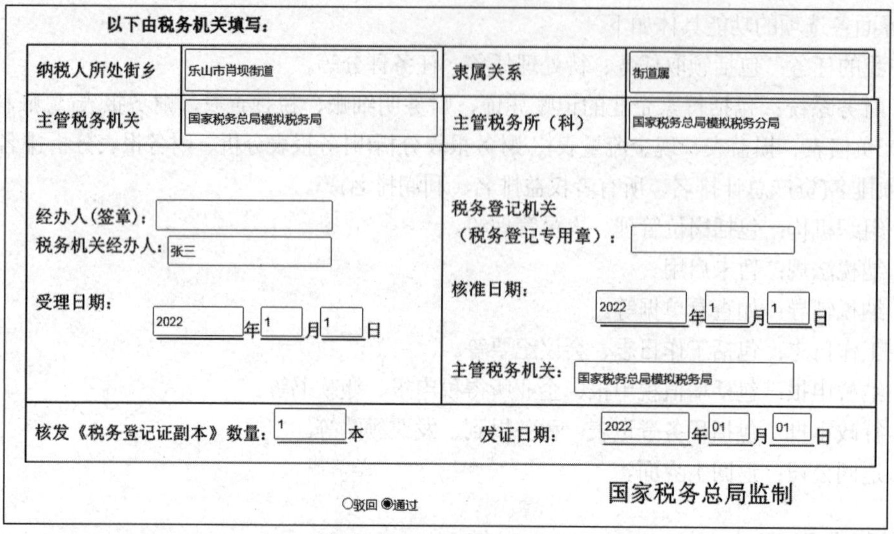

以下由税务机关填写：

纳税人所处街乡	乐山市肖坝街道	隶属关系	街道属
主管税务机关	国家税务总局模拟税务局	主管税务所（科）	国家税务总局模拟税务分局
经办人(签章)： 税务机关经办人：张三 受理日期：2022年1月1日		税务登记机关 （税务登记专用章）： 核准日期：2022年1月1日 主管税务机关：国家税务总局模拟税务局	
核发《税务登记证副本》数量：1本		发证日期：2022年01月01日	

○驳回 ◉通过

国家税务总局监制

图5-17 税务登记表部分内容

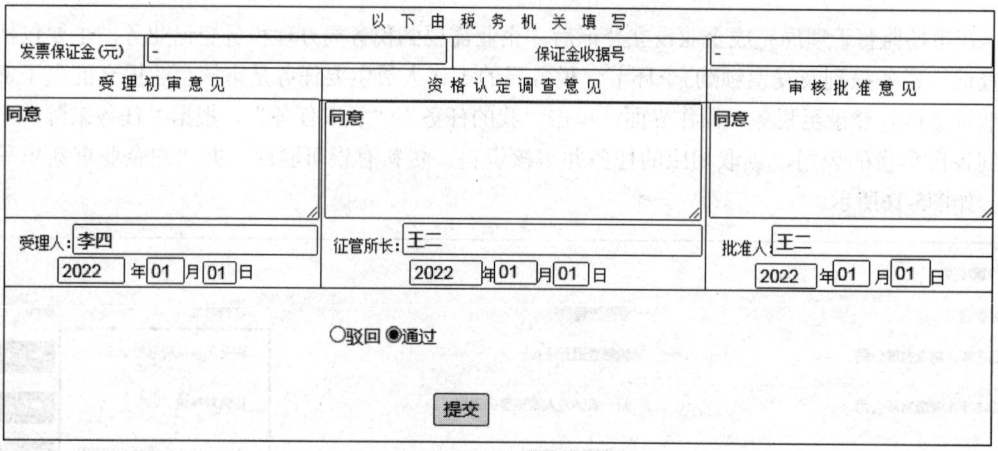

以下由税务机关填写

发票保证金(元)：-	保证金收据号：-	
受理初审意见	资格认定调查意见	审核批准意见
同意	同意	同意
受理人：李四 2022年01月01日	征管所长：王二 2022年01月01日	批准人：王二 2022年01月01日

○驳回 ◉通过

提交

图5-18 发票领购申请书部分内容

可扫描下方二维码获取“税务登记证”“发票领购申请审批表”“增值税一般纳税人申请认定表”。

税务登记表　　发票领购申请审批表　　增值税一般纳税人申请认定表

5.2.2 纳税申报

1. 企业纳税申报流程

无论当季度是否盈利，企业都需要手持银行对账单、资产负债表、利润表、审计报告等资料前往对应的税务局窗口办理纳税申报。税务局工作人员审核无误后，指导企业经办人员填写纸质版的

"增值税纳税申报表""企业所得税纳税申报表",审核无误后,由企业经办人员进入系统中进行电子申报。

(1) 增值税纳税申报电子流程:从"实习导航"进入"国家税务局",单击下方工具栏中的"纳税申报",单击左侧选项栏中的"国税""增值税申报""增值税纳税申报表(一般纳税人)",如图5-19所示,单击"新建",按照纸质版的内容填写相关数据,填写完毕后"提交"。

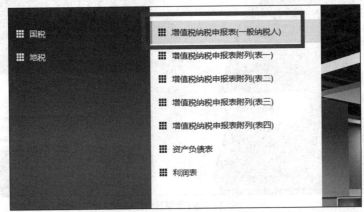

图5-19　增值税纳税申报表选择界面

(2) 企业所得税纳税申报电子流程:从"实习导航"进入"国家税务局",单击"纳税申报",找到左侧工具栏中的"国税""企业所得税申报""企业所得税年度纳税申报表主表",如图5-20所示,单击"新建",按照纸质版的内容填写申报表,填写完毕后"提交"。

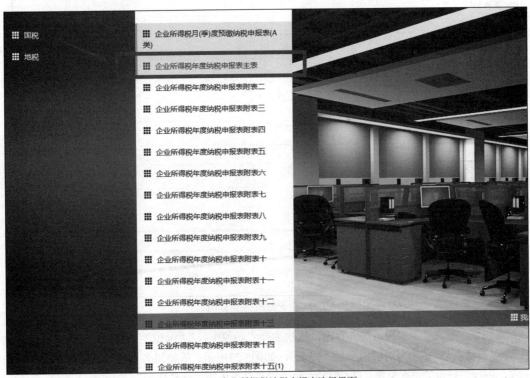

图5-20　企业所得税纳税申报表选择界面

(3) 缴费：若当季度应缴税额不为0，则需要进行缴费。

第一步，填写对应的转账支票，在操作界面财务部进行电子缴款后去银行审核，具体流程：单击"快速进入"，进入企业工作界面，单击"财务部"，找到右侧工具栏中的"转账"，单击"电子支票"，填写对应信息后单击"转账"，如图5-21、图5-22所示。

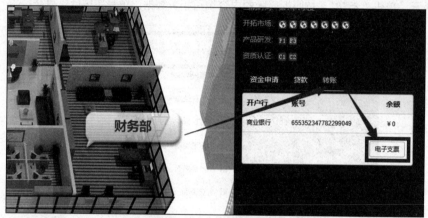

图5-21　电子支票转账信息界面

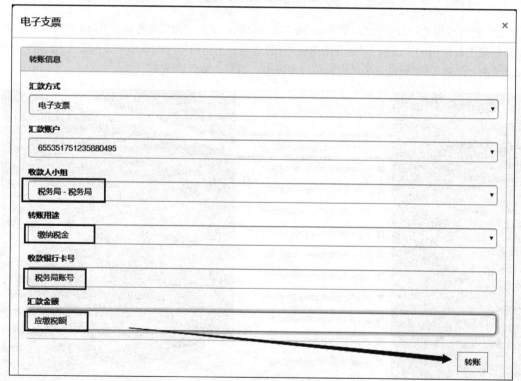

图5-22　电子支票转账信息界面

第二步，进入"国家税务局"界面，依次选择"纳税申报""国税""缴款书""国税通用缴款书"，单击"新建"，填写对应信息后"提交"，如图5-23所示；等待税务局审核通过后，拿着转账无误、银行盖好章的进账单第三联(蓝色)去税务局开具纸质版"完税凭证"。

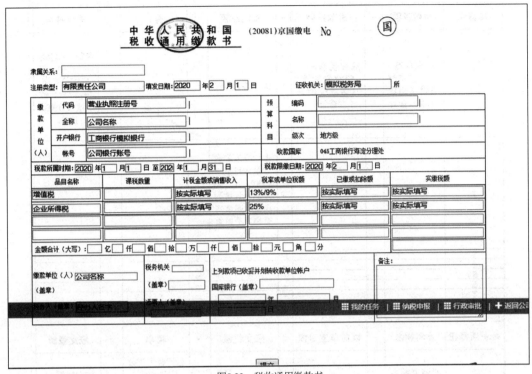

图5-23 税收通用缴款书

2. 税务局审核流程

(1) 公司经办人员拿着审计报告(检查是否盖章、日期是否正确)、利润表、纳税季度增值税抵扣联(第二联绿色联)来税务局办理纳税申报,税务局工作人员对审计报告进行检查,检查无误后开始办理业务。

(2) 填写企业的"增值税纳税申报表""中华人民共和国企业所得税年度纳税申报表(A类)("在每份纳税申报表上标注原材料1或制造1或贸易1等),具体模板可扫描下方二维码获取。

(3) 根据企业"应交税费——应交增值税——销项税额和进项税额"的明细账和利润表计算出应缴税额,填写"纳税申报统计信息表"(见图5-24),并指导公司经办人员填好纳税申报表的纸质版和电子版,具体模板可扫描下方二维码获取。

增值税纳税申报表　　中华人民共和国企业所得税　　纳税申报统计信息表　　纳税申报汇总统计信息
　　　　　　　　　　年度纳税申报表(A类)

(4) 税务局工作人员领取对应企业的纳税申报业务,审核通过后,根据审核通过的电子缴款书及银行进账单填写"完税凭证"(中间要放复写纸),填好后盖章,第一联税务局留存,第二联公司留存。纳税申报统计信息表、增值税纳税申报表、企业所得税纳税申报表按顺序、分企业夹在一起,并注明"原材料1第一季度"等字样。

增值税	销项税额	−	进项税额	−	留抵税额	=	合计		应交税费
1	应交税费——应交增值税（销项税额）合计	−	应交税费——应交增值税（进项税额）合计	−	第一季度为0	=	第一季度合计		若第一季度合计为负数，则应交税费填0；若为正数，则填合计数。下同。
2		−		−	上一季度的合计数为正数，则填0；上一季度的合计数为负数，则填其数额，不加负号。	=			
3		−		−		=			
4		−		−		=			
5		−		−		=			
6		−		−		=			
7		−		−		=			
8		−		−		=			

企业所得税	本年利润	−	以前年度亏损	=	应交税额	*	税率	=	应交税费
1	利润表的本年利润	−	第一季度为0	=	合计	*	合计数为正数，则填25%；合计数为负数，则填0。	=	应交税额*税率
2		−	上一季度的合计数为正数，则填0；上一季度的合计数为负数，则填其数额，不加负号。	=		*		=	
3		−		=		*		=	
4		−		=		*		=	
5		−		=		*		=	
6		−		=		*		=	
7		−		=		*		=	
8		−		=		*		=	

图5-24 纳税申报统计信息表

(5) 每个季度工作人员需要根据完税凭证核对每个企业实缴税费的情况。从"行政审批""银行基本账户"进入，查看税务局银行账户中缴纳税款明细，如图5-25所示。

第5章 政务中心

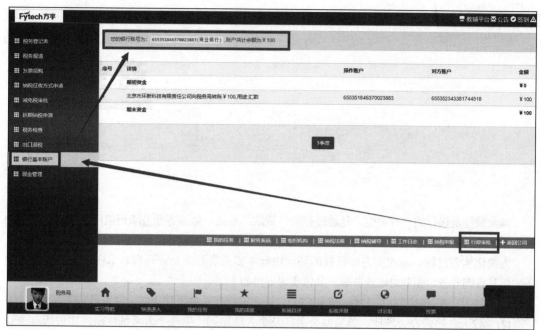

图5-24 查看税务局银行账户明细

增值税、企业所得税等相关知识点可扫描二维码获取。

知识拓展

第6章 商业银行

商业银行是银行的一种类型，是通过存款、贷款、汇兑、储蓄等业务承担信用中介职责的金融机构，主要的业务范围是吸收公众存款、发放贷款及办理票据贴现等。

为简化实习过程，本次实习中设置的商业银行主要负责办理企业开启基本账户、贷款发放业务、信息咨询业务、企业对账业务等。具体实习安排如下。

(1) 第1天：参加实习动员大会，竞聘CEO，选出银行行长并组建团队，做人员分工。

(2) 第2天：熟悉办公场地，领取办公用品及个人注册码，完成个人系统注册，完成所有企业开启基本账户的审核工作。

(3) 第3~9天：办理经营期间的银行贷款咨询及发放业务、银行转账业务、银行对账业务，督促企业完成每个季度的利息还款，编写存贷款分析报告，协助政务中心举办企业logo设计大赛等，核对物流公司纸质版银行存款日记账。

(4) 第10天：完成银行内部总结，进行资料整理归档及提交，参加综合实习总结表彰大会。

6.1 银行操作界面

银行主界面如图6-1所示。

图6-1 银行主界面

主界面各选项的功能如下。

(1) 我的任务：包括领取任务、待处理任务、任务评分等。

(2) 组织机构：包括岗位管理、人员管理等。

(3) 相关知识。

(4) 企业经营：包括财务报表查看、企业报表签收等。

(5) 日常工作：包括银行公告、银行收款、工作日志等。

(6) 国际结算：包括信用证开证、查看信用证、出售支票等。

(7) 询证函：包括银行询证函、转账历史记录等。

(8) 贷款管理：包括调查报告管理、质押合同管理、抵押合同管理、信用合同管理、贷款合同管理、未还款情况查看、还款情况查看等。

(9) 现金业务：包括电子支票审核、电子支票转账、企业账户余额、对公现金业务、银行现金业务等。

(10) 开户管理：包括利率管理、临时账户开户申请管理、开户申请书管理、开户银行管理、工资结算管理等。

(11) 返回公司：返回主界面。

6.2　银行开户业务

本次实习只需要企业到银行开启一个基本账户即可，银行审核具体操作流程如下。

(1) 银行工作人员指导办理业务的企业填写纸质版的“开立单位银行结算账户申请书”，并新建一个开户申请，工作人员通过“领取任务”领取相应企业的开户申请，审核无误后即可进行下一步，如图6-2所示。可扫描右侧二维码获取“开立单位银行结算账户申请书”模板。

开立单位银行结算账户申请书

未领取任务

任务来源	业务流程	任务名称	操作
制造企业1	开银行基本账号	银行审核开户申请书	领取

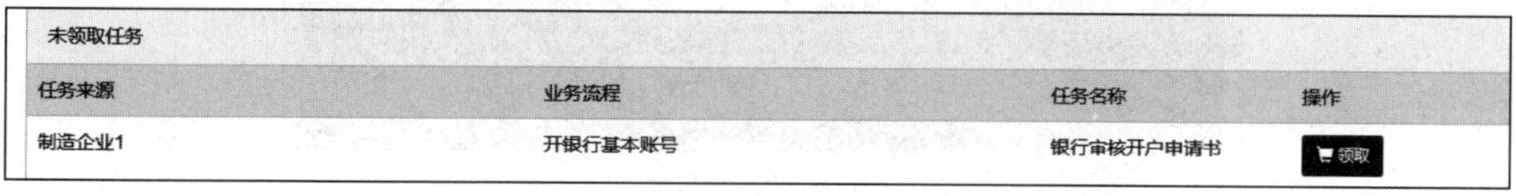

图6-2　银行领取任务

【注意】

一般企业开户需提供以下资料：①营业执照。②法定代表人/单位负责人有效身份证件。③代理人办理开户业务的，需提供授权委托书和被授权人有效身份证件。④开立一般存款账户、专用存款账户或临时存款账户，需提供基本存款账户信息或开户许可证。开立专用存款账户或临时存款账户，还需提供有关法律、法规及《人民币银行结算账户管理办法》等规定的其他开户证明文件。同时，反洗钱工作还需提供记录股权、控制权信息等的有关材料，如公司章程等。

(2) 银行审核时会同时行使中国人民银行职能进行审核，因此审核时还需注意流程是否审核完整。

(3) 银行工作人员填写机构信用代码证，建议将原材料供应商、制造企业、贸易企业、会计师事务所、物流企业代码分别编号为1、2、3、4、5，由于原材料供应商代码为1，因此第1家供应商则为1001，第2家供应商为1002，以此类推。一般来说，企业基本账户是需要年检的，此处将机构信用代码证的有效期写成10年是为实习课程做简化处理，如图6-3所示。

(4) 银行工作人员核发开户许可证，注意核准号与编号都要单击“生成流水号”，银行账号自动生成，如图6-4所示。

图6-3 机构信用代码证

图6-4 开户许可证

(5) 开户许可证核发后即完成基本账户开户,此处需要银行工作人员将纸质版开户许可证按照电子版填好后交给企业保管。此外,由于实习时区分试运营与正式运营,在更换环境时,各企业及机构的银行账号可能会因此改变,工作人员一定要及时提醒各企业及机构,避免不必要的损失。

6.3 银行收款

进入运营阶段后,银行行长需要依次单击"日常工作""银行收款""收款",完成系统注资,如图6-5所示。

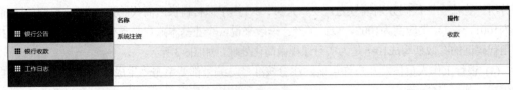

图6-5 银行收款

6.4 转账业务

6.4.1 银行转账

转账业务分为电子支票转账和纸质支票转账，企业办理转账业务时，银行需要审核的资料如表6-1所示。

表6-1 银行审核资料

审核类别	电子支票转账和纸质支票转账	只有纸质支票
使用范围	向税务局、工商局、会计师事务所转账	除了上述情况以外的其他所有转账
审核方式	线上和线下	线下
使用情况	第三种情况	第一种、第二种情况

实习过程中的几种转账业务及凭证传递如下。

1. 第一种情况：企业向系统付款或从系统收款，均由企业开出转账支票

1) 企业向系统付款

企业向系统支付的所有开支(如购买厂区、厂房、生产线、原材料等，招聘工人、资质认证、产品研发、市场开拓等)，均由企业填写"转账支票"并在此支票的骑缝处加盖企业财务专用章，银行核对相关信息，无误后留存"转账支票的正联"，将"转账支票存根联"给企业作为记账的原始凭证，如图6-6所示。

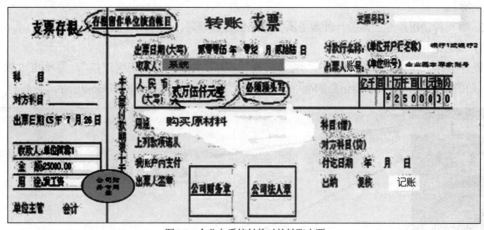

图6-6 企业向系统付款时的转账支票

2) 企业向系统收款

企业销售商品给系统，到收款时间时，企业在财务部或操作提示下单击"收款"，同时由企业填写"转账支票"，然后带着"转账支票的正联""进账单"去银行办理相应业务。银行核对相关信息(见图6-7)，无误后留存相关单据。企业留存进账单第1联；银行留存转账支票的正联和进账单的第2联。

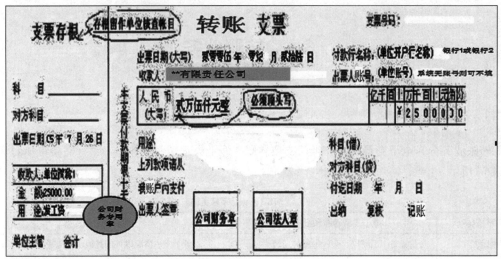

图6-7 企业向系统收款时的转账支票

2. 第二种情况：企业间交易(如原材料供应商与制造企业之间、原材料供应商与原材料供应商之间、制造企业与制造企业之间、制企业造与贸易企业之间的交易，以及企业与物流公司之间的货物运输交易等)

付款方填写"转账支票"，"转账支票存根联"自己留存，将"转账支票的正联"给收款方，收款方拿着"转账支票的正联"去自己的开户银行办理"转入"业务，收款方填写"进账单"，银行将进账单的第1联给收款方，收款方银行留存进账单的第2联。

特别提示：收款方银行要将"转账支票的正联"传递给付款方银行。

企业向物流公司支付物流费及物流保险费，由于保险公司无独立账户，物流保险费可以填写在一张支票上。

3. 第三种情况：企业向会计师事务所、市场监督管理局、税务局转账

1) 线上操作

银行工作人员选择工具栏中的"现金业务"，单击左侧"电子支票审核"，并单击"领取任务"，如图6-8所示；根据票据信息的准确与否选择"通过"或"驳回"，如图6-9所示。

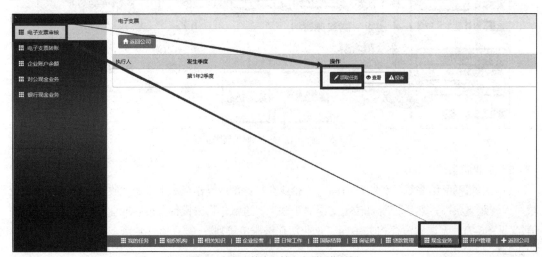

图6-8 银行审核电子转账支票操作界面

银行审核电子转账支票流程如图6-10所示。

审核信息无误，则单击"通过"，选择"提交"，并再次单击"领取任务"，将款项转入对方账号，此时可以在企业账户余额中查询，转入账户中的款项将显示已增加。

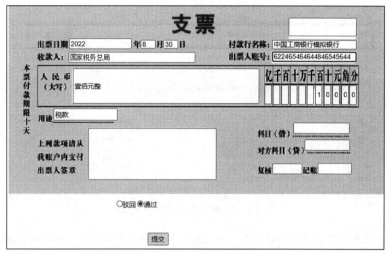

图6-9　银行审核电子转账支票界面

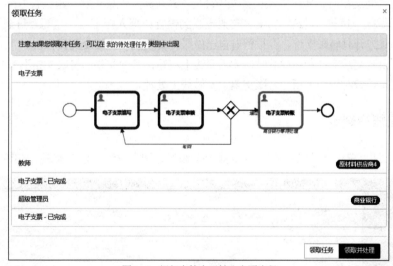

图6-10　银行审核电子转账支票流程

如果银行选择驳回，则需要告知企业，企业根据操作提示选择"电子支票填写"，领取任务并修改电子版转账支票信息，确认无误后再次提交，如图6-11所示。若企业需要更改电子转账支票中的金额，则需要忽略原来的转账任务，新建一个电子支票任务后再审核。

特别提示：电子版转账支票的金额第一次填写时一定要核对清楚，因为这一金额就是最后转出的金额。即使银行驳回，企业也进行了修改，最后转出的金额仍然默认为第一次填写的金额，不会按照修改后的金额扣除。此外，物流公司不进行电子支票转账的线上操作。

2) 线下操作

付款方填写"转账支票"，"转账支票存根联"自己留存，将"转账支票的正联"给收款方，收款方拿着"转账支票的正联"去银行办理"转入"业务，收款方填写"进账单"，进账单的第1联给收款方，收款方银行留存进账单的第2联。

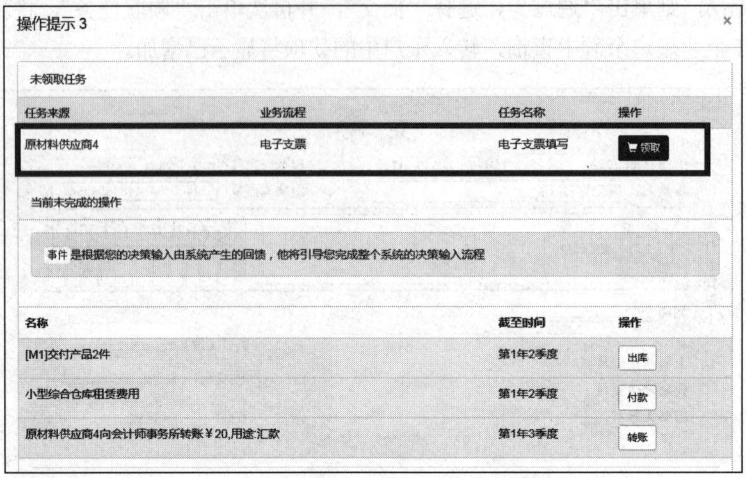

图6-11 企业领取银行驳回的电子支票

特别提示：收款方银行要将"转账支票的正联"传递给付款方银行；纸质版转账支票内容与电子版支票填写内容一致。

实体企业之间交易时，转账支票由购买方(付款方)开具，支票正联交给销售方(收款方)，存根留着自己公司做账。销售方(收款方)拿着支票正联到银行办理入账手续，填写"进账单"。与系统交易时，由购买方开具转账支票，存根留着自己做账，支票正联直接交到银行。

转账支票只有交纳审计费和税款时，才需要线上填写，其他交易的转账支票不需要线上填写。物流公司交纳审计费时应线下填写转账支票，不做线上处理。

6.4.2 企业账户查询

(1) 银行可通过单击"转账业务""企业账户余额"查询企业当前账户余额，如图6-12所示。

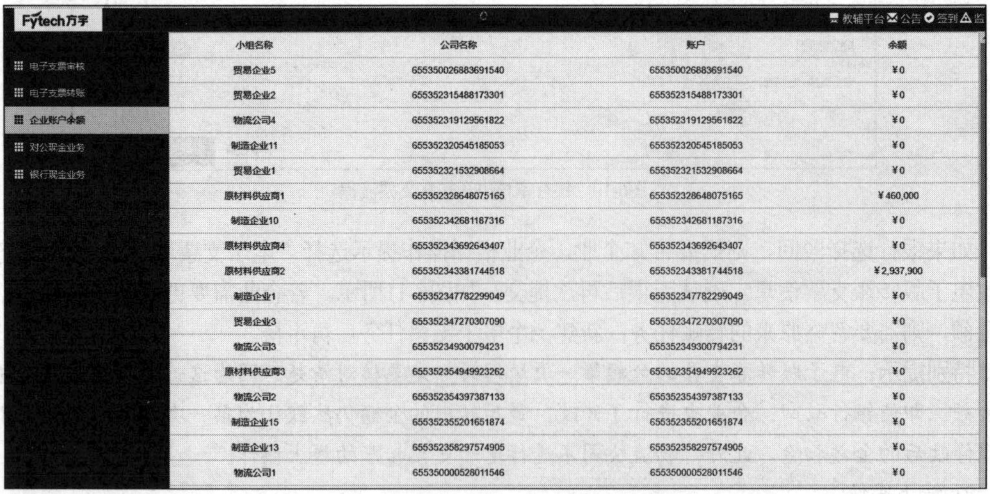

图6-12 企业账户余额查询

(2) 银行单击账户账号即可查询企业账户各季度明细，以便后续对账，如图6-13所示。

第1年1季度商业银行的对账单

交易日期	虚拟日期	借方发生额	贷方发生额	账户余额	凭证种类	凭证号	摘要	交易方式	交易地点
2022-08-26 21:21:17	第1年1季度		￥5,000,000	￥5,000,000	网银凭证	01	系统注资	网上银行	银行
2022-08-26 21:43:21	第1年1季度	￥1,000,000		￥4,000,000	网银凭证	02	支付小型厂区合同贷款-￥1,000,000	网上银行	银行
2022-08-26 22:57:06	第1年1季度	￥250,000		￥3,750,000	网银凭证	03	支付小型厂房合同贷款-￥250,000	网上银行	银行
2022-08-26 22:57:20	第1年1季度	￥300,000		￥3,450,000	网银凭证	04	支付小型综合仓库合同贷款-￥300,000	网上银行	银行
2022-08-26 22:57:45	第1年1季度	￥500,000		￥2,950,000	网银凭证	05	支付劳动密集型生产线合同贷款-￥500,000	网上银行	银行
2022-08-26 22:59:27	第1年1季度	￥12,000		￥2,938,000	网银凭证	06	支付初级工人合同贷款-￥12,000	网上银行	银行
2022-08-26 23:32:22	第1年1季度	￥100		￥2,937,900	网银凭证	07	北京市环新科技有限责任公司向税务局转账￥100,用途:汇款	网上银行	银行

1季度

图6-13　银行对账明细

6.5　贷款业务

6.5.1　贷款流程

1. 企业贷款流程

(1) 企业进入实习导航，找到金融服务区，单击“商业银行”大楼，进入商业银行界面，选择“贷款业务”“申请贷款”，单击“新建”创建贷款任务，如图6-14所示。同时，可查看贷款流程，如图6-15所示。

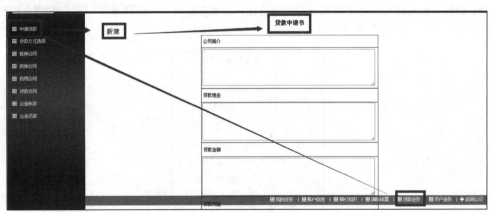

图6-14　企业提交贷款申请书

(2) 企业填写贷款申请书，需根据实际情况填写“公司简介、贷款理由、贷款金额、贷款用途”，等待银行审核并填写调查报告，可扫描右侧二维码获取“贷款申请书”。

贷款申请书

(3) 银行审核通过后，企业选择贷款方式并填写相应的贷款合同。贷款合同分为抵押合同、质押合同、信用合同，本次实习只以信用合同为例，故企业在选择贷款方式时选择“信用贷款”。选择后再次领取相应的任务填写“信用借款合同”。

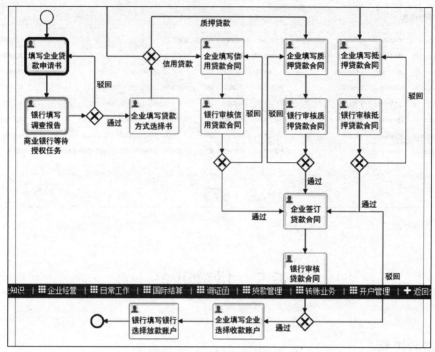

图6-15　企业贷款流程图界面

(4) 贷款合同审核通过后，企业根据"信用借款合同"填写"人民币资金借贷合同"，如借款金额、借款期限、借款利率、罚金利率等，可扫描右侧二维码获取"信用借款合同""人民币资金借贷合同"。

信用借款合同

人民币资金借贷合同

(5) 银行审核通过后，企业选择自己的放款账户，如图6-16所示。

图6-16　企业账户选择

(6) 企业进行贷款信息(贷款金额、还款时间)确认，如图6-17所示。

图6-17　确认放款界面

2. 银行审核流程

(1) 银行工作人员单击"快进进入"进入银行工作界面，依次单击"我的任务""领取任务"，找到需要办理业务的企业，单击任务栏中的"领取任务"，如图6-18所示。

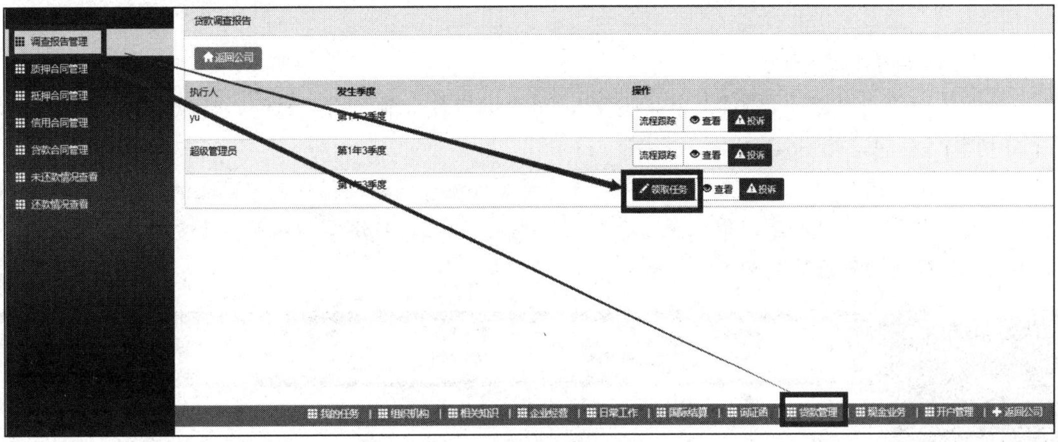

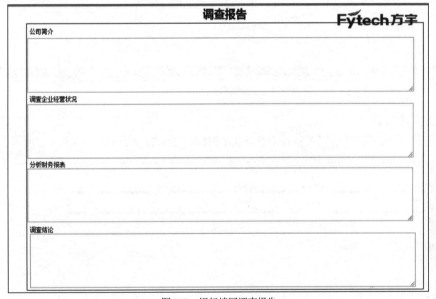

图6-18　银行贷款申请界面

(2) 根据企业的贷款申请书填写调查报告，如图6-19所示，可扫描右侧二维码获取"贷款调查报告"模板。若企业情况不符合贷款标准，则在调查结论处填写不同意贷款，单击"驳回并提交"。

贷款调查报告

图6-19　银行填写调查报告

(3) 贷款调查报告填写后，等待企业提交贷款合同签订书，并填写纸质版调查报告。

(4) 依次审核"信用借款合同"和"人民币资金借贷合同"。审核无误后提交通过，若填写有误，可驳回并提醒企业进行修改后再次提交。

(5) 全部审核通过后，银行需要核对企业收款账号，单击"提交并发放贷款"，如图6-20所示。

图6-20　银行选择放款账号

6.5.2 查询贷款情况

1. 企业查询贷款信息

企业依次单击"贷款业务""企业还款",可查询贷款金额、贷款时间、还款时间、季度利率(千分利率)等信息,如图6-21所示。

特别提示:银行贷款利率主要是根据人民币资金借贷合同处的借款利率产生的,人民币资金借贷合同处的利率是季度利率,单位是"千分比"(‰)。因此,在填写《人民币资金借贷合同》时一定要与银行确认清楚贷款利率。

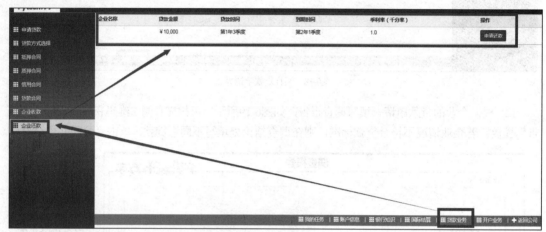

图6-21 企业查询贷款信息

2. 银行查看贷款信息

(1) 银行可通过"还款情况查看"来查看企业贷款的时间、还款时间等信息,如图6-22所示。

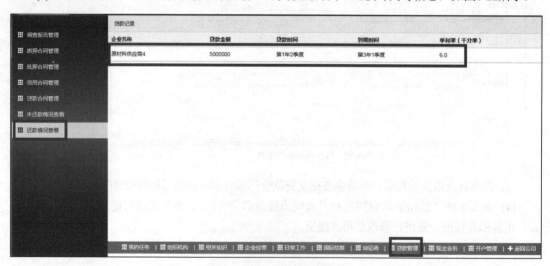

图6-22 银行查看企业贷款信息

(2) 银行依次单击"日常工作""银行收款""资金记录",如图6-23所示,查看资金记录,可以看到金额但无法查看具体明细。

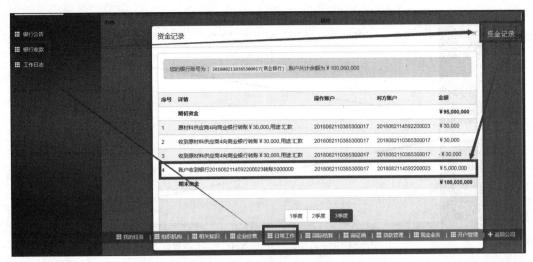

图6-23 银行界面中的资金记录情况

特别提示：在商业银行界面的"资金记录"中只能查看银行贷出的款项、收回的本金，或者企业通过电子转账转出转入的资金。企业支付的利息在此处是不显示的。

6.5.3 企业偿还本金或给付利息

我们以举例的方式介绍企业如何计算偿还贷款利息或本金的时间问题。

以第1年第3季度为期1个季度的贷款为例，关于贷款归还本金的时间问题，如表6-2所示，贷款利息给付问题，如表6-3所示。

表6-2 贷款归还时间

贷款时间	贷款期限	到期时间(还款时间)
第1年第3季度	1个季度	第2年第1季度

表6-3 贷款利息给付问题

第1年第3季度	第1年第4季度	第2年第1季度	备注
完成贷款	支付利息	归还本金 支付利息	贷款期限为1个季度

当贷款到期时，系统不会强制企业归还本金，如果不归还贷款，则继续支付利息。

企业归还贷款的处理有以下两种。

1. 第一种方式：企业在自己的界面上完成还款

企业银行贷款到期时，系统不会强制要求还款，企业需要自己进行偿还贷款操作。因此，企业提前还款与正常到期还款操作流程是相同的。企业通过实习导航进入银行界面，依次选择"贷款业务""企业还款""申请还款"，确认并转账还款，如图6-24所示。

2. 第二种方式：银行界面让企业还款

银行工作人员可通过"贷款管理"中的"未还款情况查看"，选择对应企业的"申请还款"，单击"转账还款"，提示企业通过操作提示单击"还款确认"，如图6-25所示。

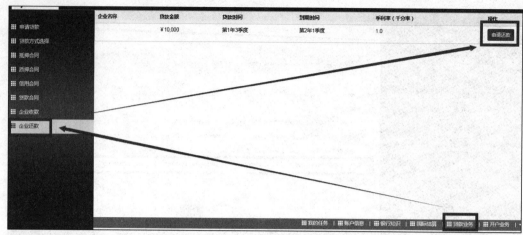

图6-24 企业通过实习导航进入银行申请还款界面

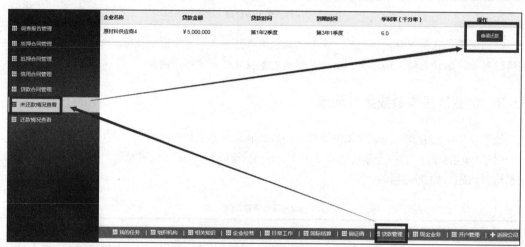

图6-25 银行人员通过银行贷款管理界面让企业还款

6.6 对账业务

对账时间:每个季度结束时,企业要与银行进行对账。

对账所需资料:企业"银行存款日记账"与企业的"账户余额"。

结果:双方应该是相等的。如果不相等,则编制银行余额调节表,如表6-4所示。

表6-4 银行余额调节表(银行与企业对账用)

项目	金额	项目	金额
企业银行存款日记账余额		银行处企业账户余额	
加:银行已收、企业未收		加:企业已收、银行未收	
减:银行已付、企业未付		减:企业已付、银行未付	
调节后余额		调节后余额	

6.7 实训中的单据

1. 转账业务中的转账支票(金额转出)

转账支票主要用于银行账户金额转出,即银行存款金额减少。空白转账支票如图6-26所示。

1) 出票日期(大写)

大写数字写法:零、壹、贰、叁、肆、伍、陆、柒、捌、玖、拾。

票据的出票日期必须使用中文大写。月为壹、贰和壹拾的,应在其前加"零";月为叁至玖的,其前零字可写可不写。日为壹至玖和壹拾、贰拾和叁拾的,应在其前加"零";日为拾壹至拾玖的,应在其前加"壹"。大写日期未按要求规范填写的,银行可予受理;但由此造成损失的,由出票人自行承担。例如1月9日,应写成零壹月零玖日;10月20日,应写成零壹拾月零贰拾日;2月18日,应写成零贰月壹拾捌日。又如2015年2月13日,应写成"贰零壹伍年零贰月壹拾叁日";2017年8月5日,应写成"贰零壹柒年零捌月零伍日"。

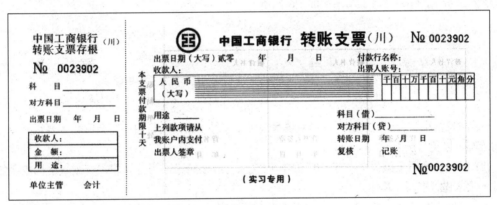

图6-26 空白转账支票

特别提示:在实习过程中,为了使得原始凭证与电算化账目时间一致,时间统一按第一季度为1月1—31日期间的某一天,第二季度的日期为2月1—28日期间的某一天,以此类推。下面进账单、借款凭证、计收利息清单的日期采用同样的方法。

2) 收款人

收款人处应填写收款单位名称,具体如下:

- 现金支票收款人应填写为本单位名称;
- 转账支票收款人应填写为对方单位名称;
- 转账支票收款人可写为收款人个人姓名。

3) 付款行名称、出票人账号

- 付款行名称:指付款方开户银行的名称。
- 出票人账号:指付款方的银行账号,银行账号必须小写。

4) 人民币(大写)

数字大写写法:零、壹、贰、叁、肆、伍、陆、柒、捌、玖、拾、佰、仟、万、亿。

特别提示:"万"字不带单人旁。

(1) 中文大写金额数字应用正楷或行书填写，不得自造简化字。如果金额数字书写中使用**繁体字**，也应受理。

(2) 中文大写金额数字前应标明"人民币"字样，大写金额数字应紧接"人民币"字样填写，不得留有空白。

(3) 中文大写金额数字到"元"为止的，在"元"之后应写"整"（或"正"）字，到"角"为止的，在"角"之后写不写"整"（或"正"）字都可以。大写金额数字有"分"的，"分"后面不写"整"（或"正"）字。举例如下：

289,548.54　贰拾捌万玖仟伍佰肆拾捌元伍角肆分。
7,580.31　　柒仟伍佰捌拾元零叁角壹分，此时"捌拾元零叁角壹分"中"零"字可写可不写。
435.03　　　肆佰叁拾伍元零叁分。
534.00　　　伍佰叁拾肆元整，"整"写为"正"字也可以，不能写为"零角零分"。
385.90　　　叁佰捌拾伍元玖角整，角字后面可以写"整"字，但不能写"零分"。

5) 人民币小写

人民币小写的最高金额的前一位空白格用"¥"字头，数字填写要求完整清楚。各小写数字写法如图6-27所示，小写金额书写举例如图6-28所示。

图6-27　小写数字　　　　　　　　图6-28　小写金额

(1) 阿拉伯小写金额数字前面，均应填写人民币符号"¥"。阿拉伯小写金额数字要认真填写，不得连写，以免分辨不清。

(2) 阿拉伯小写金额数字中有"0"的，中文大写应按照汉语语言规律、金额数字构成和防止涂改的要求进行书写，具体如下。

- 阿拉伯数字中间有"0"时，中文大写金额要写"零"字。例如，¥1 104.00，应写成人民币壹仟壹佰零肆元整。阿拉伯数字中间连续有几个"0"时，中文大写金额中间可以只写一个"零"字。例如，¥5 007.14，应写成人民币伍仟零柒元壹角肆分。
- 阿拉伯数字万位或元位是"0"，或者数字中间连续有几个"0"，万位、元位也是"0"，但千位、角位不是"0"时，中文大写金额中可以只写一个"零"字，也可以不写零字。例如，¥6 680.32，应写成人民币陆仟陆佰捌拾元零叁角贰分，或者写成人民币陆仟陆佰捌拾元叁角贰分；又例如，¥106 000.13，应写成人民币壹拾万陆仟元零壹角叁分，或者写成人民币壹拾万零陆仟元壹角叁分。
- 阿拉伯金额数字角位是"0"，而分位不是"0"时，中文大写金额"元"后面应写"零"字。例如，¥625.03，应写成人民币陆佰贰拾伍元零叁分。又例如，¥16 109.03，应写成人民币壹万陆仟壹佰零玖元零叁分。

6) 用途

用途具体如下所示：

(1) 现金支票有一定限制，一般填写"备用金""差旅费""工资""劳务费"等；

(2) 转账支票没有具体规定，可填写如"货款""运输费"等，实训中主要使用的是转账支票。

7) 盖章

支票正面须盖财务专用章和法人章，缺一不可，印泥为红色，印章必须清晰，印章模糊只能将本张支票作废，换一张重新填写，重新盖章。

8) 转账支票

转账支票填写示例，如图6-29所示。转账支票正联右下方的"科目(借)""对方科目(贷)""转账日期"可不填写。

9) 其他

票据和结算凭证的金额、出票或签发日期、收款人名称不得更改，更改的票据无效；更改的结算凭证，银行不予受理。对票据和结算凭证上的其他记载事项，原记载人可以更改，更改时应当由原记载人在更改处签章证明。

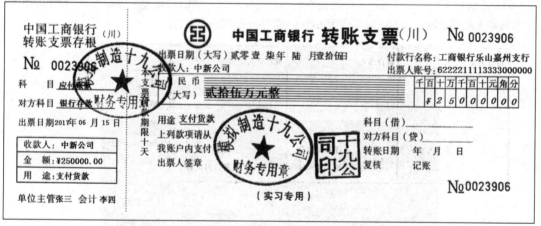

图6-29 转账支票填写示例

2. 转账业务中的进账单(金额转入)

1) 进账单(见图6-30)

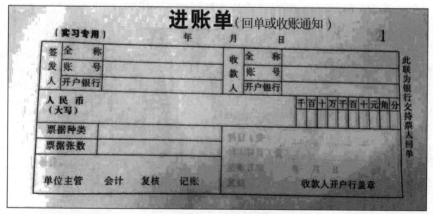

图6-30 进账单

(1) 日期：小写即可。

(2) 签发人：即为付款方。全称填付款方公司名称或者个人姓名，账号填付款方银行账号，开户银行填付款方开户银行名称。公司与公司交易时，付款方填写公司名称。转账、收取款项流程及单据传递情况,详见转账业务部分。

(3) 收款人:全称填收款方公司名称,账号填收款方银行账号,开户银行填收款方开户银行名称。

(4) 人民币(大写)和(小写),参见转账支票人民币(大写)和(小写)处。

(5) 票据种类:转账支票。

(6) 票据张数:根据实际填写即可,是1张就填写1。

(7) 记账、复核、会计、单位主管相关人员签字。

(8) 收款人开户行盖章:收款人的开户银行盖章。

完成后,第1联为银行交持票人(收款人)的回单,第2联作为收款人开户银行的贷方凭证。

2) 进账单填写方法

(1) 注册资本转入公司账户。注册资本转入公司账户时,由CEO开一张转账支票,公司的出纳拿着转账支票的正联,填写进账单(见图6-31),去银行办理相关业务。

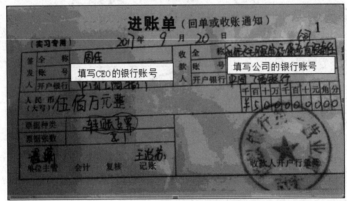

图6-31 注册资本转入公司账户填写的进账单

(2) 付款方是实体企业,进账单填写如图6-32所示。

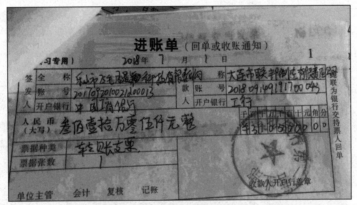

图6-32 付款方为实体企业的进账单

(3) 付款方是系统,进账单填写如图6-33所示。当付款方是系统时,直接写"系统"即可。

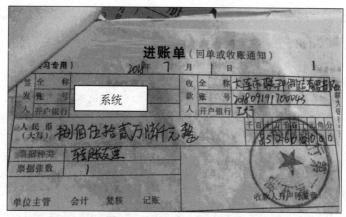

图6-33 付款方为系统的进账单

(4) 付款方是银行,进账单填写如图6-34所示,这种情况主要出现在企业向银行借款的时候。因为贷款时有相关的借款凭证,银行不需要开转账支票给企业。

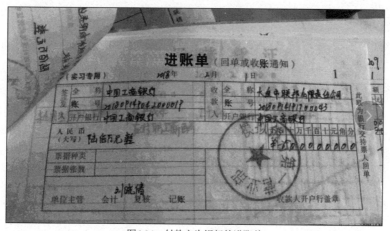

图6-34 付款方为银行的进账单

3. 贷款业务中的借款凭证和利息计收清单

(1) 借款凭证。贷款时,银行需要填写就"××××银行借款凭证",如图6-35所示,以长期借款为例,季度利率为10‰。

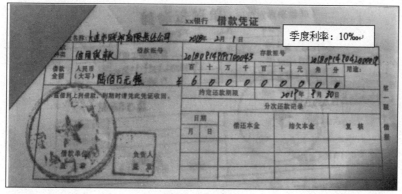

图6-35 借款凭证

(2) 计收利息清单。向银行借款后，企业需要每个季度给付银行借款利息。银行填写"中国工商银行计收利息清单(一式二联)"，以长期借款60万元为例，计收利息清单填写方法如图6-36所示。第一联给企业留存。

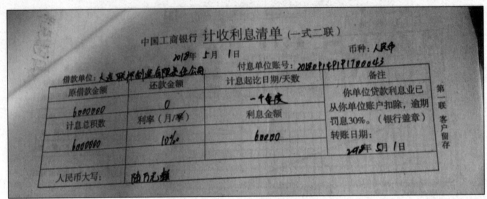

图6-36　中国工商银行计收利息清单

第7章 物流公司

7.1 物流管理理论

7.1.1 物流的概念与功能

1. 物流的概念

我国2021年8月20日正式颁布、2021年12月1日正式实施的《中华人民共和国国家标准物流术语》(GB/T 18354—2021)中将物流定义为："根据实际需要，将运输、储存、装卸、搬运、包装、流通加工、配送、信息处理等基本功能实施有机结合，使物品从供应地向接收地进行实体流动的过程。"

2. 物流的功能

物流的功能主要包括运输功能、仓储功能、包装功能、装卸搬运功能、流通加工功能、配送功能、信息服务功能。

7.1.2 物流管理

1. 物流管理的概念

物流管理又称物流"软技术"，是指对原材料、半成品和成品等物料在企业内外部流动的全过程所进行的计划、组织、实施和控制等活动。这个全过程就是指物料经过的包装、装卸搬运、运输、存储、流通加工、物流信息等环节的全过程。现代物流管理的基本任务，就是对以上几项本来独立的、分属不同部门管理的活动，根据他们之间客观存在的有机联系，进行综合、系统的管理，以取得全面的经济效益。

2. 物流管理的目标

无论是制造企业还是流通企业，生产经营活动自始至终都包含着物流活动。企业是物流服务的需求者，同时需要向产品的用户提供物流服务，尽管对外提供的物流服务不一定全部要由企业自己来承担。无论是企业自己承担的物流活动，还是由专业物流企业承揽的物流活动，与其他生产活动一样，都要投入物质资源和人力资源，这部分投入也要计入产品的成本。物流管理的最基本目标就是以最低的成本向用户提供满意的服务。

7.1.3 物流业务流程

物流业务类型不同，其流程也各不相同。在此仅以第三方物流为例，介绍其业务流程。物流业务流程主要分为订单处理、仓储作业、流通加工作业、运输作业和配送作业。

1. 订单处理

物流业务归根到底来源于客户的订单。订单处理是物流业务流程中一个核心业务，包括受客户委托、订单录入、按订单提供服务、订单处理状态跟踪等活动。其中，接受客户委托包括接受客户的询价、业务部门提供报价、最终赢得客户的委托；订单录入是指在订单实际履行前录入必要的订单信息；按订单提供服务由一系列与实物有关的活动组成，如提取存货、包装、送货等；订单处理状态跟踪是指通过跟踪订单处理过程或物品交付过程，确保订单保质保量完成。

2. 仓储作业

仓储作业包括入库作业、在库作业和出库作业。

3. 流通加工作业

物品在物流节点可根据需要进行流通加工。在物流节点的各项作业中，流通加工这个环节最易提高物品的附加值。流通加工作业包含物品的分类、过磅、拆箱重包装、贴标签及商品的组合包装等。为了完善流通加工，必须完成包装材料及容器的管理、组合包装规则的规定、流通加工包装工具的选用、流通加工作业的排程、作业人员的调派等工作。

4. 运输作业

运输作业是指用车、船、飞机等交通工具把物品从一个地方运到另一地方。

5. 配送作业

配送作业是指将物品装车并实施配送。完成配送作业则需要实现规划配送区域的划分或配送路线的安排，由配送路径选用的先后次序来决定物品装车的顺序，并与物品的配送途中做物品的追踪及控制、配送途中意外状况的处理等事项。

7.1.4 第三方物流

第三方物流是指由物流劳务的供方、需求方之外的第三方去完成物流服务的物流运作方式。第三方是指提供物流交易双方的部分或全部物流功能的外部服务提供者。在某种意义上，可以说它是物流专业化的一种形式。

第三方物流，国外通常称为契约物流、物流联盟、物流社会化或物流外部化。第三方物流企业通过契约为客户提供整个商品流通过程的服务，具体内容包括商品运输、储存、配送及附加服务等。第三方物流是随着物流业的发展而发展的，是仓储、运输、加工、包装、装卸、搬运等基础服务行业的一个重要发展，具有很高的社会地位。

第三方物流是在物流渠道中由中间商提供的服务，中间商以合同的形式在一定期限内，提供企业所需要的全部或部分物流服务，包括从简单的存储运输等单项活动到提供全面的物流服务。全面的物流服务包括物流活动的组织、协调和管理、最优物流方案的设计、物流全程的信息收集、管理等。第三方物流提供者是一个为外部客户进行管理、控制和提供物流服务作业的公司，它们并不在物流供应链中占有一席之地，仅是第三方，但是通过提供一整套物流活动来服务于供应链。

7.1.5 国际物流

国际物流是组织材料、在制品、半成品和制成品在国与国之间进行的流动和转移活动。

狭义的国际物流主要是指国家贸易物流，也就是指发生在不同国家之间的物流。具体来讲，国际物流是指当生产和消费分别是在两个或两个以上的国家独立进行时，为了克服生产和消费之间的空间距离和时间间隔，对物品进行物理性移动的一项国际贸易或国际交流活动，从而完成国际商品交易，即卖方交付单证、货物和收取货款，买方接收单证、支付货款和收取货物。

国际物流业务主要有以下几种业务：商品检验、报关业务、保税区业务、国际货运保险、国际货运代理、国际运输和理货业务。国际货物运输主要包括国际海洋运输、国际铁路运输、国际航空运输和国际集装箱运输等方式。

7.2 物流公司职责与实习任务

7.2.1 物流公司职责与功能

1. 物流公司在现代企业运作综合实习中的职责

物流公司在现代企业运作综合实习虚拟仿真环境下，和原材料企业、制造企业、贸易公司一样，属于核心竞争性企业，它主要承担的职责是负责原材料企业、制造企业和贸易公司之间的原材料运输和产成品运输。

特别注意的是，在现代企业运作综合实习中，由于权限限制，原材料企业、制造企业和贸易公司不能够直接进行原材料运输和产成品运输，如果企业绕过物流公司进行物流运输，会导致卖方无法收到货款。这一点，原材料企业、制造企业和贸易公司需要避免出现。

原材料企业直接在系统采购原材料用于自身生产，不需要通过物流公司来办理。

2. 物流公司在现代企业运作综合实习的功能

围绕现代企业运作综合实习虚拟仿真环境，不同企业之间要正常经营，需要保证企业内外部的资金流、信息流、物流正常运行。物流公司在现代企业运作综合实习的首要目的是保障企业之间物流正常运行，其次是保障原材料企业、制造企业和贸易公司正常经营，最后是物流公司通过服务以上企业，实现自身的财务收益。

7.2.2 实习任务

1. 物流公司注册

物流公司结束员工招聘后，CEO要组织员工先确定公司名称，然后按照现代企业运作综合实习系统里面公司注册的流程先后去工商局、税务局和银行完成公司的注册登记。

2. 物流公司运营业务

在现代企业运作综合实习课程中，物流公司按照要求完成托运企业的运输业务。物流公司每个季度经营结束后，会计人员需编制出资产负债表和利润表，带上会计凭证、会计账簿及会计报表去会计师事务所进行审计；然后根据审计报告到政务中心(税务局)进行每个季度的纳税申报，并到银行缴纳税款；最后到政务中心(工商局)进行年检。

3. 资料归档及提交

整个综合实习经营结束后，物流公司工作人员需对实习中使用的纸质单据进行分类整理、装订，整理好后交给指导老师归档，企业需要对公司实习工作进行总结，制作3～5分钟PPT，在总结大会上进行总结发言。

7.2.3 实习安排

(1) 第1天上午：做实习动员及相关安排，实习生竞聘物流公司CEO，做好CEO招聘培训，制作招聘海报等。

(2) 第1天下午：招聘物流企业员工，做好财务人员培训，企业进驻场地，领取实习用品。

(3) 第2天：进行物流公司工作内容培训，拟订工作计划书，做好员工系统个人注册、企业注册、企业内部人员分工、物流公司运单报价表等工作。

(4) 第3～4天：公司试运行阶段(试运营3个季度)，主要工作是熟悉物流公司业务操作(含系统操作和线下操作)，注重企业间协作，完成企业物流业务工作。

(5) 第5～9天：公司正式运行阶段，完成物流公司8个季度的经营业务，以及物流公司logo设计评选工作。

(6) 第10天上午：企业经营结束，对企业资料进行分类整理并提交，评选优秀企业、优秀服务机构及优秀员工，企业对实习期间的工作进行总结，为下午总结表彰大会做准备。

(7) 第10天下午：召开实习总结表彰大会，颁发各种奖项，各机构代表做实习总结。

7.3 物流公司介绍及运营规则

7.3.1 物流公司介绍

物流公司是"现代企业运作综合实习"课程中的重要组成部分。物流公司注册资本500万元，人员编制7人。物流公司主要负责实习企业涉及原材料和产品的物流运输业务，主要包括：原材料企业与制作企业之间原材料交易产生的物流运输业务；制造企业与贸易公司之间产品交易产生的物流运输业务；制造企业、贸易公司通过市场竞争得到系统订单而进行的产品交付运输业务。

物流费用按照卖家付费原则进行收取。物流公司收取的物流费用主要包括保险费和运输费两种。保险费按货物运输总价值的1‰收取。物流公司按照自己的成本核算方式自行拟定公司针对不同路线和产品的定价机制。因此，物流公司向原材料企业、制造企业和贸易公司报的物流运输单价包含保险费、运输费及企业合理利润后形成的自主定价。

物流公司之间完全进行市场竞争。原材料企业、制造企业和贸易公司可以选择一家或者多家物流公司合作物流业务。

物流公司评比标准按照经营性企业标准执行。物流公司应该按照教学实习要求做好自身运营，同时企业要努力追求财务收益。

物流公司内部一般包括合同管理部、仓储管理部、运输管理部、企业管理部和财务管理部等5个部门。

7.3.2 合同管理部

合同管理部主要负责业务洽谈、合同签订和合同管理。

合同管理部人员主要负责与原材料企业、制造企业和贸易公司销售人员进行商务洽谈，并签订"委托物流运输协议"和"物流运输合同"。注：每一笔交易都要有线下合同，可扫描二维码获取"委托物流运输协议"和"物流运输合同"。

委托物流运输协议

物流运输合同

1. 委托物流运输协议

"委托物流运输协议"是企业选择与物流公司进行委托物流业务时必须先签订的意向性协议，然后才能够签订"物流运输合同"。"委托物流运输协议"需要填写纸质版和电子版。纸质版"委托物流运输协议"需要填写一式两份，物流公司和委托企业各执一份。签订"委托物流运输协议"后，企业在办理物流运输业务时不再签订和更改协议，"委托物流运输协议"不具有法律约束作用。

2. 物流运输合同

"物流运输合同"是在企业与公司签订了"委托物流运输协议"后在企业办理具体商品运输业务时签订的合同，具有法律效力。合同管理部人员应该就企业每次商品运输的运输费用与企业进行商务谈判，以达成合同签订。

"物流运输合同"需要填写纸质版。纸质版"物流运输合同"需要填写一式两份，物流公司和委托企业各执一份，物流公司按照"物流运输合同"上的要求完成托运企业物流运输的系统操作。

7.3.3 企业管理部

企业管理部主要负责购买土地、建设原材料仓库、建设产成品仓库、开发网点、负责购买车辆及保险、做业务完成后的资料管理，跟踪合同信息等业务工作。

1. 土地购买

物流公司在企业选址后需要购买土地供停放车辆和进行办公活动，以保证企业正常经营业务。

实习主要提供6种不同的区域，企业购买后可以根据需要分别建成产成品库、原材料库，以及其他用途。物流公司在购买土地修建原材料仓库和产成品仓库后，土地及附属建筑物按照仓库折旧年限进行折旧(见表7-1)。

表7-1 购买土地决策相关参数见表

所在地区	代表城市	土地价格(米²)	购买面积(米²)	每期最大可扩建面积(米²)
京津唐地区	北京	800	1 000	800
环渤海地区	大连	650	1 000	800

(续表)

所在地区	代表城市	土地价格(米²)	购买面积(米²)	每期最大可扩建面积(米²)
长江三角洲地区	武汉	600	1 000	800
珠江三角洲地区	深圳	900	1 000	800
东北老工业基地	沈阳	700	1 000	800
西部大开发基地	成都	500	1 000	800

2. 仓库购置与管理

物流公司应在注册地址所在区域购买土地。公司所在地原材料仓库和产成品仓库可以自建或者租赁。在开发的物流网点可以租赁仓库(原材料仓库、产成品仓库)，做到仓库专用。物流公司所有负责物流运输的货物(原材料、产品)必须有仓库，同时网点开发后才能够揽货。自建仓库无周期，当季建成即可使用。租赁仓库无租赁周期，即租即用。

仓库有大、中、小三种规格，不同规格的仓库，价格、面积也不同，企业自建仓库数量受物流公司购买土地面积限制。企业购买或租赁的原材料仓库、产成品仓库较多时，需要对不同类型仓库进行编号，以便记录不同类型仓库的入库、出库手续及计算仓库吞吐量表。仓库维护费本季度计提，下个季度支付。

(1) 原材料仓库：分为小型原材料仓库(简称SMW)、中型原材料仓库(简称MMW)、大型原材料仓库(简称LMW)。原材料仓库维护费当季度计提，下个季度支付。

例如企业有3个小型原材料仓库，则编号分别为SWW01、SWW02、SWW03，依次类推。

原材料仓库基本信息如表7-2所示。

表7-2　原材料仓库基本信息表

原材料库类型	容量(件)	吞吐量(件/季)	自建价格(元)	租赁价格(元/季)	仓库面积(米²)	折旧(季度)	维护费(元/季)
小型(SMW)	6 000	36 000	100 000	8 000	200	40	1 200
中型(MMW)	8 000	48 000	120 000	10 000	400	40	1 600
大型(LMW)	10 000	60 000	140 000	12 000	500	40	2 000

(2) 产成品仓库：分为小型产品库(SPW)、中型产品库(MPW)、大型产品库(简称LPW)。产成品仓库维护费，当季度计提，下个季度支付。

例如企业有3个大型产成品仓库，编号分别为：LPW01、LPW02、LPW03，依次类推。

产成品仓库基本信息如表7-3所示。

表7-3　产成品仓库基本信息表

产品仓库类型	容量(件)	吞吐量(件/季)	自建价格(元)	租赁价格(元/季)	仓库面积(米2)	折旧(季度)	维护费(元/季)
小型(SPW)	1 000	6 000	80 000	6 000	200	40	1 200
中型(MPW)	2 000	12 000	150 000	9 000	400	40	1 600
大型(LPW)	3 000	18 000	200 000	12 000	500	40	2 000

仓库维护费本季度计提，下个季度支付。

企业管理部在仓库建设时应该填写"仓库建设申请表"，如表7-4所示。

表7-4 _____公司仓库建设申请表

序号	季度	仓库类型	自建/租赁	城市	编号	价格(万)	申请人	财务审核	总经理签字
1	1	原材料	自建	武汉	MMW01	20	张三	李四	王五

3. 业务拓展与网点开发

物流公司只能在开发成功的网点及租赁有仓库的城市揽货运输。公司注册地所在城市自然形成网点，不需要开发。物流公司为了发展企业，需要积极开发建设新网点，以扩大公司业务。

网点的建设周期为1个季度，即第1季度建成，第2季度使用。建设网点需一次性投入费用为10 000元，且网点每季度需支付2 000元维护费用。

网点维护费当季度计提，下个季度支付。

物流公司只能在已经设置的网点接收物流订单。

企业管理部在网点开发时需要填写"网点开发申请表"，如表7-5所示。

表7-5 _____公司物流网点开发申请表

序号	季度	开发城市	开发费用	申请人	财务审核	总经理签字
1	1	武汉	10 000	张三	李四	王五

物流公司只能在公司总部或开发网点进行车辆停放，若送货城市为未开发网点，车辆运货完毕后应该即刻返回最近业务开发城市停放。

4. 车辆购置与管理

物流公司所有业务均为汽车运输，企业需要购置运输车辆。

运输车辆即买即用(注：购买新车一律从公司本部购买、发车)，车辆购买价格及相关税费一次性扣除。

运输车辆分大、中、小三种规格，购买价格(不含税)分别为15万元、12万元、9万元。运力分别为3 600体积单位、2 400体积单位、1 200体积单位，1个原材料空间占用1个体积单位，1个产品占用3个体积单位。

公司购买车辆需要统一编号，例如：A表示大车，B表示中车，C表示小车；大车编号为A01，A02，A03……；中车编号为B01，B02，B03……；小车编号为C01，C02，C03……。

不同类型货车价格及运力如表7-6所示。

表7-6 不同类型货车价格及运力对照表(单价不含税)

车辆类型	单价(元)	运力(体积)	原材料运输(个)	产品运输(个)	车辆编号	里程/季度(公里)
大型货车	15 0000	3 600	3 600	1 200	A01，A02，……	15 000
中型货车	12 0000	2 400	2 400	800	B01，B02，……	12 000
小型货车	90 000	1 200	1 200	400	C01，C02，……	10 000

5. 车辆使用费

车辆使用费分为固定费用和变动费用两种。

(1) 固定费用：(不分车型)主要包括汽车折旧费、车辆保险费、汽车维护保养费、司机工资及福利保险费用，如表7-7所示。汽车折旧费按照季度执行；车辆保险费按照年度支付，大型货车保险费4 800元/年，中型货车3 200元/年，小型货车2 400元/年，新车购买后同步购买保险，4季度后购买下一年度保险。汽车维护保养按照每半年保养1次，保养费当季支付。货车购买后需要同时聘任司机，中型货车和小型货车每辆配置司机1名，大型货车每辆配置司机2名。司机工资及福利保险费用6 000元/月，司机工资及福利保险费用本季度计提，下个季度支付。

表7-7 不同类型货车主要固定费用

货车类型	汽车折旧费(季度)	车辆保险费(元/年)	汽车维护保养费(元/半年)	司机(人)	司机工资及福利保险费用(元/月)
大型货车	40	4 800	800	2	6 000
中型货车	40	3 200	600	1	6 000
小型货车	40	2 400	400	1	6 000

(2) 变动费用：包括汽车油费、过路费等相关费用，大、中、小车每车每次成本由公司根据货车类型、里程、运输数量等实际情况进行核算。所有货车在送货完毕后应该回公司总部或公司建设网点进行停放，若物流公司运输送货城市无建设网点，该车辆应该即刻返回离公司距离最近的网点，车辆返程空载产生的费用计入运营成本。不同类型货车主要变动费用如表7-8所示。

表7-8 不同类型货车主要变动费用

货车类型	汽车油费(元/百公里)	过路费(元/百公里)
大型货车	100	60
中型货车	80	50
小型货车	60	40

企业管理部购置车辆时，需要填写"车辆购买申请表"，如表7-9所示。

表7-9 _____公司车辆购买申请表

序号	季度	车辆类型	编号	单价(万元)	数量	总额(含税)	申请人	财务审核	审批(CEO)
1	2	大型	A01	15	1		张三	李四	王五

7.3.4 仓储管理部

仓储管理部主要负责仓库租赁货物入库、出库审批，负责保管清点库房货物数量并记录数据，此外仓储管理部还应该协助运输管理部进行运输服务电子操作。

1. 入库管理

仓储部在企业季度经营操作时，对于签订"物流运输合同"企业要先办理入库手续，填写物流货物入库单，如表7-10所示。

表7-10 _____公司____仓库第___季度物流货物入库单

序号	入库网点	仓库编号	托运企业	货物型号	入库数量	库管	备注
1	成都		万达	M1	1200	张三	

2. 出库管理

物流公司运输管理部在安排物流运输服务前，需要运输管理部填写物流货物出库单，如表7-11所示。

表7-11 _____公司____仓库第___季度物流货物出库单

序号	出库网点	仓库编号	货物型号	出库数量	车辆编号	送达城市	送达企业
1	武汉		L	800		成都	万达

3. 填写仓库吞吐量汇总表

仓储管理部每个季度，需要对企业所有的仓库进出库的货物进行汇总，主要便于统计企业运量，此外也便于运输管理部门制定运输线路图和做出运力安排。

不管是原材料还是产成品，每次进出仓库都要计算1次吞吐量。例如：中型原材料仓库容量8 000件，理论吞吐量48 000件，实际上最多在1个季度内入库并且出库的货物总数为24 000件。

仓库吞吐量汇总表如表7-12所示。

表7-12 _____公司仓库第____季度吞吐量汇总表

序号	仓库类型	仓库编号	容量(件)	理论吞吐量	实际吞吐量	统计人	财务审核
1	原材料	MMW01	8 000	48 000	24 000	张三	李四

7.3.5 运输管理部

运输管理部负责制定运输线路图，填写出库审批单，负责汽车运输运安排。

1. 制定运输线路图

运输管理部对于委托的企业货物运输业务，在仓储管理部进行入库并统计后，按照要求做好运输路线规划及车辆安排。

运输管理部在进行运输路线规划时要求物流公司按照经济合理的路线安排企业货物在城市间的运输业务。在实习中，物流公司主要服务工作区域代表城市及各城市间里程如表7-13、表7-14所示。

表7-13　各区域主要代表城市

区域名称	代表城市	区域名称	代表城市
京津唐经济特区	北京	珠三角经济特区	深圳
环渤海经济特区	大连	东北老工业基地	沈阳
长三角经济特区	武汉	西部大开发基地	成都

表7-14　各区域之间里程表(单位：公里)

区域间名称	模拟里程	区域间名称	模拟里程	区域间名称	模拟里程
京津唐-环渤海	300	环渤海-长三角	1 300	长三角-珠三角	1 500
京津唐-长三角	1 200	环渤海-珠三角	2 400	长三角-东北基地	1 700
京津唐-珠三角	2 000	环渤海-东北基地	400	长三角-西部地区	2 000
京津唐-东北基地	700	环渤海-西部地区	2 000	珠三角-东北基地	2 800
京津唐-西部地区	1 800	东北基地-西部地区	2 500	珠三角-西部地区	1 600

(备注：同城运输默认100公里。)

运输管理部根据企业拥有车辆情况和托运企业货物数量制作运输线路图，如表7-15所示。

表7-15　_____公司第____季度运输线路图表

序号	托运企业	起点	终点	车辆编号	货物型号	货运数量	负责人	审核	里程(公里)
1	万达	武汉	深圳	B01	L	800	张三	李四	1500
				里程合计					

备注：① 返空的车辆运输托运企业一栏空白不填写；
　　　② 同一车辆合并不同企业货物运输，里程只填写1次；
　　　③ 车辆同城运输不需要计算返空运输里程。

2. 填写出库单

运输管理部做好运输线路规划和车辆安排后，需要填写出库单，并报仓储管理部审核，然后办理货物出库运输服务。

3. 车辆安排运输

物流公司每一笔业务都要填入车辆使用记录表，负责对车辆进行编号管理并填写车辆使用记录表，如表7-16所示。

表7-16 _____公司____季度车辆使用记录表

序号	车辆编号	货物型号	货物数量	起点	终点	签字	里程(公里)
1	B01	M1	2500	武汉	武汉	张三	100
					里程合计		100

备注：① 返空的车辆运输托运企业一栏空白不填写；
② 同一车辆合并不同企业货物运输，里程只填写1次；
③ 车辆同城运输不需要计算返空运输里程。

如车辆经常到某个市场运输货物，可设置外地市场为物流网点。如果企业建设了网点，物流公司可以在该网点揽货运输，同时车辆可在无回程货物情况下在网点停留或停车，如未设立网点，则需在完成运输任务后即刻回程(如无回程货物，则需空车回最近网点，以便下次运输，返空费用计入成本)。

运输部门对托运企业的货物运输完毕后，应该让收货方签字，并填写物流签收单据(一式两联)，作为公司留存，并把另一联送还托运公司。

7.3.6 财务部

财务管理部主要负核算运输成本和财务管理工作。

1. 运输成本核算

财务部门需要核实每笔运输合同中的运输单价，做成本核销(注意每次运输成本都可能不同，单价也可能不同)，并收取相应税费，税率为11%(税费由托运方出)。

需要注意的是，物流公司收取的物流费用主要包括运输费和保险费两大类，计算公式为

$$物流费用＝运输费＋保险费$$

$$运输单价＝(运输费＋保险费)/运输数量$$

运费均由卖方支付，运费包含保险，保险费费率按照货物价值1‰收取。

2. 财务管理

财务部还需要进行财务记账，做票据管理，收取物流费用，填报并编制各类财务报表等财务工作。

7.4 物流业务处理系统操作流程

7.4.1 企业办理物流交付

企业(指原材料企业、制造企业和贸易公司)在进行对外发货时，需要通过物流公司办理货物交付。

国内货物运输协议

1. 填写"国内货物运输协议"

企业单击"出库"，进入"国内物流"菜单，填写"国内货物运输协议"，提交至指定合作物流公司，如图7-1、图7-2、图7-3所示。可扫描二维码获取"国内货物运输协议"。

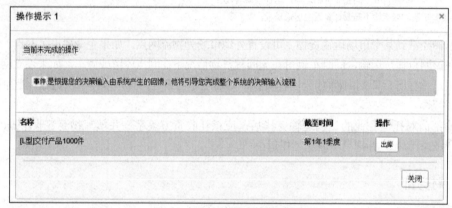

图7-1　企业办理物流交付出库界面

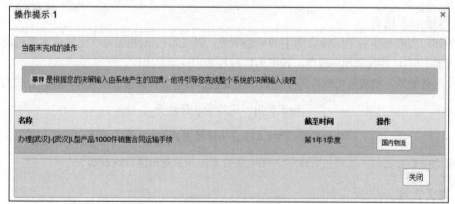

图7-2　企业办理物流运输手续流程界面

2. 选择物流公司

企业(指原材料企业、制造企业和贸易公司)在填写好"国内货物运输协议"后，需要指定物流公司，如图7-4所示。

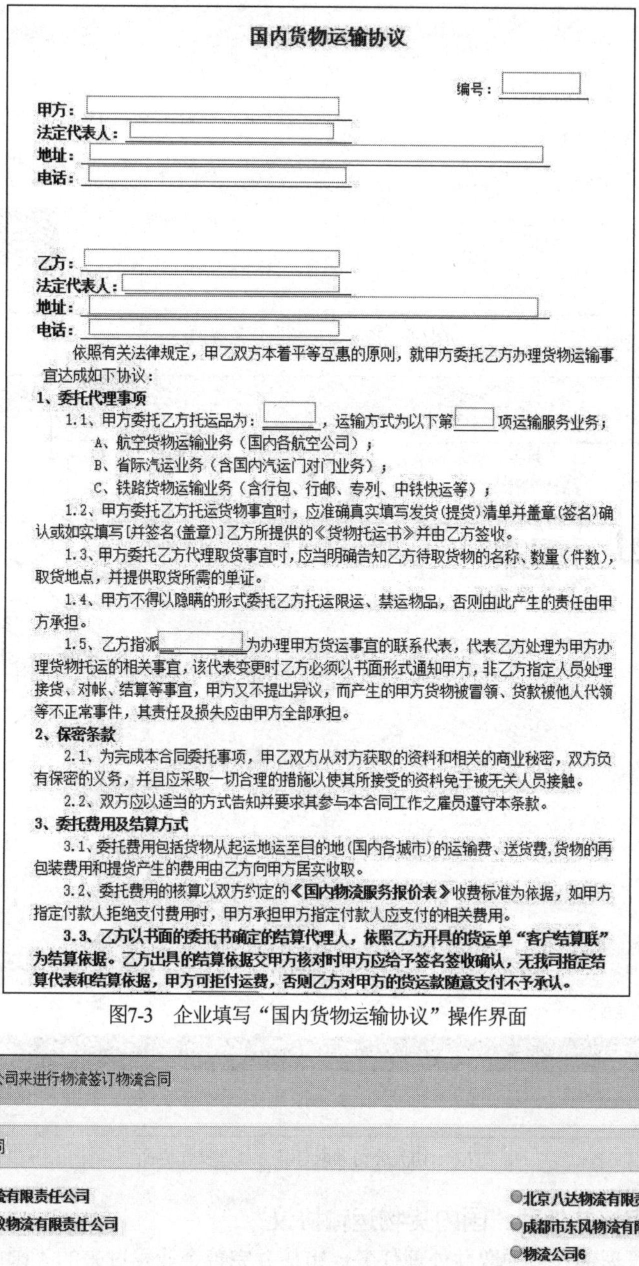

国内货物运输协议

编号：

甲方：
法定代表人：
地址：
电话：

乙方：
法定代表人：
地址：
电话：

依照有关法律规定，甲乙双方本着平等互惠的原则，就甲方委托乙方办理货物运输事宜达成如下协议：

1、委托代理事项

1.1、甲方委托乙方托运品为：　　，运输方式为以下第　　项运输服务业务；

A、航空货物运输业务（国内各航空公司）；

B、省际汽运业务（含国内汽运门对门业务）；

C、铁路货物运输业务（含行包、行邮、专列、中铁快运等）；

1.2、甲方委托乙方托运货物事宜时，应准确真实填写发货（提货）清单并盖章（签名）确认或如实填写[并签名（盖章）]乙方所提供的《货物托运书》并由乙方签收。

1.3、甲方委托乙方代理取货事宜时，应当明确告知乙方待取货物的名称、数量（件数），取货地点，并提供取货所需的单证。

1.4、甲方不得以隐瞒的形式委托乙方托运限运、禁运物品，否则由此产生的责任由甲方承担。

1.5、乙方指派　　为办理甲方货运事宜的联系代表，代表乙方处理为甲方办理货物托运的相关事宜，该代表变更时乙方必须以书面形式通知甲方，非乙方指定人员处理接货、对帐、结算等事宜，甲方又不提出异议，而产生的甲方货物被冒领、货款被他人代领等不正常事件，其责任及损失应由甲方全部承担。

2、保密条款

2.1、为完成本合同委托事项，甲乙双方从对方获取的资料和相关的商业秘密，双方负有保密的义务，并且应采取一切合理的措施以使其所接受的资料免于被无关人员接触。

2.2、双方应以适当的方式告知并要求其参与本合同工作之雇员遵守本条款。

3、委托费用及结算方式

3.1、委托费用包括货物从起运地运至目的地（国内各城市）的运输费、送货费，货物的再包装费用和提货产生的费用由乙方向甲方居实收取。

3.2、委托费用的核算以双方约定的**《国内物流服务报价表》**收费标准为依据，如甲方指定付款人拒绝支付费用时，甲方承担甲方指定付款人应支付的相关费用。

3.3、乙方以书面的委托书确定的结算代理人，依照乙方开具的货运单“客户结算联”为结算依据。乙方出具的结算依据交甲方核对时甲方应给予签名签收确认，无我司指定结算代表和结算依据，甲方可拒付运费，否则乙方对甲方的货运款随意支付不予承认。

图7-3　企业填写“国内货物运输协议”操作界面

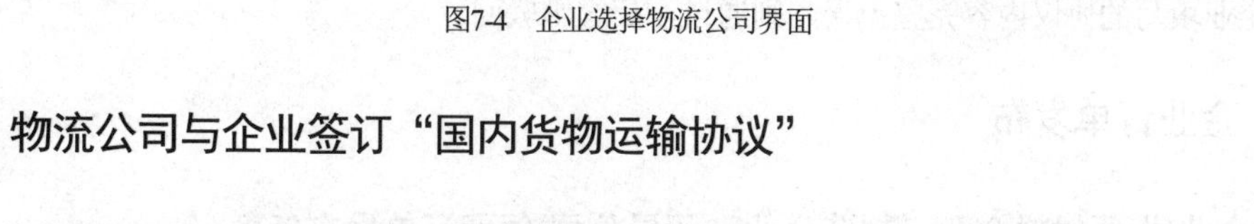

图7-4　企业选择物流公司界面

7.4.2　物流公司与企业签订“国内货物运输协议”

1. 物流公司接受企业“国内货物运输协议”

物流公司进入“合同管理”菜单，在合同签订栏单击“领取任务”，如图7-5、图7-6所示。

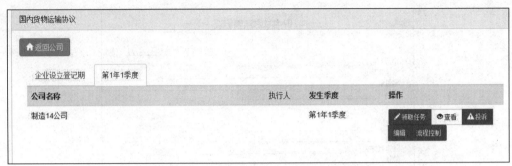

图7-5 物流公司领取任务界面

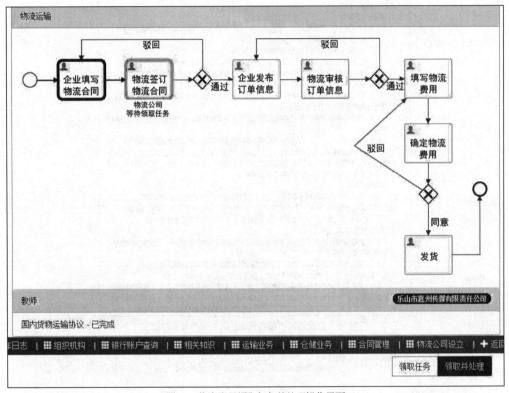

图7-6 物流公司领取任务并处理操作界面

2. 物流公司审核并处理"国内货物运输协议"

物流公司合同管理部人员领取并处理任务：审核并完善企业发过来的"国内货物运输协议"内容，若企业填写的协议内容完整无误，则通过，反之则驳回。

7.4.3 企业订单发布

1. 企业(指原材料企业、制造企业和贸易公司)领取订单发布任务

企业(指原材料企业、制造企业和贸易公司)在"未领取任务栏"领取"企业发布订单信息"任务，单击"领取"，并做出处理，如图7-7、图7-8所示。

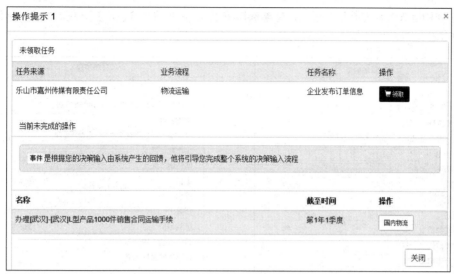

图7-7 企业在未领取任务栏领取"企业发布订单信息任务"界面

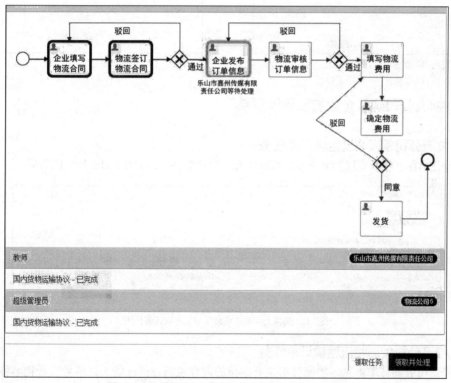

图7-8 企业领取"企业发布订单信息"任务并处理界面

2. 企业(指原材料企业、制造企业和贸易公司)填写订单发布内容

企业(指原材料企业、制造企业和贸易公司)需要填写的订单信息内容包括：订单标题、货量、运输单价、竞单价格(单价)和生产库房信息(填城市)，其他信息可以不填写。填写完毕后，单击"集货调度"。

注意：所有物流订单信息中运输单价、运输总价必须是整数，不能够出现小数点，若有小数，应全部四舍五入成整数填写录入，竞单价格(单价)指企业销售单价，而非成本价格，如图7-9、图7-10所示。

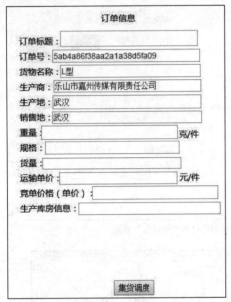

图7-9　企业填写订单信息空白界面　　　　图7-10　企业填写完"订单信息"界面

7.4.4　物流公司确认企业物流运输订单

1. 物流公司领取物流运输订单任务

物流公司在"合同签订"菜单下，领取物流运输订单任务，如图7-11、图7-12所示。

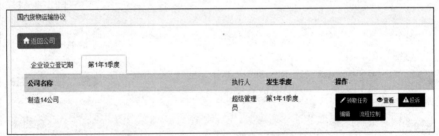

图7-11　物流公司对企业订单信息领取任务界面

2. 物流公司处理物流运输订单任务

物流公司处理订单信息。物流公司主要审核的内容包括订单标题、订单号、货物名称、生产商、生产地、销售地、货量、运输单价、竞单价格(单价)和生产库房信息等，应准确无误地填写。物流公司可以修改、完善企业订单信息。

注意：企业订单信息中不能出现小数，竞单价格(单价)指企业销售价格，而非成本价格。

若企业订单信息填写完善，则通过，反之，则驳回，如图7-13所示。

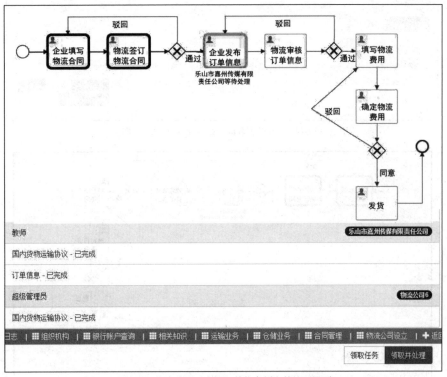

图7-12 物流公司对企业订单信息领取并处理界面

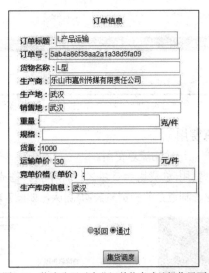

图7-13 物流公司对企业订单信息确认操作界面

7.4.5 物理公司办理企业产品运输

1. 物流公司领取任务

物流公司运输管理部人员在"合同签订"菜单下领取企业L产品运输任务,并进行处理,如图7-14、图7-15所示。

图7-14　物流公司领取企业L产品运输任务界面

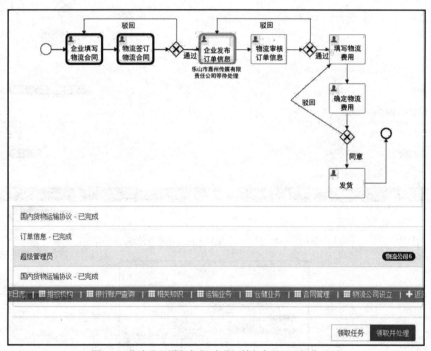

图7-15　物流公司领取企业L产品运输任务并处理操作界面

2. 物流公司填写物流总费用

物流公司填写该笔订单L产品运输物流总费用。

物流公司人员填写物流总费用(总费用＝货量×运输单价，总费用只能是整数，不能是小数)后，提交给企业(指原材料企业、制造企业和贸易公司)确认，如图7-16、图7-17所示。

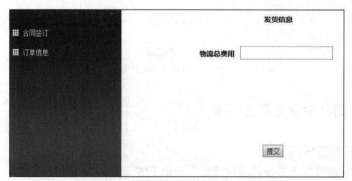

图7-16　物流公司填写L产品运输物流总费用空白界面

图7-17　物流公司填写L产品运输物流总费用操作并提交界面

7.4.7　物流公司发货

1. 物流公司领取发货任务

物流公司运输管理部对企业确认物流费用的订单进行处理，如图7-18、图7-19所示。

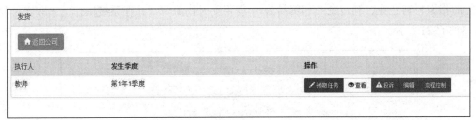

图7-18　物流公司领取任务界面

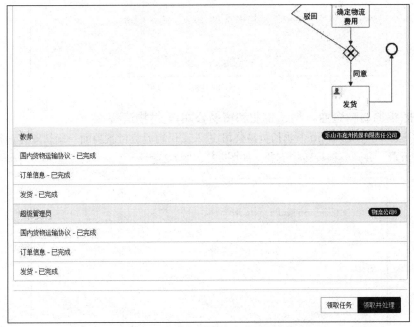

图7-19　物流公司领取任务并处理界面

2. 物流公司完成发货操作

物流公司运输管理部确认发货信息(见图7-20)并进行发货。

图7-20 物流公司确认发货信息界面

7.4.8 企业支付物流费

1. 企业(指原材料企业、制造企业和贸易公司)领取支付物流费任务

企业(指原材料企业、制造企业和贸易公司)需要支付物流费,并在系统操作上领取支付物流费任务,如图7-21所示。

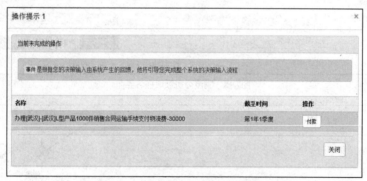

图7-21 企业支付物流费付款界面

2. 企业(指原材料企业、制造企业和贸易公司)支付物流费

企业(指原材料企业、制造企业和贸易公司)进入支付物流费付款界面,确认双方银行账号无误后,支付物流费,并开具银行转账支票,如图7-22、图7-23所示。

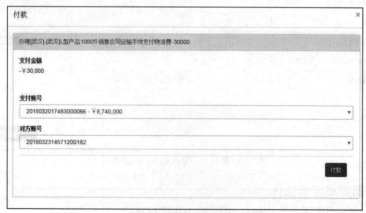

图7-22 企业支付物流费付款操作界面

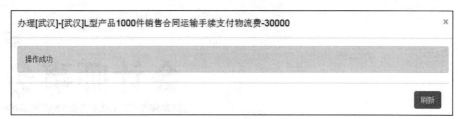

图7-23 企业支付物流费付款操作成功界面

注意：此时企业货物已发出，收货方已收货，托运企业必须支付物流费，否则托运企业将不能收到货款。

物流业务完成后，收货方签收货物，物流公司收到物流费，企业(指原材料企业、制造企业和贸易公司)下个季度收到货款，物流业务处理系统操作终止。

第8章 会计师事务所

8.1 会计师事务所业务规则

8.1.1 会计师事务所相关理论和知识

1. 会计师事务所定义及职责

会计师事务所是指经国家批准成立的,依法独立承担注册会计师业务的中介服务机构,是由具有一定会计专业水平、经考核取得证书的会计师组成的、受当事人委托承办有关审计、会计、咨询、税务等方面业务的组织。会计师事务所实行自收自支、独立核算、依法纳税。

会计师事务所是社会经济活动的监督者、企业财务状况和经济成果的鉴证者、资本流动的引导者,其通过对会计信息进行稽核、对经营管理行为进行评价,努力维护投资者的权益,发挥"看门人"的重要作用。认真贯彻执行《中华人民共和国注册会计师法》、审计准则等,是会计师事务所及其注册会计师的基本要求。

2. 会计师事务所组织形式

根据《中华人民共和国注册会计师法》的规定,我国会计师事务所分为合伙会计师事务所和有限责任会计师事务所两种形式。

合伙会计师事务所是由两个或两个以上的注册会计师组成的合伙组织。合伙人按出资比例或协定,共同出资、共同执业,并且合伙人以各自财产对会计师事务所的债务承担连带责任。

有限责任会计师事务所由一定数量的股东出资组成,每个股东以其所认缴的出资额为限对会计师事务所承担责任,事务所以其全部财产对事务所的债务承担责任。

3. 会计师事务所设立条件

(1) 设立合伙会计师事务所,应当具备以下条件:

① 有两名以上的合伙人;
② 有书面合伙协议;
③ 有会计师事务所的名称;
④ 有固定的办公场所。

(2) 设立有限责任会计师事务所,应当具备以下条件:

① 有5名以上的股东；
② 有一定数量的专职从业人员；
③ 有不少于人民币30万元的注册资本；
④ 有股东共同制定的章程；
⑤ 有会计师事务所的名称；
⑥ 有固定的办公场所。
(3) 会计师事务所的合伙人或者股东应当具备下列条件：
① 持有中华人民共和国注册会计师证书；
② 在会计师事务所专职执业；
③ 成为合伙人或者股东前3年内没有因为执业行为受到行政处罚；
④ 有取得注册会计师证书后最近连续5年在会计师事务所从事法定审计业务的经历，其中在境内会计师事务所的经历不少于3年；
⑤ 成为合伙人或者股东前1年内没有因采取隐瞒或提供虚假材料、欺骗、贿赂等不正当手段申请设立会计师事务所而被省级财政部门做出不予受理、不予批准或者撤销会计师事务所的决定。

4. 会计师事务所业务范围

会计师事务所的业务范围，即注册会计师的业务范围。根据《中华人民共和国注册会计师法》及其他法律、行政法规的规定，我国注册会计师可以办理以下业务。

(1) 审计业务包括如下工作：
① 审查企业会计报表，出具审计报告；
② 验证企业资本，出具验资报告；
③ 办理企业合并、分立、清算事宜中的审计业务，出具有关的报告；
④ 法律、行政法规规定的其他审计业务。
(2) 会计咨询、会计服务业务包括如下工作：
① 制定财务会计制度；
② 担任会计顾问，提供会计、财务、税务和其他经济管理咨询；
③ 代理记账；
④ 代办纳税申报；
⑤ 代办申请注册登记，协助拟定合同、协议、章程及其他经济文件；
⑥ 培训会计人员；
⑦ 审核企业前景财务资料；
⑧ 资产评估；
⑨ 参与进行可行性研究；
⑩ 其他会计咨询和会计服务业务。

5. 审计基本流程

(1) 审计准备阶段包括如下工作。
① 初步业务活动：主要包括与客户初步会谈；初步风险评估；与前任注册会计师沟通；评价独立性；初步评估专业胜任能力，以及确定是否接受委托。
② 签订审计业务约定书。

③ 制订审计计划。审计计划阶段的主要工作包括：了解被审计单位及其环境，了解被审计单位的内部控制，风险评估讨论，制定总体审计策略。

(2) 审计实施阶段包括如下工作。

① 控制测试。

② 实质性程序：主要包括销售与收款循环审计、采购与付款循环审计、生产与存货循环审计、筹资及投资循环审计、货币资金审计。

(3) 审计完成阶段包括如下工作：

① 总体分析性复核；

② 审计完成工作复核；

③ 编制审计报告；

④ 审计总结。

6. 审核报表时注意事项

(1) 检查资产负债表上年初和年末数是否填写完整，检查利润表上本季利润和累计利润是否填写完整。

(2) 检查资产负债表上是否"资产＝负债＋所有者权益"，报表是否编平。

(3) 因企业实现的利润未对股东进行分配，所以资产负债表里面的"未分配利润"应等于利润表里面的"累计净利润"。

(4) 检查科目汇总表，"制造费用"和损益类科目期末是没有余额的。

(5) 资产负债表里面资产类科目期末余额在借方(注意商品、材料不能为负数，出现负数主要原因是商品、材料未入库)；负债类科目余额一般在贷方，但"应交税费"除外，如果出现借方余额，说明进项税多，而销项税少，在填列资产负债表时是负数；"应付职工薪酬""其他应付款""应付利息"只能是贷方余额，若出现借方余额，说明没有做计提费用的分录。

(6) 检查总账上"银行存款"与"银行存款日记账"上金额是否一致。不一致原因如下：

① 有企业不是根据记账凭证，而是根据系统数据直接登记"银行存款日记账"。

② 付给会计师事务所和税务局的资金，会计做账已支付，但企业未填电子转账支票的，应去银行办理转账业务。

③ 销售货物的收款时间没和企业销售部门沟通，导致做账错误。

④ 购进货物的付款时间没和企业采购部门沟通，导致做账错误。

(7) 检查利润表里面的"所得税费用"是否计算正确。

(8) 检查记账凭证填写是否规范，该签字的地方是否签字，所附原始凭证是否规范。

(9) 检查要求填写的会计账簿是否填写规范，特别是"基本生产明细账"。

7. 会计师事务所行业分析

(1) 行业分析的要求

根据现代企业综合运作实习要求，会计师事务所需要对制造、原材料、物流、贸易等企业类型分别进行财务数据的搜集和整理并进行行业财务分析，出具行业财务分析报告。

(2) 行业分析的内容

① 行业情况。会计师事务所根据行业调查的内容对所分析行业的主要公司名称、主营业务等内容进行简要介绍，如表8-1所示。

表8-1 行业情况概表

序号	公司名称	主营业务

② 财务比率行业概况。会计师事务所根据每个季度搜集的各企业财务比率数据测算出每个财务比率的行业均值，并分别从偿债能力、营运能力、盈利能力、发展能力4个方面对行业总体财务状况进行分析，如表8-2、8-3、8-4、8-5所示。

表8-2 偿债能力行业均值数据

	第X季度	第X季度	第X季度
流动比率			
速动比率			
资产负债率			
产权比率			
股东权益比率			
利息保障倍数			

表8-3 营运能力行业均值数据

	第X季度	第X季度	第X季度
存货周转率			
应收账款周转率			
流动资产周转率			
总资产周转率			

表8-4 盈利能力行业均值数据

	第X季度	第X季度	第X季度
净资产收益率			
总资产收益率			
销售毛利率			
销售净利率			

表8-5 发展能力行业均值数据

	第X季度	第X季度	第X季度
股东权益增长率			
营业收入增长率			
营业利润增长率			
净利润增长率			
总资产增长率			

③ 行业数据分析显示的问题。会计师事务所根据财务比率数据分析的结果，挖掘不同行业存在的财务、经营管理等方面的问题。

8.1.2 会计师事务所实习任务及实习安排

1. 实习任务

(1) 公司注册。会计师事务所员工招聘结束后，CEO要组织员工先确定公司名称，然后按照现代企业运作综合实习系统里面公司注册的流程先后去工商局、税务局和银行完成公司的注册登记。

(2) 审计业务。公司每个季度经营结束后，会计人员需编制出资产负债表和利润表，然后带上会计凭证、会计账簿及会计报表去会计师事务所进行审计，同时在现代企业运作综合实习系统里签订审计业务约定书、制订审计计划、编制审计工作底稿、做审计工作小结、出具审计报告。

(3) 行业分析。根据现代企业综合运作实习要求，会计师事务所需要对制造、原材料、物流、贸易等企业分别进行财务数据的搜集和整理，并进行行业财务分析，出具行业财务分析报告。

(4) 资料归档及提交。整个综合实习经营结束后，会计师事务所工作人员需对实习中使用的纸质单据进行分类整理、装订，整理好后交给指导老师归档，会计师事务所所长需对会计师事务所工作进行总结，制作3~5分钟PPT，在总结大会上进行总结发言。

2. 实习安排

(1) 第1天上午：做实习动员，实习生竞聘CEO，做好招聘培训及相关准备工作。

(2) 第1天下午：企业招聘，场地进驻，领取实习用品。

(3) 第2天：做工作内容培训，拟订工作计划书和对制造、贸易、供应商、物流企业的打分细则，完成会计师事务所的注册工作。

(4) 第3~4天：公司试运行阶段，协助公司完成每个季度的审计工作，并对每家企业的审计情况进行统计并打分。

(5) 第5~9天：公司正式运行阶段，对每家企业试运行情况进行审计，同时参加logo评选。

(6) 第10天上午：企业经营结束，整理会计师事务所资料并提交，评选优秀企业、优秀服务机构及优秀员工，会计师事务所所长和审计师对实习期间的工作进行总结，为下午总结大会做准备。

(7) 第10天下午：召开实习总结表彰大会，颁发各种奖项，各机构代表做实习总结。

8.1.3 会计师事务所实习过程

熟练掌握会计师事务所的审计流程，切实履行注册会计师等审计人员的职责，充分发挥注册会计师审计的重要作用，有利于维护企业投资者或社会公众利益。作为审计小组和审计人员应认真贯彻《注册会计师法》及审计准则等，充分发挥社会审计"经济警察"和"看门人"的职能。

1. 审计业务

(1) 审计小组人员管理。

依次单击"审计""审计小组人员管理"，如图8-1、图8-2所示，新建审计小组，还可进行人员管理，如删除、修改、查看、调整人员等。

图8-1　单击"审计小组人员管理"

图8-2　新增审计小组

依次单击"审计""审计小组人员管理""小组人员管理",如图8-3所示,可为审计小组添加人员。

图8-3　添加审计小组人员

(2) 新建审计项目。

依次单击"审计""审计项目""新增",新建审计项目,如图8-4所示。

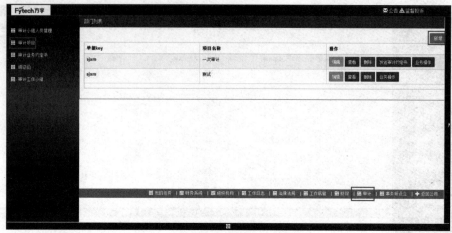

图8-4 新建审计项目

新建一个审计项目后,单击"提交",如图8-5所示。

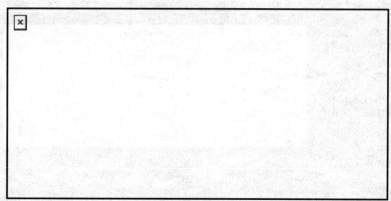

图8-5 提交新建的审计项目

(3) 签订审计业务约定书。

会计师事务所单击"发送审计约定书",并填写审计业务约定书,填写完成后单击"提交",将审计业务约定书发送给选择的企业,如图8-6所示。

注意:电子版和纸质版的审计业务约定书都需要填写。

企业在收到的审计业务约定书上签字,企业和会计师事务所各保留1份纸质版审计业务约定书。审计业务约定书的填写模板可扫描右侧二维码获取。

审计业务约定书

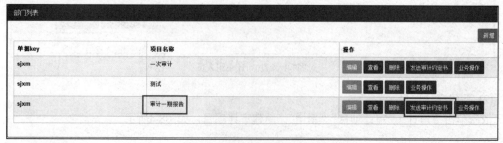

图8-6 单击"发送审计约定书"

(4) 制订年度审计计划

当企业填写完审计业务约定书后，会计师事务所依次单击"审计项目""业务操作""填写年度审计计划"，如图8-7、图8-8、图7-9所示。

注意：电子版和纸质版年度审计计划都需要填写。

图8-7 单击"业务操作"

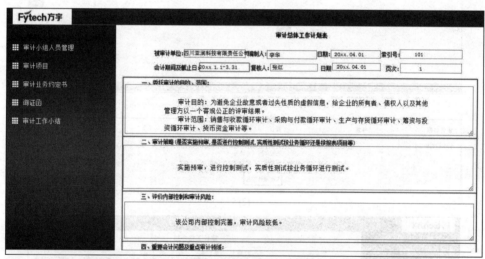

图8-8 单击"填写年度审计计划"

图8-9 编写年度审计计划

(5) 编制审计工作底稿。

依次单击"审计项目""业务操作""编制审计工作底稿"，如图8-10、图8-11所示。

注意：对企业进行审计时，纸质版和电子版审计工作底稿都需要填写。

图8-10 单击"编制审计工作底稿"

(6) 审计工作小结。完成审计工作底稿之后，需要做出电子版和纸质版的审计工作总结汇报，如图8-12所示。

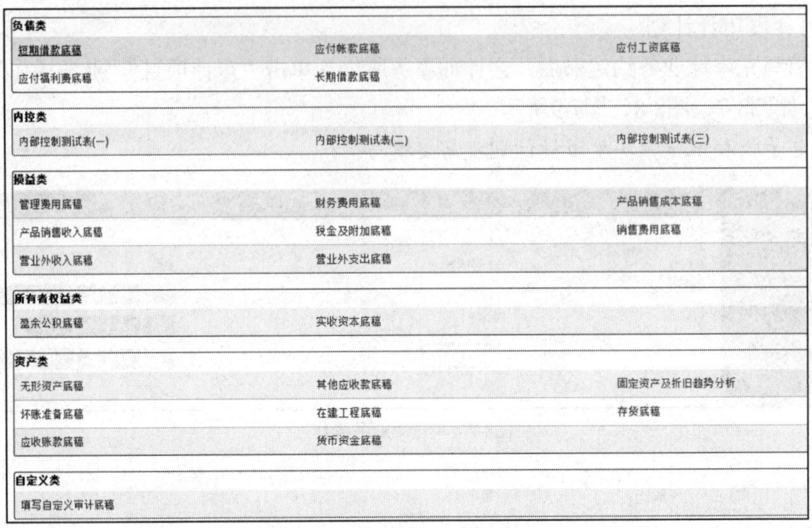

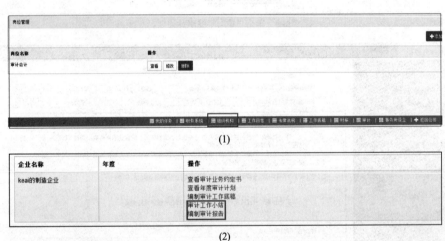

图8-11 编写审计工作底稿

(1)

(2)

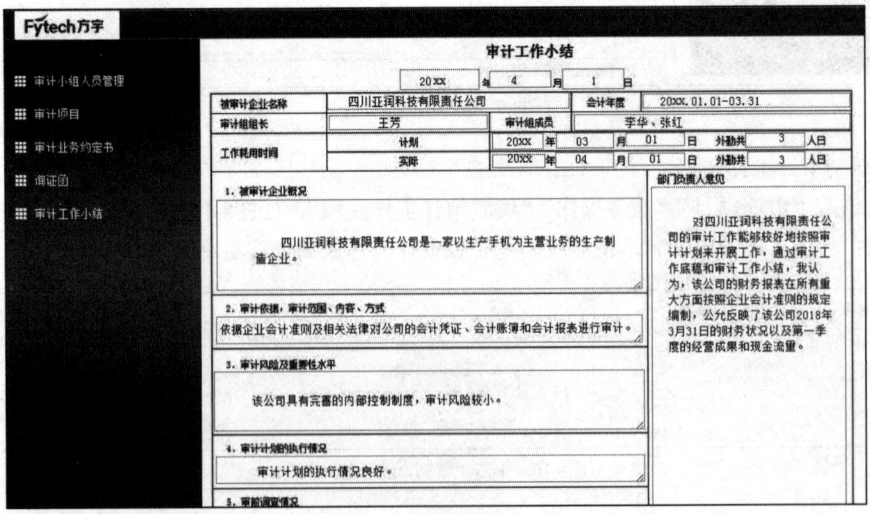

(3)

图8-12 审计工作小结

(7) 编制审计报告。完成审计工作总结汇报之后，会计师事务所需对审计企业出具审计报告，如图8-13所示，需填写纸质版和电子版审计报告，纸质版审计报告需交给企业1份，审计报告的填写模板可扫描右侧二维码获取。

审计报告

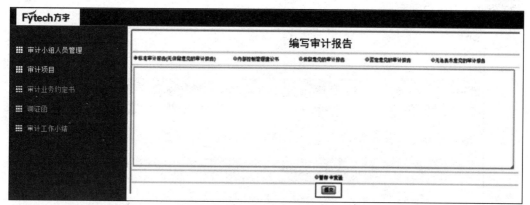

图8-13　编写审计报告

2. 工作日志管理

依次单击"工作日志""工作日志管理""新增"，将当日的工作内容编写成工作日志，如图8-14所示。

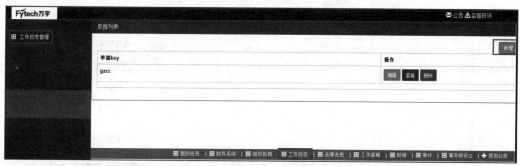

图8-14　工作日志管理

3. 组织机构设置

- 单击"组织机构"，经理将会计师事务所未分配的人员通过添加的方式分配到各个岗位，如图8-15所示。

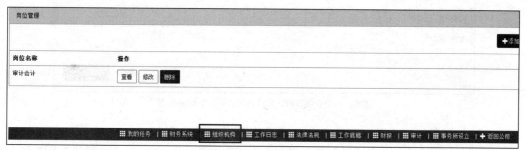

图8-16　组织机构设置

8.4.6 企业确认物流费用

1. 企业(指原材料企业、制造企业和贸易公司)领取任务

企业(指原材料企业、制造企业和贸易公司)在"未领取任务栏"领取确认物流费用,并做出处理,如图8-16、图8-17所示。

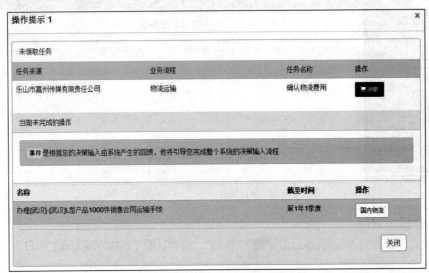

图8-16 企业领取确认物流费用任务界面

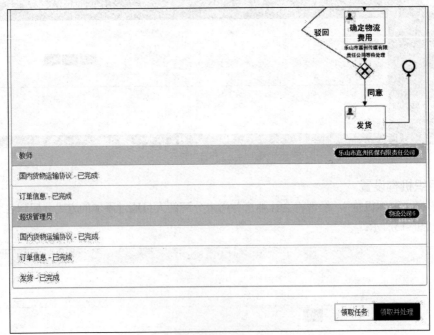

图8-17 企业领取确认物流费用任务,并做出处理

2. 企业(指原材料企业、制造企业和贸易公司)确认物流费用

企业(指原材料企业、制造企业和贸易公司)在确认物流费用无误后,企业选择同意并提交,反

之驳回，如图8-18所示。

图8-18　企业确认L产品运输物流费用，并提交给物流公司

8.2　会计核算业务规则

8.2.1　会计业务相关理论和知识

1. 企业会计岗位设置及职责——财务部

1) 财务总监

作为分管公司财务的财务总监(公司副总级别)，应严格遵守会计职业道德——爱岗敬业、诚实守信、廉洁自律、客观公正、坚持原则、提高技能、强化服务、参与管理，更应起到引领财务人员、组织团队建设的重要作用，坚持"不做假账是底线中的底线"的基本原则。

财务总监(在本次实习中，为提升实习效率，财务总监兼任公司财务机构负责人)在本次实习中的具体职能还包括：开设总分类账；审核记账凭证并编号；定期编制记账凭证汇总表(或科目汇总表)并登记总分类账；计算应交的各种税金及附加；做利润分配；编制会计报表并进行必要的财务分析。所需开设的总账科目如表8-6所示。

2) 出纳

出纳人员除遵守基本的会计职业道德之外，还更应加强、提升沟通能力，协调好与金融机构和单位员工之间的关系。出纳在本次实习中的具体职能还包括：负责办理货币资金的收付业务，建立银行存款日记账，并根据有关货币资金收付凭证逐日逐笔进行登记，每日结出金额；负责转账支票的签发，以及其他银行结算凭证的填制；在财务总监的监督下与银行对账。

3) 材料和生产成本核算

材料核算和生产成本核算涉及企业成本，直接影响利润，必须坚持实事求是、客观实际的基本原则。

(1) 材料核算：负责对在途物资、原材料的数量金额明细账(每一种材料设置一张账页)进行详细登记。

(2) 生产成本核算：负责基本生产成本核算，开设基本生产成本明细账，并按"直接材料""直接人工"和"制造费用"等成本项目设专栏进行登记；负责制造费用登记，并按产品项目进行分配。

表8-6 总账科目

分类	总账科目	分类	总账科目
资产类	库存现金	所有者权益类	实收资本
	银行存款		本年利润
	在途物资		利润分配(未分配利润)
	原材料	成本类	生产成本
	库存商品		制造费用
	应收账款		研发支出/开发支出
	其他应收款	损益类	主营业务收入
	固定资产		其他业务收入
	累计折旧		营业外收入
	在建工程		主营业务成本
	无形资产		其他业务成本
	累计摊销		销售费用
负债类	短期借款		管理费用
	应付账款		财务费用
	应付职工薪酬		营业外支出
	应交税费		所得税费用
	应付利息		
	其他应付款		
	长期借款		

4) 产成品和往来结算

产成品核算和往来结算会影响企业销售成本和收入核算、账项核对，企业在坚持成本效益为核心的基础上，应坚持可持续发展原则，追求经济效益、社会效益和生态效益的共同协调发展。

(1) 产成品核算：负责登记产成品数量金额明细账(根据产品种类)，自建产成品成本汇总表及完工产品入库表，月末计算并结转已销售产成品成本。

(2) 往来结算：负责办理企业与各方面的往来结算业务；负责与购进付款业务相关的核算，登记应付账款；负责与销售收款业务相关的核算，登记主营业务收入、应收账款。

5) 费用与工资核算和固定资产核算

费用与工资核算和固定资产核算涉及企业的费用、成本，最终影响企业利润，应坚持客观实际原则。

(1) 费用与工资核算：负责销售费用、管理费用、财务费用的凭证登记，以及生产工人、科研人员、管理人员等的工资计提。

(2) 固定资产核算：负责固定资产增减变动的核算，在建工程的核算，以及固定资产折旧的计提；登记固定资产、在建工程、累计折旧凭证，并定期与总分类账进行核对。

2. 会计核算的部分规则

(1) 需要做手工账和电子账。其中，电子账需要每个季度都做；手工账根据行业安排具体的工作量，正式运行的时候，由会计负责教师规定；试运行期间所有企业都要做手工账。

(2) 为减轻会计人员的工作量，本次实习只需登记银行存款日记账、在途物资、原材料和库存商品明细账、基本生产明细账和总账，报表只需编制资产负债表和利润表。

(3) 财务部每4个季度出具一份财务分析报告。

(4) 会计核算以季度为单位(不以月为单位)。

(5) 厂房、原材料库、产成品库、生产线的折旧期限按照40个季度计提折旧；折旧时，采用直线法，不考虑残值；从固定资产达到可使用状态开始的下个季度开始计提折旧(实务中，固定资产达到可使用状态开始的下一个月开始计提折旧，因为实习过程中是按照季度进行的，因此是达到可使用状态的当季度计提折旧还是达到可使用状态的下个季度计提折旧，请咨询指导老师)。

注意：原材料供应商生产线按5个季度计提折旧。

(6) 厂区作为"无形资产"按照10个季度分摊。

(7) 产品研发费用在研发成功以后(即形成无形资产)的当季开始按10个季度分摊。

(8) 每一季度末应将"制造费用"按产品数量分摊到"生产成本"中。"制造费用"期末余额应为0。

(9) 发出存货的计价方法采用先进先出法。

(10) 原材料核算采用实际成本法。

(11) 会计核算采用科目汇总表账务处理程序。

(12) 增值税和所得税税率以当时税务局规定的实际税率为准。

3. 制造、贸易、供应商企业会计核算具体内容

经济循环系统涉及原材料供应商、设备租赁公司、制造企业、贸易公司、物流公司、金融机构、会计师事务所、税务部门等单位或部门。做好各单位或各单位相关业务的会计核算工作，是企业管理的一项基本内容。各单位或单位财务部门需严格贯彻执行《中华人民共和国会计法》《企业会计准则》等法律法规，做到客观实际、真实可靠。

1) 企业注资成立公司

企业成立之前，要花费一定费用，如办理营业执照、税务登记证、验资等，由于系统无法扣除，所以该部分业务省略。

公司注册完成后，CEO会开具一张转账支票，正联交给出纳，再由出纳填进账单去银行办理转账业务，银行盖章后将转账进账单第1、3联交给出纳，以此作为原始凭证。编制如下会计分录：

借：银行存款
　　贷：实收资本

与系统中虚拟供应商交易，在填写转账支票和增值税专用发票时的收款人或销货单位为"系统"。

2) 购买厂区的处理

购买厂区时，编制如下会计分录：

借：无形资产
　　应交税费——应交增值税(进项税额)
　　贷：银行存款

扩建厂区的处理同上，厂区增值税税率按土地使用权当时实际税率计算。

注意：厂区从购买当季开始按10个季度分摊，贸易公司、物流公司计入管理费用，原材料供应商、制造企业计入制造费用。

3) 购买厂房、仓库、生产线的处理

注意：购买的生产线需一次性支付全部价款，并需注意是否需要安装。劳动密集型生产线和半

自动生产线安装周期为0,全自动生产线和柔性生产线安装周期为1。
(1) 购买厂房、仓库及不需要安装的生产线时,编制如下会计分录:
借:固定资产
　　应交税费——应交增值税(进项税额)
　　贷:银行存款
(2) 购入需要安装的生产线时,编制如下会计分录:
借:在建工程
　　应交税费——应交增值税(进项税额)
　　贷:银行存款
(3) 下季度生产线安装完成后,编制如下会计分录:
借:固定资产
　　贷:在建工程
厂房、原材料库、产成品库增值税税率按不动产税率计算,生产线增值税税率按动产税率计算。

4) 计提固定资产折旧费的处理

厂房、原材料库、产成品库、生产线的折旧期限按照40个季度计提折旧;折旧时,按直线法,不考虑残值,从固定资产达到可使用状态开始的下个季度开始计提折旧。
(1) 计提厂房、生产线折旧时,编制如下会计分录:
借:制造费用
　　贷:累计折旧
(2) 计提原材料仓库、产成品仓库的折旧时,编制如下会计分录:
借:管理费用
　　贷:累计折旧

5) 租金的处理

租赁的原材料库和产成品库,其租金的处理方式为:本期的租赁费在下个季度支付,原材料库和产成品库的租赁费计入"管理费用"。由于租赁期限较短,本次实习不确认使用权资产和租赁负债,按短租赁进行账务处理,主要目的是简化核算程序和内容,降低实习中租赁核算的难度。
(1) 当季计提租金时,编制如下会计分录:
借:管理费用
　　贷:其他应付款
(2) 下一季度实际支付时,编制如下会计分录:
借:其他应付款
　　贷:银行存款

6) 维护费的处理

本季度发生的维护费用在下一季度支付,购买仓库的维护费都计入"管理费用"。
(1) 当季计提维护费时,编制如下会计分录:
借:管理费用
　　贷:其他应付款
(2) 下个季度实际支付时,编制如下会计分录:
借:其他应付款
　　贷:银行存款

7) 购入原材料时的账务处理

注意:

① 经营规则中规定的单价是一般为含税价。

② 在实习过程中,采购材料时采用实际成本法做账,根据货物是否达到,款项是否支付的实际情况进行做账。

③ 增值税专用发票本应由销售方开具,但原材料企业从系统购入原材料,由于系统是虚拟的,所以无法开具发票,须由企业代开,留下第二、三两联。

(1) 购入原材料时,编制如下会计分录:

借: 在途物资——M1
　　应交税费——应交增值税(进项税额)
　贷: 银行存款

(2) 下个季度原材料入库时,编制如下会计分录:

借: 原材料——M1
　贷: 在途物资——M1

(3) 紧急采购原材料时,编制如下会计分录:

借: 原材料——M1
　　应交税费——应交增值税(进项税额)
　贷: 银行存款

8) 企业生产产品的账务处理。

(1) 企业生产L产品的账务处理,编制如下会计分录:

　a. 领用原材料时:

　借: 生产成本——L产品
　　贷: 原材料

　b. 耗用生产工人工资:

　借: 生产成本——L产品
　　贷: 应付职工薪酬

　c. 每季度末分配制造费用:

　借: 生产成本——L产品
　　贷: 制造费用(由制造费用分配而来)

　d. 产品完工入库时:

　借: 库存商品——L产品
　　贷: 生产成本——L产品[a~c项生产成本的合计数]

(2) 企业生产H产品的账务处理,编制如下会计分录:

　a. 领用L产品:

　借: 生产成本——H产品
　　贷: 库存商品——L产品

　b. 耗用生产工人工资:

　借: 生产成本——H产品
　　贷: 应付职工薪酬

　c. 领用原材料时:

借：生产成本——H产品
  贷：原材料——M1

d. 每季度末分配制造费用：

借：生产成本——H产品
  贷：制造费用(由制造费用分配而来)

注意：若本季度只生产一种产品，则将本季度的"制造费用"全部计入该产品的"生产成本"；若本季度生产几种产品，则将本季度的"制造费用"按产品数量进行分配后计入每种产品的"生产成本"。

e. 产成品入库时：

借：库存商品——H产品
  贷：生产成本——H产品[a～d项生产成本的合计数]

f. 制造费用分摊方法：按产品数量进行分配。假设L型产品件数为A，H型产品件数为B，则：

$$L型制造费用 = \frac{所有借方制造费用}{(A+B)} \times A$$

借：生产成本——L产品
  贷：制造费用——L产品

$$H型制造费用 = \frac{所有借方制造费用}{(A+B)} \times B$$

借：生产成本——H产品
  贷：制造费用——H产品

9) 采购产成品的账务处理

注意：增值税专用发票若从系统购入，则由企业代开；若从企业购入，则由销售方开。

借：库存商品
  应交税费——应交增值税(进项税额)
  贷：银行存款

10) 销售产成品的账务处理

系统提供的数据是含税价，所以需要自行计算出价款和税款。

注意：

① 不含税价款＝含税价/(1＋税率)；

② 企业卖给企业，于本季收款(计入银行存款)；企业卖给"系统"，于下个季度收款(计入应收账款)；

③ 原始凭证包括增值税专用发票销售方记账联，如果已收到银行存款，则应有经银行盖章的进账单。

(1) 销售商品时，编制如下会计分录：

借：银行存款/应收账款
  贷：主营业务收入
    应交税费——应交增值税(销项税)

(2) 可以同时结转销售成本(可以逐笔结转，也可以在季度末汇总一次性结转；在实务中，一般在季度末汇总一次性结转)：

注意：结转的销售成本是成本价，不是销售价；原始凭证是产成品出库单。

借：主营业务成本

　　贷：库存商品

提示：7)~10)指企业"供产销"的过程，制造企业会计人员在核算过程中不可遗漏生产环节；注意强调原始凭据的取得、传递，如表8-7所示。

表8-7 供产销过程核算及其原始凭证汇总表

业务流程	会计分录	所需要的原始凭证及取得途径
供应环节	购进原材料时： 借：在途物资 　　应交税费—应交增值税(进项税) 　　贷：银行存款	(1) 购进材料发票，可以由CEO指定某位员工以虚拟身份给本企业开具发票； (2) 银行存款付款凭证(如转账支票存根)
	材料入库时： 借：原材料 　　贷：在途物资	材料收料单(即验收单，由材料库保管员提供)
生产环节	产品成本的发生及归集(实务中，分三笔分录分别编制记账凭证)： 借：生产成本——LA 　　　　　　——LB 　　贷：原材料(材料的出库) 　　　　应付职工薪酬(工资的计提/分配) 　　　　制造费用(制造费用的分配)	(1) 材料领料单(由材料库保管员填列并提供)； (2) 工资单(企业人事处提供，会计汇总)； (3) 制造费用分配表(会计自己归集并分配)
	产品完工入库时： 借：库存商品——LA 　　　　　　——LB 　　贷：生产成本——LA 　　　　　　　——LB	(1) 产品入库单(由企业产品库保管员提供)； (2) 产品成本计算单(会计归集并提供)
销售环节	收款或赊销时： 借：银行存款/应收账款 　　贷：主营业务收入 　　　　应交税费——应交增值税(销项税)	(1) 进账单(由会计到银行办理)； (2) 销售发票记账联(会计填列并提供)
	同时或期末结转销售成本时： 借：主营业务成本 　　贷：库存商品	产成品出库单(由成品库保管员填列并提供)
说明	生产环节是产品成本核算的过程，不可遗漏或随意填列数据	

11) 研发支出的账务处理。

(1) 发生研发支出时，编制如下会计分录：

借：研发支出

　　贷：银行存款/应付职工薪酬

(2) 研发成功时，编制如下会计分录：

借：无形资产

　　贷：研发支出

(3) 研发失败时，编制如下会计分录：
借：管理费用
　　贷：研发支出
(4) 进行无形资产摊销时，编制如下会计分录：
借：制造费用
　　贷：累计摊销

注意：产品研发费用从研发成功的当季开始按10个季度分摊。

12) 市场宣传、市场开拓费用的账务处理

在市场规则中，因市场宣传、市场开拓而发生的费用，视同销售费用，于当季度付款，编制如下会计分录：

借：销售费用
　　贷：银行存款

13) 企业发生的资质认证费用的账务处理

资质认证费用于当季支付，编制如下会计分录：

借：管理费用
　　贷：银行存款

14) 企业支付给物流公司的运费、保险费的账务处理

企业支付给物流公司的运费和保险费，需考虑进项税抵扣问题，税率以当时实际税率为准，编制如下会计分录：

借：销售费用
　　应交税费——应交增值税(进项税额)
　　贷：银行存款

15) 企业不能按时交付订单，系统扣除20%违约金的账务处理

其手续费按照违约金处理，编制如下会计分录：

借：营业外支出
　　贷：银行存款

16) 关于贷款的账务处理

(1) 取得银行借款时，编制如下会计分录：

借：银行存款
　　贷：长期借款/短期借款

(2) 关于贷款利息的处理，编制如下会计分录：

贷款利息下个季度初支付上个季度的利息。因系统采用一次还本分次付息方式，故长期借款利息通过"应付利息"科目核算。

a. 季度末计提贷款利息时：
借：财务费用
　　贷：应付利息

b. 下个季度初支付贷款利息时：
借：应付利息
　　贷：银行存款

(3) 归还银行借款时，编制如下会计分录：

借：长期借款/短期借款
  贷：银行存款

17) 产成品及原材料库存管理费的账务处理

借：管理费用
  贷：银行存款

18) 企业招聘员工招聘费用的账务处理

企业招聘科研人员、管理人员、生产工人等发生的招聘费用于当季支付。

借：管理费用
  贷：银行存款

19) 工资的账务处理

根据经营规则，期末先计提工资，下个季度系统扣除工资。同时，CEO招聘的员工(现实中的员工)不用计提工资。

(1) 当季计提工资时，编制如下会计分录：

借：研发支出(研发人员的工资)
  管理费用(管理人员的工资)
  销售费用(销售人员的工资)
  生产成本(车间生产工人的工资)
  制造费用(车间管理人员(如车间主任等)的工资)
  贷：应付职工薪酬

(2) 下个季度系统扣除工资时，编制如下会计分录：

借：应付职工薪酬
  贷：银行存款

(3) 解聘员工支付额外的工资时，编制如下会计分录：

借：管理费用
  贷：银行存款

20) 审计费用的账务处理(审计费用是否计提以实际情况为准)

借：管理费用
  贷：银行存款

21) 期末结转收入类账户的账务处理

借：主营业务收入
  其他业务收入
  营业外收入
  贷：本年利润

22) 期末结转费用类账户的账务处理

借：本年利润
  贷：主营业务成本
    其他业务成本
    营业外支出
    管理费用

财务费用
　　销售费用
　　税金及附加

23) 期末企业所得税费用的账务处理

(1) 计提所得税费用时(本季度业务)，编制如下会计分录：

借：所得税费用
　　贷：应交税费——应交所得税

(2) 结转所得税费用时(本季度业务)，编制如下会计分录：

借：本年利润
　　贷：所得税费用

(3) 实际交税时(下个季度的业务)，编制如下会计分录：

借：应交税费——应交所得税
　　贷：银行存款

【注意】

① 在本次实习的账务处理中，"本年利润"不转入"利润分配"，即不分配，目的是减轻会计人员核算压力。

② 23)中的第1、2两笔业务在当季必须填制相关记账凭证，并在报表里面反映，实际支付税费的第3笔业务在下一季度完成。

③ 所得税的计算。若本季度利润总额为负数，则不用缴纳所得税(如第1、3季度)；本季度利润总额为正数，则先要看以前季度的亏损是否弥补完，若弥补完后为正数，则根据正数部分纳税(如第2、5季度)，若弥补后为负数，则不纳税(如第4季度)。具体实例如表8-8所示。

表8-8　所得税计算举例　　　　　　　　　　　　　　　　　　(单位：万元)

	本季			累计		
	利润总额	所得税	净利润	利润总额	所得税	净利润
第1季度	-1 000	0	-1 000	-1 000	0	-1 000
第2季度	2 000	250	1 750	1 000	250	750
第3季度	-800	0	-800	200	250	-50
第4季度	600	0	600	800	250	550
第5季度	1 000	200	800	1 800	450	1 350

　　本季累计净利润＝上个季度的累计净利润＋本季净利润
　　本季累计所得税＝上个季度的累计所得税＋本季所得税

(4) 所得税计算结果务必保留整数，否则系统中填写的支票无法提交。

24) 期末企业增值税的账务处理

(1) 月末，增值税计算为应交时，编制如下会计分录：

借：应交税费——应交增值税(转出未交增值税)
　　贷：应交税费——未交增值税

(2) 次月缴税时，编制如下会计分录：

借：应交税费——未交增值税
　　贷：银行存款

4. 物流公司会计核算具体内容

(1) 企业注资成立公司时，与"3. 制造、贸易、供应商企业会计核算具体内容1)"相同。

(2) 购买土地的账务处理。购买需一次性付款，支付后立即投入使用，编制如下会计分录。

借：无形资产
　　应交税费——应交增值税(进项税额)
　　贷：银行存款

注意：土地使用权增值税税率按当时实际税率计算，从购买当季开始按10个季度分摊。

(3) 购买汽车的账务处理。购买需一次性付款，支付后立即投入使用，编制如下会计分录。

借：固定资产
　　应交税费——应交增值税(进项税额)
　　贷：银行存款

(4) 自建原材料仓库、产成品仓库的账务处理，可编制如下会计分录。

借：固定资产
　　应交税费——应交增值税(进项税额)
　　贷：银行存款

(5) 计提固定资产折旧费的账务处理。

① 计提原材料库、产成品库的折旧费时，编制如下会计分录。

借：管理费用
　　贷：累计折旧

② 计提汽车的折旧费时，编制如下会计分录。

借：管理费用
　　贷：累计折旧

(6) 无形资产(厂区)摊销的账务处理，可编制如下会计分录。

借：管理费用
　　贷：累计摊销

(7) 汽车保险费的账务处理，可编制如下会计分录。

借：管理费用
　　贷：银行存款

(8) 租金的账务处理。网点租赁仓库，原材料库和产成品库的租赁费计入"管理费用"。不同的仓库，分别做记账凭证；本季度租赁费在下个季度支付。

① 当季计提租金时，编制如下会计分录。

借：管理费用
　　贷：其他应付款

② 下一季度实际支付时，编制如下会计分录。

借：其他应付款
　　贷：银行存款

(9) 维护费的账务处理。本季度发生的维护费用在下一季度支付，仓库、网点的维护费都计入

"管理费用"。

① 当季计提维护费时,编制如下会计分录。

借: 管理费用
　　贷: 其他应付款

② 下一季度实际支付时,编制如下会计分录。

借: 其他应付款
　　贷: 银行存款

(10) 业务拓展,开发网点的账务处理。

① 网点在建时,编制如下会计分录。

借: 在建工程
　　应交税费——应交增值税(进项税额)
　　贷: 银行存款

② 网点建成时,编制如下会计分录。

借: 固定资产
　　贷: 在建工程

(11) 司机工资及福利费的账务处理。

① 计提时,编制如下会计分录。

借: 管理费用
　　贷: 应付职工薪酬

② 支付时,编制如下会计分录。

借: 应付职工薪酬
　　贷: 银行存款

(12) 运输汽车的油费、过路费的账务处理,编制如下会计分录。

借: 主营业务成本——油费
　　　　　　　　——过路费
　　应交税费——应交增值税(进项税额)
　　贷: 银行存款

(13) 运输收入的账务处理,编制如下会计分录。

借: 银行存款
　　贷: 主营业务收入——运输费
　　　　其他业务收入——运输保险费
　　　　应交税费——应交增值税(销项税额)

(14) 审计费用的账务处理,编制如下会计分录。

借: 管理费用
　　贷: 银行存款

(15) 期末结转收入类账务账户的账务处理,与"3. 制造、贸易、供应商企业会计核算具体内容21)"相同。

(16) 期末结转费用类账户的账务处理,与"3. 制造、贸易、供应商企业会计核算具体内容22)"相同。

(17) 期末企业所得税费用的账务处理,与"3. 制造、贸易、供应商企业会计核算具体内容

23)"相同。

(18) 期末企业增值税的账务处理,与"3. 制造、贸易、供应商企业会计核算具体内容24)"相同。

5. 科目汇总表账务处理程序的流程

在科目汇总表账务处理程序下,账务处理一般按下列步骤进行(见图8-19):

① 根据原始凭证或汇总原始凭证编制记账凭证;

② 根据收款凭证、付款凭证逐笔登记现金日记账和银行存款日记账(实务中可能不划分收款凭证、付款凭证,而统一采用记账凭证,即实务中可能简化处理);

③ 根据原始凭证、汇总原始凭证和记账凭证登记各种明细分类账;

④ 根据各种记账凭证编制科目汇总表;

⑤ 根据科目汇总表登记总分类账;

⑥ 期末,现金日记账、银行存款日记账和明细分类账的余额同有关总分类账的余额核对相符;

⑦ 期末,根据总分类账和明细分类账的记录,编制会计报表。

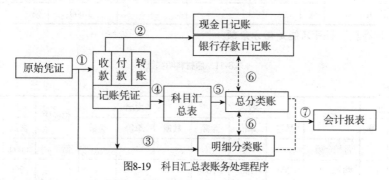

图8-19　科目汇总表账务处理程序

6. 部分会计单据的填写举例

下面简要介绍会计处理过程中相关会计单据的填写,如表8-9～表8-13所示。

表8-9　记账凭证

20××年03月03日　　　　　　　　　　　　　　记字305号

摘　要	科　目		借方金额	贷方金额	√	
	总账科目	明细科目				
销售乙产品	银行存款	基本存款户(工行)	150 290.00			附单据贰张
	主营业务收入			133 000.00		
	应交税费	应交增值税(销项税)		17 290.00		
合　计			¥150 290.00	¥150 290.00		

会计主管:　　　记账:　　　审核:　　　出纳:　　　制单:王灿

表8-10 银行存款日记账

20XX年		凭证编号	摘要	对方科目	借方	贷方	借或贷	余额
月	日							
1	1		月初余额				借	300 000
1	8	记103	购买原材料			34 000	借	266 000
1	8	记104	购买原材料			5 780	借	260 220
1	10	记105	支付电费			1 600	借	258 620
1	10	记106	支付电费			400	借	258 220
1	16	记107	销售产品		72 000		借	330 220
1	16	记108	销售产品		12 240		借	342 460
1	18	记109	收回账款		52 650		借	395 110
1	20	记110	支付应付款			32 760	借	362 350
1	31		本月合计		136 890	74 540		362 350
			结转下月				借	362 350
2	1	记201	支付水费			1 000	借	361 350

注意: "银行存款"科目只能是借方余额。

表8-11 原材料明细账

材料名称:甲材料　　　　　　　　　　　　　　　　　　　　　　　　　　　计量单位:千克

20XX年		凭证		摘要	收入			发出			借或贷	结存		
月	日	字	号		数量	单价	金额	数量	单价	金额		数量	单价	金额
1	1			月初余额							借	1 000	140	140 000
1	4	记	102	购入	200	140	28 000				借	1 200	140	168 000
1	24	记	109	生产领用				600	140	84 000	借	600	140	84 000
1	31			本月合计	200	140	28 000	600	140	84 000		600	140	84 000
				结转下月							借	600	140	84 000
2	4	记	212	购入	200	140	28 000				借	800	140	112 000

表8-12 基本生产明细账

20XX		凭证		摘要	半成品	直接材料	直接人工	制造费用	合计
月	日	字	号						
1	1	记	107	领料		200 565.70			200 565.70
1	20	记	120	领用半成品L	20 000.00				20 000.00
1	23	记	122	生产工人工资			12 800.00		12 800.00
1	31	记	125	分摊制造费用				11 840.00	11 840.00
1	31	记	127	结转完工产品成本	20 000.00	200 565.70	12 800.00	11 840.00	24 5205.70

表8-13　总账

会计科目：银行存款

20XX年		凭证		摘要	借方	贷方	借或贷	余额
月	日	字	号					
1	1			月初余额			借	2 000
1	31	科汇	1	1月发生额	40 000	20 000	借	22 000
1	31			本月合计	40 000	20 000	借	22 000
2	1			结转下月			借	22 000
2	28	科汇	2	2月发生额	20 000	10 000	借	32 000
2	28			本月合计	20 000	10 000	借	32 000
3	1			结转下月			借	32 000
3	31	科汇	3	3月发生额	15 000	4 000	借	43 000
3	31			本月合计	15 000	4 000	借	43 000
3	31			本季合计	75 000	34 000	借	43 000
4	1			结转下月			借	43 000
4	30	科汇	4	4月发生额	30 000	10 000	借	63 000
4	30			本月合计	30 000	10 000	借	63 000
5	1			结转下月			借	63 000

7. 会计业务处理提示

(1) 季度初会计业务处理提示(与上个季度有衔接的业务)，包括：支付利息(上个季度计提数)；支付工资(上个季度计提数)；支付维护费(上个季度计提数)；支付所得税(上个季度应交所得税金额)；收回上个季度应收账款；支付上个季度事务所审计费用；上个季度在途物资验收入库，转为原材料；上个季度在建工程完工转为固定资产；上个季度生产的产品完工入库，转入"库存商品"科目。

(2) 季度中会计业务处理提示，包括：

① 购买厂区、厂房、生产线、仓库、原材料等；

② 招聘员工支付招聘费及计提工资的处理；

③ 贷款业务的会计处理；

④ 生产成本核算(本季度生产产品的成本)；

⑤ 销售商品确认销售收入；

⑥ 结转当季销售产品的成本；

⑦ 支付物流费(销售一批商品就会涉及⑤、⑥、⑦三笔业务，请将这三笔业务放在一起)；

⑧ 研发费用的处理；

⑨ 市场开拓费的处理；

⑩ ISO资质认证费的处理、违约金的支付。

(3) 季度末会计业务处理提示，包括：计提折旧费，对无形资产进行摊销，计提利息，计提工资，计提维护费，制造费用结转生产成本，结转损益等。若当季净利润为正数，还要累计净利润是否为正，确定是否应该缴纳所得税，如需缴纳所得税，则需增加两张记账凭证，即：

借：所得税费用
　　贷：应交税费——应交所得税

同时将所得税费用转入本年利润账户，即：

借：本年利润
　　贷：所得税费用

8. 装订要求

会计档案是总结经验、揭露责任事故、打击经济领域犯罪、分析和判断事故原因的重要依据，也是了解单位各项经济业务的来龙去脉，检查单位是否遵守财经纪律的重要依据。因此，做好会计档案的装订和保管在实务中具有重要意义。

(1) 会计凭证的要求具体如下：

① 可以一个季度装订成一本，也可以两个季度装一本，这由厚度决定；

② 科目汇总表放在每个季度记账凭证最前面；

③ 需在记账凭证封面上写明填写规范。

(2) 会计账簿的要求具体如下：

① 按总账、数量金额式明细账、银行存款日记账、基本生产明细账这样的顺序整理账簿。

② 账簿启用表这一页放在总账之前。

③ 所有账簿装订成1本。

注意：在实际操作中，每类账簿是单独进行装订的，本次实习中因账页不多，故不分类装订。

(3) 会计报表的要求是：资产负债表和利润表装订成一本，装订时按时间先后顺序，先放每个季度(季末)的资产负债表，再放每个季度的利润表。

8.2.2 会计业务实习任务及实习安排

1. 实习任务

1) 会计核算

公司注册成立后，企业的会计人员应在财务总监的带领下做好会计的岗位分工，每季度完成如下会计核算业务：

(1) 完成各种原始凭证的填写；

(2) 根据发生的原始凭证填写正确的记账凭证；

(3) 根据填好的记账凭证逐笔登记银行存款日记账；

(4) 根据原始凭证、汇总原始凭证和记账凭证登记各种明细分类账(为减轻会计人员的工作量，本次实习只需登记在途物资、原材料和库存商品明细账、基本生产明细账)；

(5) 根据各种记账凭证编制科目汇总表；

(6) 根据科目汇总表登记总分类账；

(7) 期末，银行存款日记账和明细分类账的余额同有关总分类账的余额核对相符；

(8) 期末，根据总分类账和明细分类账的记录，编制会计报表。

本次实习需同时做手工账和电算化账，手工账需提供记账凭证、在途物资、原材料和库存商品明细账、基本生产明细账、科目汇总表、总分类账、资产负债表和利润表。

2) 审计业务

公司每个季度经营结束后，都需编制出资产负债表和利润表，首先在现代企业运作综合实习系统里进入会计师事务所录入两张报表数据并提交，然后由会计人员带上纸质版记账凭证、在途物资、原材料和库存商品明细账、基本生产明细账、科目汇总表、总分类账、资产负债表和利润表去会计师事务所进行审计，由会计师事务所出具相应的审计报告。

3) 纳税申报

公司每个季度经营结束后，都需进行纳税申报。会计人员去会计师事务所做完审计业务后，需回到公司进入现代企业运作综合实习系统里进入税务局进行纳税申报，然后由会计人员带上会计师事务所出具的审计报告、资产负债表、利润表和增值税专用发票抵扣联到税务局进行企业所得税和增值税的纳税申报。

照章纳税是企业的义务和责任之一，因此企业日常核算中应做好纳税申报工作。

4) 银行业务

(1) 企业出纳人员要负责转账支票的签发及其他银行结算凭证的填制，在财务总监的监督下与银行对账。

(2) 企业会计人员要负责去银行办理银行贷款业务。

5) 出具财务分析报告

财务部每4个季度需出具一份财务分析报告，财务分析报告具体要求见第三篇。

6) 资料的装订及提交

整个综合实习经营结束后，会计人员需按照会计凭证、账簿和报表的装订要求对其进行装订，整理好后交给指导老师归档。

2. 实习安排

(1) 第1天上午：做实习动员，实习生竞聘CEO，做好招聘培训及相关准备工作。

(2) 第1天下午：企业招聘，场地进驻，做财务培训，领取实习用品。

(3) 第2天：做工作内容培训、公司注册培训，协助CEO完成公司注册。

(4) 第3~4天：公司试运行阶段，财务总监制订财务计划，合理进行会计的岗位分工，完成每个季度的会计核算、审计业务和纳税申报工作。

(5) 第5~9天：公司正式运行阶段，根据工作需要调整岗位分工，加强部门间的沟通与交流，完成每个季度的会计核算、审计业务和纳税申报工作。

(6) 第10天上午：企业经营结束，按照会计凭证、账簿和报表的装订要求对其进行装订，整理好后交给指导老师归档，并对会计工作进行总结，为下午总结大会做准备。

(7) 第10天下午：召开实习总结表彰大会，颁发各种奖项，各机构代表进行实习总结。

8.2.3 会计业务实习过程——金蝶KIS学生操作指南

金蝶KIS是会计信息化发展过程中的载体，目的是提升会计核算、经营管理的效率。熟练应用该系统，不仅是企业实务发展的客观需求，也是贯彻财政部下发的《会计信息化发展规划(2021—2025年)》的要求，有利于深入推动单位业财融合和会计职能拓展，有利于加强会计信息安全和会计信息监管。

1. 进入金蝶账套

(1) 单击金蝶KIS主控台，选择服务器和账套名称，如图8-20所示。

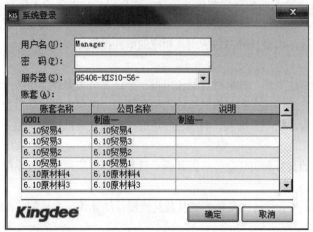

图8-20　金蝶KIS主控台

(2) 执行"系统—KIS主界面"命令，显示KIS主界面，如图8-21所示。

图8-21　金蝶KIS主界面

2. 账套初始化

1) 设置账套参数

(1) 单击"客户端""登录金蝶软件""基础设置""系统参数""系统信息"，输入公司的资料信息。人民币为本位币，小数位两位，单击"确定"后，不允许修改，如图8-22所示。

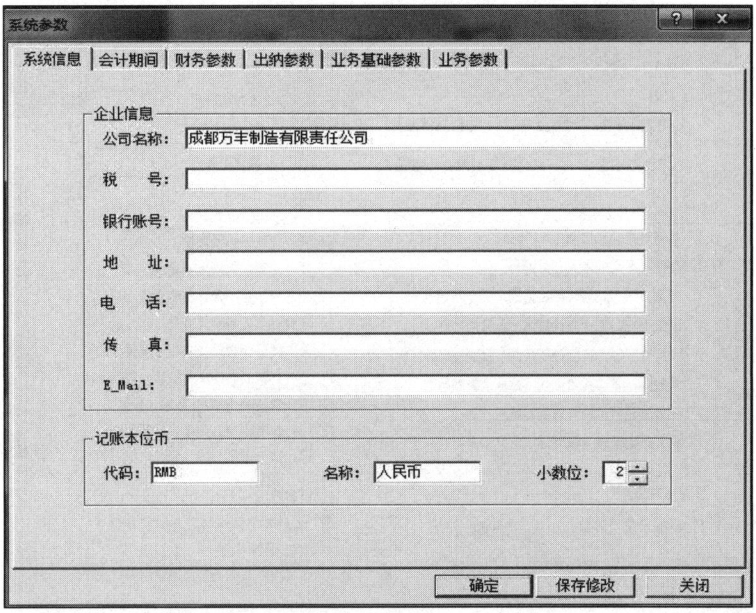

图8-22 基本信息

(2) 单击"会计期间"页签,进行会计期间的设置。实习中采用"自然年度会计期间",会计期间数为"12",单击"确认",完成会计期间的设置,如图8-23所示。

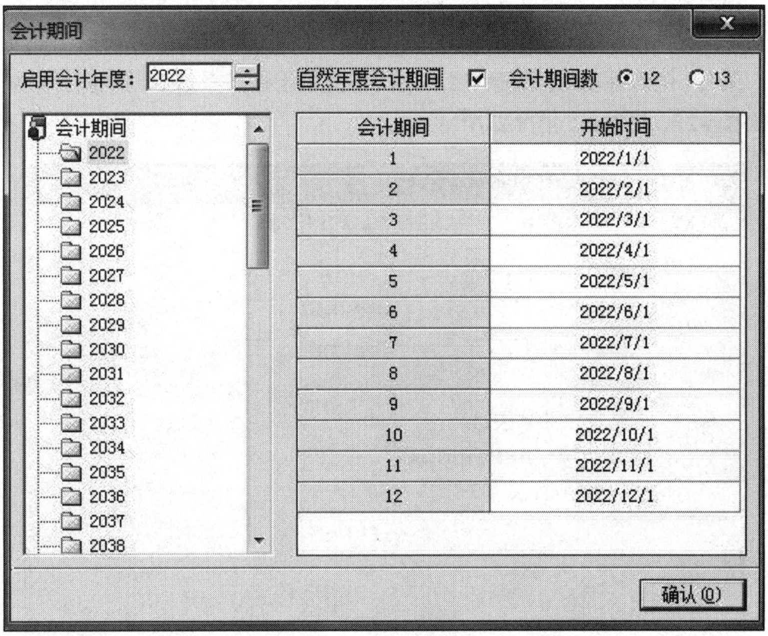

图8-23 会计期间

(3) 单击"财务参数"页签,输入公司的资料信息,包括初始参数、财务参数、固定资产参数和工资参数,根据企业实际业务选择相应的参数,如图8-24所示。

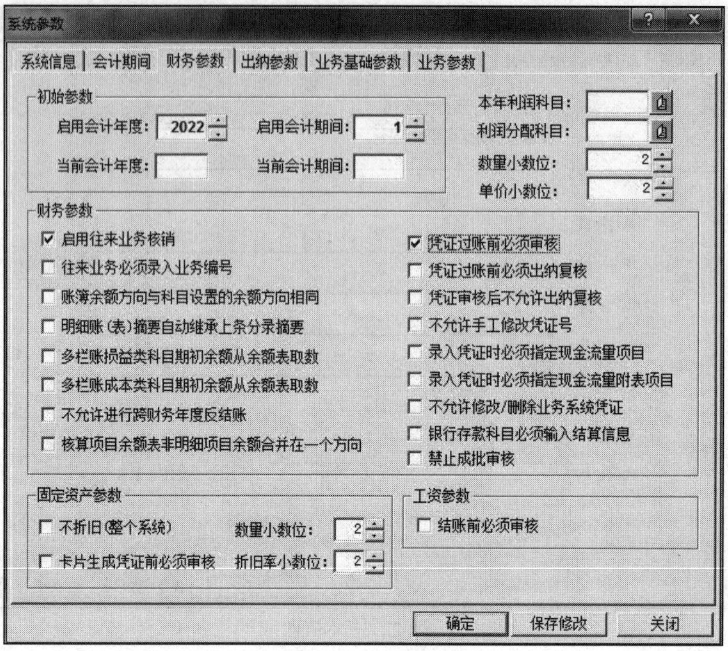

图8-24 财务参数

注意：科目引入后要返回"系统参数"界面下的"财务参数"页签，完成对"本年利润"科目和"利润分配"科目的选择。

(4) 出纳参数和业务参数的设置同财务参数，需要注意的是启用年度和启用期间一经设定后是不允许修改的。另外，出纳和业务系统的启用期间不能早于财务系统启用期间。系统参数设置界面相关操作页签如图8-25、图8-26、图8-27所示。

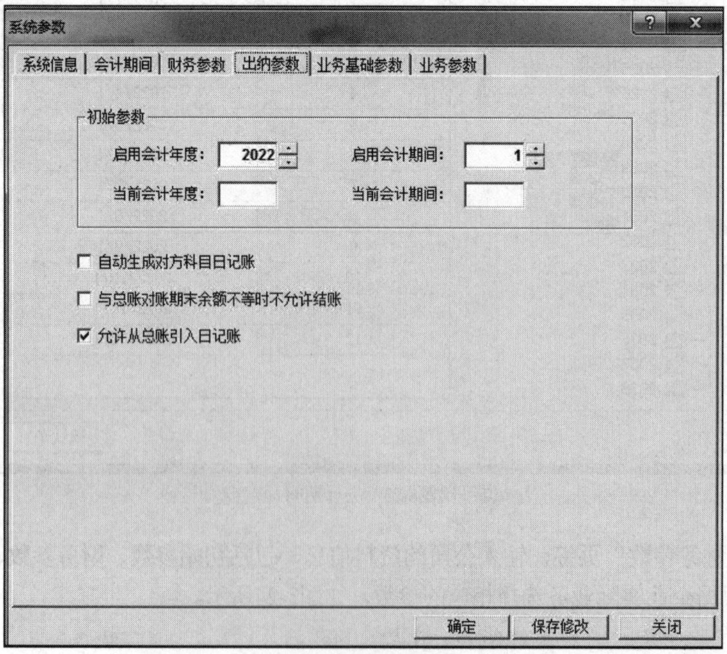

图8-25 出纳参数

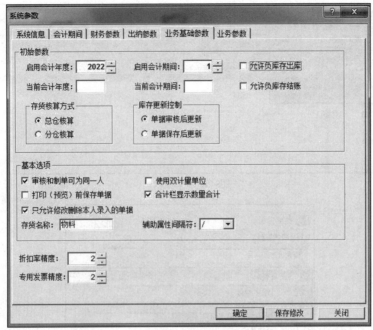

图8-26 业务基础参数

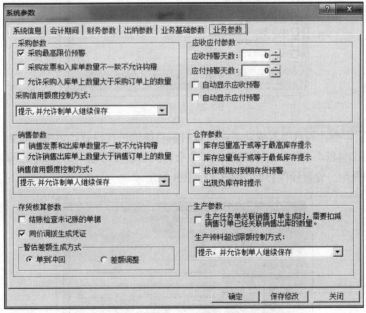

图8-27 业务参数

2) 基础资料设置

(1) 从模板中引入会计科目(新会计准则制度)。依次单击"基础设置""会计科目""文件""从模板中引入科目",进入科目模板界面后选择"新会计准则科目",然后单击"引入",进入引入科目界面,依次单击"全选""确定",如图8-28、图8-29所示。图8-28中光标指向的部分为KIS专业版10.0新增的参数设置。

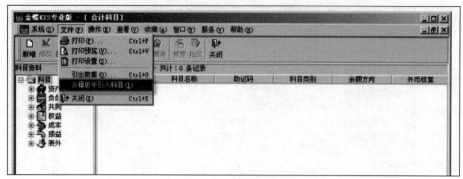

图8-28 科目引入1

图8-29 科目引入2

(2) 科目设置。会计科目引入成功后，可以对科目属性进行设置，包括：是否选择数量金额辅助核算、增加明细科目、下挂核算项目等。一个会计科目最多可以同时挂4个核算项目。明细科目的设置后面单独介绍，设置操作界面如图8-30、图8-31所示。

图8-30 科目设置

图8-31 核算项目设置

(3) 增加凭证字为"记"字。依次单击"基础设置""凭证字""新增",进入新增凭证字界面后输入凭证字"记"字后,单击"确定",如图8-32所示。

说明:"科目范围"非必录项目,但是用户如加以设定,则系统会在保存凭证时自动进行对照检查,以防出错。

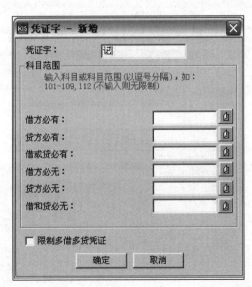

图8-32 新增凭证字

(4) 增加1个计量单位组及相应组里的计量单位。
- 依次单击"基础设置""计量单位""新增",进入新增计量单位组界面,输入"数量组"后单击"确定",如图8-33所示。
- 单击"数量组内容",进入新增计量单位界面,新增代码和名称后单击"确定",如图8-34所示。

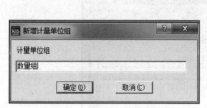
图8-33　新增计量单位组

图8-34　新增计量单位

(5) 增加支票结算方式。依次单击"基础设置""结算方式""新增",新增支票结算方式信息,如表8-14所示,输入完成后单击"确定"。

表8-14　支票结算方式信息

代码	名称	科目代码
JF06	转账支票结算	1002.01

3) 用户管理

(1) 新建用户。依次单击"用户管理""新建用户",在新增用户界面输入用户姓名、密码及确认密码后单击"确定",如图8-35所示。

(2) 用户授权。单击"用户管理",选择要授权人姓名,单击"功能权限管理",在弹出的窗口中依次单击"全选""授权",如图8-36所示。

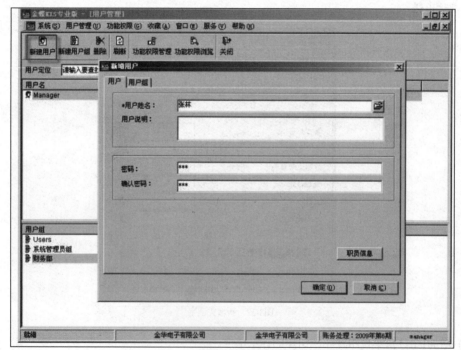
图8-35　新建用户

4) 初始化

(1) 单击"初始化"后,选择"启动财务系统",选择"结束初始化"并单击"开始",如图8-37、图8-38所示。

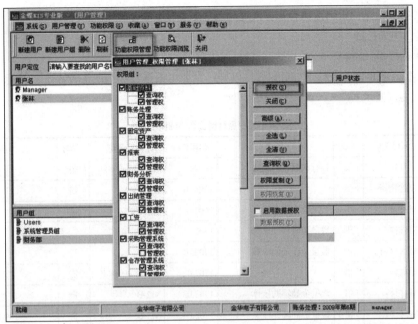

图8-36 用户授权

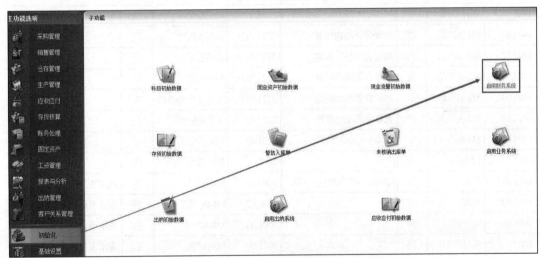

图8-37 启用财务系统

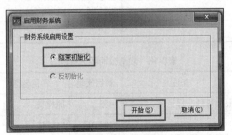

图8-38 结束初始化

(2) 单击"初始化"后,选择"启动出纳系统",选择"结束初始化"并单击"开始"。
(3) 单击"初始化"后,选择"启动业务系统",选择"结束初始化"并单击"开始"。

注意：财务系统、出纳系统和业务系统的初始数据设置好后才能结束初始化。

(5) 建立明细科目

依次单击"基础资料""公共资料""科目""新增"。

除表8-15、表8-16、表8-17的明细科目以外，企业可根据实际情况进行添加。注意：添加二级科目的代码为××××.×××。

表8-15 原材料公司明细科目表

科目代码	科目名称	方向	备注	科目代码	科目名称	方向	备注
1002.01	工商银行	借	银行科目、日记账	1604	在建工程	借	
1402	在途物资	借		1604.01	生产线A	借	
1402.01	M4材料	借	数量金额辅助核算	1604.02	生产线B	借	
1402.02	M5材料	借	数量金额辅助核算	1702	累计摊销	贷	
1402.03	M-X材料	借	数量金额辅助核算	1702.01	M1-B	贷	
1403	原材料	借		1702.02	新型产品研发	贷	
1403.01	M4材料	借	数量金额辅助核算	1702.03	M2-B	贷	
1403.02	M5材料	借	数量金额辅助核算	1702.04	M3-B	贷	
1403.03	M-X材料	借	数量金额辅助核算	1702.05	厂区	贷	
1405	库存商品	借		2221	应交税费	贷	
1405.01	M1-A产品	借	数量金额辅助核算	2221.01	应交增值税	贷	
1405.02	M1-B产品	借	数量金额辅助核算	2221.01.01	进项税额	贷	
1405.03	M2-A产品	借	数量金额辅助核算	2221.01.02	销项税额	贷	
1405.04	M2-B产品	借	数量金额辅助核算	2221.01.03	转出未交增值税	贷	
1405.05	M3-A产品	借	数量金额辅助核算	2221.02	未交增值税	贷	
1405.06	M3-B产品	借	数量金额辅助核算	2221.03	应交所得税	贷	
1601	固定资产	借		5001	生产成本	借	
1601.01	厂房	借	可增加三级明细进行核算	5001.01	M1-A产品	借	成本项目核算
1601.02	仓库	借		5001.02	M1-B产品	借	成本项目核算
1601.03	生产线	借		5001.03	M2-A产品	借	成本项目核算
1602	累计折旧	贷		5001.04	M2-B产品	借	成本项目核算
1602.01	厂房	贷	可增加三级明细进行核算	5001.05	M3-A产品	借	成本项目核算
1602.02	仓库	贷		5001.06	M3-B产品	借	成本项目核算
1602.03	生产线	贷					

表8-16 制造公司明细科目表

科目代码	科目名称	方向	备注	科目代码	科目名称	方向	备注
1002.01	工商银行	借	银行科目、日记账	1403	原材料	借	
1402	在途物资	借		1403.01	M1材料	借	数量金额辅助核算
1402.01	M1材料	借	数量金额辅助核算	1403.02	M2材料	借	数量金额辅助核算
1402.02	M2材料	借	数量金额辅助核算	1403.03	M3材料	借	数量金额辅助核算
1402.03	M3材料	借	数量金额辅助核算	1405	库存商品	借	

(续表)

科目代码	科目名称	方向	备注	科目代码	科目名称	方向	备注
1405.01	L-A产品	借	数量金额辅助核算	1702.02	H-A	贷	
1405.02	L-B产品	借	数量金额辅助核算	1702.03	H-B	贷	
1405.03	H-A产品	借	数量金额辅助核算	1702.04	O-A	贷	
1405.04	H-B产品	借	数量金额辅助核算	1702.05	S-A	贷	
1405.05	O-A产品	借	数量金额辅助核算	1702.06	高端工艺改进	贷	
1405.06	O-B产品	借	数量金额辅助核算	1702.07	厂区	贷	
1405.07	S-A产品	借	数量金额辅助核算	2221	应交税费	贷	
1405.08	S-B产品	借	数量金额辅助核算	2221.01	应交增值税	贷	
1601	固定资产	借		2221.01.02	销项税额	贷	
1601.01	厂房	借		2221.01.03	转出未交增值税	贷	
1601.02	仓库	借	可增加三级明细进行核算	2221.02	未交增值税	贷	
1601.03	生产线	借		2221.03	应交所得税	贷	
1602	累计折旧	贷		5001	生产成本	借	
1602.01	厂房	贷		5001.01	L-A产品	借	成本项目核算
1602.02	仓库	贷	可增加三级明细进行核算	5001.02	L-B产品	借	成本项目核算
1602.03	生产线	贷		5001.03	H-A产品	借	成本项目核算
1604	在建工程	借		5001.04	H-B产品	借	成本项目核算
1604.01	生产线A	借		5001.05	O-A产品	借	成本项目核算
1604.02	生产线B	借		5001.06	O-B产品	借	成本项目核算
1702	累计摊销	贷		5001.07	S-A产品	借	成本项目核算
1702.01	L-B	贷		5001.08	S-B产品	借	成本项目核算

表8-17 贸易公司明细科目表

科目代码	科目名称	方向	备注	科目代码	科目名称	方向	备注
1002.01	工商银行	借	银行科目、日记账	1601.02	仓库2	借	
1402	在途物资	借		1602	累计折旧	贷	
1402.01	L产品	借	数量金额辅助核算	1602.01	仓库1	贷	
1402.02	H产品	借	数量金额辅助核算	1602.02	仓库2	贷	
1402.03	O产品	借	数量金额辅助核算	1702	累计摊销	贷	
1402.04	S产品	借	数量金额辅助核算	1702.01	厂区	贷	按实际情况增加
1405	库存商品	借		2221	应交税费	贷	
1405.01	L产品	借	数量金额辅助核算	2221.01	应交增值税	贷	
1405.02	H产品	借	数量金额辅助核算	2221.01.01	进项税额	贷	
1405.03	O产品	借	数量金额辅助核算	2221.01.02	销项税额	贷	
1405.04	S产品	借	数量金额辅助核算	2221.01.03	转出未交增值税	贷	
1601	固定资产	借		2221.02	未交增值税	贷	
1601.01	仓库1	借		2221.03	应交所得税	贷	

操作要点：

(1) 在设数量金额明细科目时选择计量单位组和缺省单位。

(2) 如果录入明细科目后在系统资料界面看不到，可在"工具"菜单下选"选项"中的显示明细科目一项。

3. 日常业务处理

根据实际业务的记账凭证进行系统录入。本实习课程中，业务日期和制单日期一样，审核和制单不能是同一人，经营中的一个会计期间按一个月处理，第1期日期统一为20××年1月31日，第2期日期统一为20××年2月28日，以此类推。

1) 录入记账凭证

单击"账务处理"后选择"凭证处理"，单击"凭证录入"。

2) 凭证审核与反审核

(1) 单张凭证审核。单击"账务处理"后，选择"凭证管理"(选择过滤条件)，选中要审核的凭证，单击工具栏的"审核"按钮；在弹出的凭证界面的工具栏中单击"审核"，审核后的界面如图8-39所示。

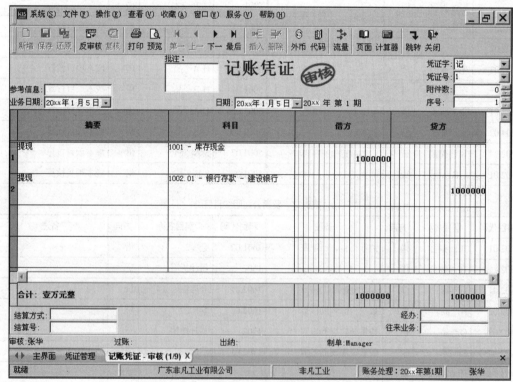

图8-39 单张凭证审核

(2) 成批凭证审核。单击"账务处理"，选择"凭证管理"(选择过滤条件)，然后单击工具栏的"操作"，选择"成批审核"，在弹出的对话框选择"审核未审核的凭证"，单击"确定"，如图8-40、图8-41所示。

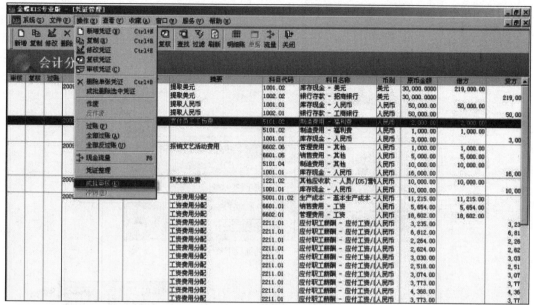

图8-40 选择成批审核

(3) 单张凭证的反审核。切换拥有审核权限的用户操作，单击"账务处理"，进入"凭证管理"界面，进行查询条件设置；选中反审核的单证凭证，单击工具栏的"反审核"，在弹出的凭证界面，单击"反审核"，如图8-42所示。

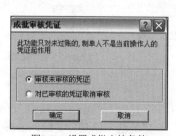

图8-41 设置成批审核条件　　　　图8-42 单张凭证反审核

(4) 成批凭证反审核。切换拥有审核权限的用户操作，单击"账务处理"，进入"凭证管理"界面，进行查询条件设置；单击工具栏的"成批审核"，在弹出的对话框选择"对已审核的凭证取消审核"，单击"确定"，如图8-43所示。

3) 凭证过账与反过账

(1) 凭证过账。依次单击"账务处理""凭证过账""开始过账"，如图8-44所示。

(2) 凭证反过账。单击"账务处理"进入"凭证管理"界面，单击工具栏的"操作"按钮后，单击"全部反过账"，如图8-45所示。

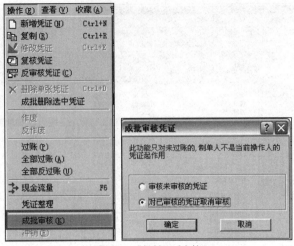

图8-43 成批凭证反审核

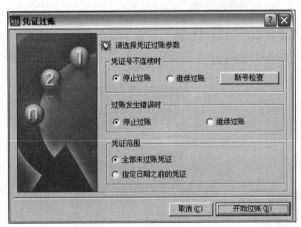

图8-44 凭证过账

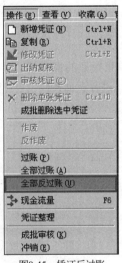

图8-45 凭证反过账

4) 在"凭证查询"操作时的注意事项

(1) "凭证查询"可进行几乎所有与凭证有关的操作。

(2) 对凭证进行修改、删除、审核等有关操作时,一定是选中该张凭证后,单击工具栏的相关按钮,双击打开凭证仅能查看,不可进行相关操作。

(3) 对凭证进行新增、修改、删除等有关操作后,如不能正确显示,可单击"刷新"按钮更新。

5) 修改凭证

依次单击"反结账""反过账""反审核",选择要修改的记账凭证进行修改。

4. 季末处理

1) 结转当期损益

(1) 依次单击"财务处理""结转损益",进入"结转损益"向导界面,单击"下一步",系统弹出所有损益类科目及各自对应的系统参数预设的本年利润科目,如图8-46、图8-47所示。

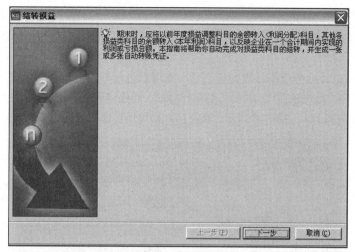

图8-46 结转损益1

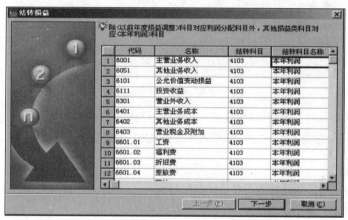

图8-47 结转损益2

(2) 单击"下一步"进入结转损益设置界面,填写设置条件后单击"完成",系统自动完成结转损益的过程,并提示生成转账凭证的信息,如图8-48所示。

图8-48 生成结转损益凭证

(3) 将结转损益的记账凭证审核过账。

注意：在结转损益前，一定要将所有的凭证全部录入并审核过账，否则结转损益数据不正确。

2) 期末结账

在本期所有的会计业务全部处理完毕之后，就可以进行期末结账了。依次单击"账务处理""期末结账"，在期末"结账向导"界面中选择"结账"，单击"开始"，在弹出的"金蝶提示"中单击"确定"完成结账操作，如图8-49所示。结账后，系统当前期间将变成下一期。

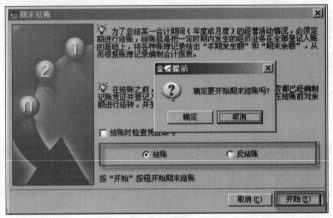

图8-49 期末结账

当本季需交所得税时，需增加1张计提所得税费用的凭证，然后对这张凭证进行审核、过账，再次结转损益(生成一张凭证)，并对这张结转所得税费用的凭证进行审核、过账。

5. 编制报表

根据每个季度的财务状况编制资产负债表和利润表。

1) 资产负债表

在"报表与分析"界面，依次选择"我的报表""资产负债表"，进入"资产负债表"窗口，单击菜单栏的"数据"，选择"报表重算"，如图8-50所示。

图8-50 资产负债

2) 利润表

在“报表与分析”界面，依次选择“我的报表”“利润表”，进入“利润表”窗口，单击菜单栏的“数据”，选择“报表重算”，如图8-51所示。

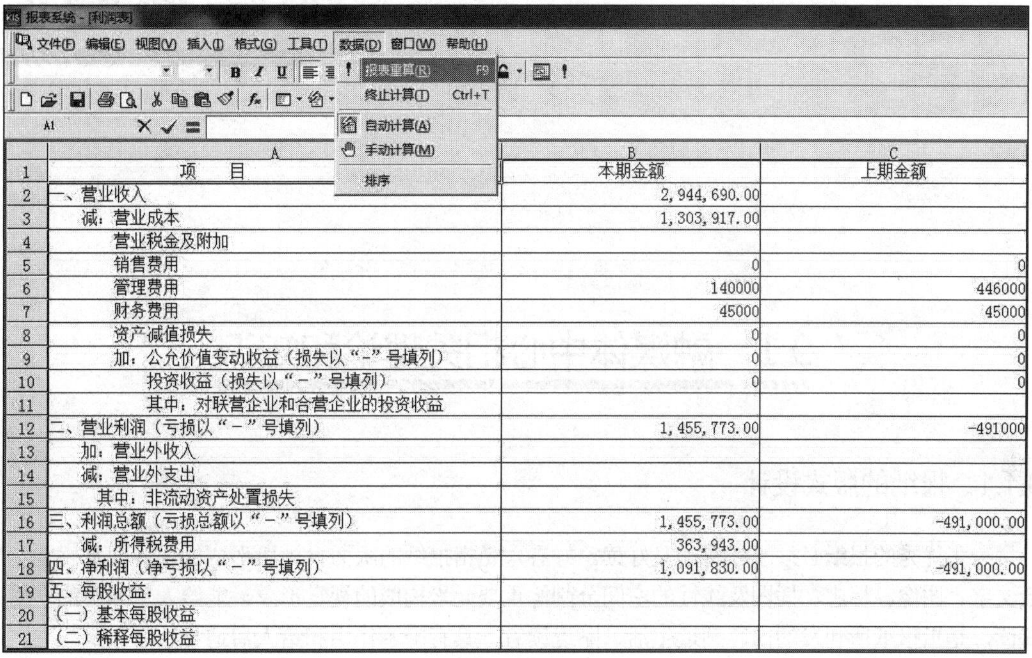

	A	B	C
1	项　目	本期金额	上期金额
2	一、营业收入	2,944,690.00	
3	减：营业成本	1,303,917.00	
4	营业税金及附加		
5	销售费用	0	0
6	管理费用	140000	446000
7	财务费用	45000	45000
8	资产减值损失	0	0
9	加：公允价值变动收益（损失以“-”号填列）	0	0
10	投资收益（损失以“-”号填列）	0	0
11	其中：对联营企业和合营企业的投资收益		
12	二、营业利润（亏损以“-”号填列）	1,455,773.00	-491000
13	加：营业外收入		
14	减：营业外支出		
15	其中：非流动资产处置损失		
16	三、利润总额（亏损总额以“-”号填列）	1,455,773.00	-491,000.00
17	减：所得税费用	363,943.00	
18	四、净利润（净亏损以“-”号填列）	1,091,830.00	-491,000.00
19	五、每股收益：		
20	（一）基本每股收益		
21	（二）稀释每股收益		

图8-51　利润表

第9章 融媒体中心

9.1 融媒体中心相关理论和知识

9.1.1 报纸的版式设计[1]

一张优秀的报纸必须既好看,又好读。好看,是指报纸的版面设计所形成的整体视觉感觉,包括文字、图像、标志、插图及线性的空间分割等重要元素构成的视觉形象,能给人带来美的享受;好读,是指报纸所刊发的内容贴近生活、贴近读者,具有警示作用和给人启迪与思考。

报纸的版式设计应服从报纸的整体气质与基本风格,对于不同内容的板块和叠次,在版式设计上应体现出相应的风格特色,并从全局角度把握设计的强弱、轻重、疏密等,形成层次分明、节奏有致的版式风格。细致完善的版式细则和严谨到位的执行力是确保一份报纸能形成鲜明风格、整体气质的根本保证。优秀的版式设计是用编者魅力吸引读者去领会作者魅力。下面就版式设计应注意的几个问题做简单论述。

1. 静态版式:非静态的设计方式

版式设计不仅仅是吸引读者眼球的编排方式,更为重要的是体现报纸的发展策略、办报理念和独特品位。新兴报纸大都在成立之初就制定版式大纲、确立基本风格,即采用静态版式的编排风格。

静态版式与传统的报纸编排风格大不一样。传统风格强调每天新面孔,"苟日新,日日新,又日新":昨天头条是横的,今天就做成竖的;头条横置,右上稿件就是竖题;每个版面的稿件须有几条是突出的,所谓"跳三跳",等等。静态版式基本上摒弃了这样的规则,强调版式的连续性与统一性:连续性是指每天的版式都保持基本一致,统一性是指各个版面的风格整齐划一。大到报型、刊头、报眉、色调、版面分栏乃至标题的走向、大小与字号,小至稿件间的线、框、署名方式乃至字距,都有统一齐整的设定。

静态版式有明显的易读性特征,各条新闻成方成块,可以一览无余,便于读者轻车熟路地获知信息。就如新闻摆上了货架,阅读时像进超市,在固定的位置找到自己所需,长此以往较易形成认同感。静态版式实际上把编辑从版面上解放出来,淡化了"划版"的功能,强化了"编辑"的功能。另一大好处就是,它有效避免了传统版式操作中因编辑原因造成版式的良莠不齐,有利于一张

---

[1] 温峤. 浅谈版式设计的视觉效应[J]. 活力, 2012(13):50-50.

报纸统一风格并形成相对固定的形象。

有一点需要强调的是,静态版式并非一成不变,也就是静态版式也需动态设计。版式设计在整体风格固定的前提下,要以读者易读、悦读为首要标准,随时了解、洞察目标读者的阅读情境、习惯、喜好变化,有计划有步骤地丰富发展新的设计手法。

2. 回归读者:以体现设计的文化价值为前提

老亨利·福特有一句名言:"我生产黑色的T型车,你就买黑色T型车。"小亨利·福特把他爷爷的话变为:"您需要什么样的车,我就生产什么样的车。"而今的营销法则是:"您其实是需要它的,不过您自己还没有发现,我来帮您发现,然后请您来分享新需求的乐趣。"作为一种为大众服务的传播媒介,在做报纸的版式设计时,必须优先考虑读者的内心感受,明确自己的任务"不是教,而是分享"。

版面设计作为一种表现语言和传达方式,其基本目标是让读者读懂、无歧义,这是体现设计的文化价值的基础。所以经典的设计作品都有着看似平淡却回味无穷的共同点:人人心中所有,人人笔下所无。它的立足点就是在满足功能需求的同时,最大限度地迎合了大众的审美口味。

只有回归读者,版式设计才能有方向和针对性,才能明确报纸的指向受众,版式设计与功能要求才能达成平衡,才能使设计的文化价值得以最大化。

3. 明确目标:成功版式的通性

版式设计就是对文字和图片进行整合,调动点、线、面及所有科技设计手段强化阅读效果和视觉冲击力。在这个过程中,人们视觉感受的规律性法则,如对称、平衡、和谐、对比、统一、整体等将起到重要作用。不同的报纸会以版式信息的不同侧重点来凸显媒体性质,同时,不同的版式设计和色彩运用也表现着不同的编辑思路,这些都有助于形成不同的报纸风格。无论具体表现形式如何,成功的版式都会具有以下几种通性。

(1) 易读性。编排依据内容的主次从左到右,便于阅读。一个缺乏设计的版式大多是缺乏整体感和悦读感的。因此,编辑的第一职责就是按照视觉习惯的需要组织好文章,使版面流畅大方。报纸是大众化的文化快餐,报纸版面应条理清晰、简洁单纯,形成整体节奏和美感,让读者在第一时间找到感兴趣的阅读内容。

(2) 差异性。在新闻资源日渐趋同的情况下,版式风格的差异性正是区别于竞争对手的一种特殊的优势。

(3) 稳定性。版式风格的稳定有利于培养阅读习惯和风格的形成,一般不做大的调整和变化,这是一张报纸走向成熟的体现。但在发展过程中,应力求适当的补充和创新。

4. 再创造意识:版式的生命之源

(1) 在策划中激发再创造意识。打破以往策划、采访、编辑的界限,编辑直接参与报纸各方面的总体策划,各负其责,又密切配合,参与对报纸编辑发行、读者需求、稿件定位、市场预测、竞争举措等总体策划。这样报纸编辑就会在全面了解战略目标的前提下,胸有全局,进而产生大思维、新创意,才能从大处着眼、小处着手,严谨细致、精益求精地进入报纸编辑具体的再创造活动。

(2) 从版面上再现再创造意识。报纸版面的内容编辑和版式设计是编辑展露智慧、驰骋才情的场所,是再创造意识全面价值的最高体现。编辑根据总体策划的大思路,对自己所主持的版面从内容到形式进行具体策划,然后有目的、有重点、有针对性地编排文稿、图片等,并把自己多方面的新创意渗透到版面编辑中。报纸编辑的再创造意识，集中体现为用美学和技术创造出内容和形式双重美的和谐统一。可以说，版式设计是美的追寻与创造，比如统一中的整体美、配置中的组合美、比例中的差异美、对称中的平衡美、节奏中的韵律美，等等。在此过程中，编辑的主体价值将在从内容到形式的再创造中得到充分发挥。

9.1.2 新闻采访中的成功沟通和价值挖掘[1]

同样的新闻素材，不同的记者会做出不同的文章，有人只能写一个"豆腐块"，有人却能写出很有影响的深度报道。为什么？关键在新闻采访中的沟通与挖掘能力不一。结合推销学的一些基本原理，新闻采访中的成功沟通与深度挖掘，离不开以下几点。

1. 树立品牌

新闻报道的是客观事实，但多数新闻采访接触的却是人。记者展示在采访对象面前的良好形象，比记者证和采访介绍信更有魅力。一个没有热情、不自信、不守诺或者缺乏同情心的人，很难想象会成为一名优秀的记者。具备了优秀品质，你才会发自内心地去关注采访对象，才会全身心地投入到采访过程中，才会赢得对方更多的尊重。而当记者的人格魅力发挥作用时，对方也会更配合，采访也将因此收到事半功倍的效果。当然，要塑造良好的个人品牌，不是一朝一夕的事情，需要长期努力学习，提高自身修养，培养爱心和自律意识。

2. 沟通技巧

沟通有一些技巧，比如"做一个好的听众"——客户讨厌推销员夸夸其谈，被采访对象也讨厌被记者一次次打断叙述。再比如，"要运用恰当的提问方式"——如果纯粹想了解某企业的经营策略，可以采用开放式提问，获取足够的信息(例：就贵单位的经营策略，您能具体地谈谈吗？)；如果采访主题是政策环境，同样的话题，就要采用封闭式提问，以引导采访对象(例：您认为贵单位所取得的经营成绩与当前政策环境有关系吗？)。另外，成功运用心理学也是重要的沟通技巧。被采访对象的动作或眼神、表情往往隐藏着丰富的信息，其中很可能含有值得挖掘的"新闻富矿"，因此记者要学会察言观色，见机行事。

3. 控制进程

新闻采访的主体是记者，而不是采访对象。在采访过程中，必须控制采访进程，掌握主动权。面对大量的素材信息，要多加分析，善于洞察，识别关键。要有针对性地反客为主，为我所用，时刻牢记自己的采访任务，不要被对方误导，偏离采访主题，言者无心，听者必须有意。要做到这一点，除了要求记者在采访前做好充分的准备，自身还要有高度的新闻敏感性、策划组织能力，以及较强的应变能力。

有人认为，对新闻素材进行再认识是编辑的事，其实亲身参与和感知新闻现场的是记者。记者在完成稿件写作前或创作过程中对新闻素材的再认识，往往直接决定该稿件的质量高低。

记者对新闻素材的再认识，就是在初始认识的基础上，对收集到的素材进一步进行深入分析、梳理和补充。要把手中的素材与政策和形势相对照，与所在媒体的特点相对照，与发表时的外界环境相对照，与拟订的报道计划相对照，从而进一步明确报道重点和关键，重新组合素材，发现不足的地方，及时予以补充。通过再认识，才能全面掌握和吃透新闻素材，并在再认识的过程中，激发

---

[1] 节选自百度百科：新闻素材。

创作"灵感",在瞬间找到新闻亮点,甚至有可能将原定的报道思路彻底推翻,而这种推翻,很可能是一次质的提升。

9.1.3 报纸版面的编排与设计[1]

1. 报纸版面的编排设计的相关知识

报纸版面的设计很重要。每天的版面既不能重复,又要能体现一份报纸特有的风格。一个好的版面可以更好地表现舆论导向的正确性、版面内容的可读性,也可充分展示其可欣赏性。对读者而言,看到这样的版面是一种享受,能激发精读内容的强烈欲望。

1) 版面编排设计的基本规律

(1) 确立版面编排思想。一个版面是由多种内容组成的。这个版面要突出宣传什么,集中宣传什么,有其重点内容和辅助内容。版面编排思想,就是组版编辑采用各种不同的版面手段,用版面语言向读者展示编辑的重点指向,实现引导读者阅读的编辑目的。

(2) 版样的构思。确立版面编排思想后,就要考虑用什么样的版面形式来体现它,用什么样的版面手段来实现它。首先要立意,这是版面设计的开始。立意要体现独特的版式风格,能更好、更准确地把编排思想和主题体现出来。因此,要设计出一个优秀的版面,版面编辑需要有全方位的知识,除新闻专业知识外,还要对语言学、美学、心理学、印刷学等有一定的了解。

之后,版面编辑要把立意、创意和策划落实在版样纸上,形成激光照排的作业图,组版人员才可"按图施工"。所以,版面编辑要重视版样的计算准确性和表达明确性。

(3) 文章区、标题区的确立。确立文章区是版面设计的第一步。它是在版面编排思想的指导下,用具体的版式来实现的。文章区内容包括文章区、照片区、刊图区等所占有的版面空间。在已确定的文章区中,确立标题区是首要的。但在确立标题区时要留有可调余地,使它为版面的形成充分发挥灵活、机动的调整作用。

2) 报纸版面编排设计中的各种关系

(1) 版面与版样的关系。版样,是形成版面最基本的图样。各报根据自己使用的版心字号,用带有方(圆)型字符标记,规则地以基本栏式排成版式。版样中带有明显的行、栏标记。版面分为对开报纸、四开报纸等版样。无论是何种幅面的报纸,都要根据版式的要求,设计各自的栏数和基本栏。如对开报纸的版样约为八栏,它的基本栏是小五号13个字,横向为13字×8(栏):104字+7字栏线,共111个字。纵向为角栏13字×126(行):1 638字,全版为13 104字。

版样与版面有着密切的内在联系,因为版样中每一个版心字号字符的印迹都代表一个文字,报纸的版面就是在这个版样纸上形成的。

(2) 字号与版样的关系。字号,有版心字号和标题字号之分。版心字号是报社自己选用的组成整体版面的字体标号,一般选用小五号字或六号字。版样中的每个字符代表着版心字号的一个字。除版心字号外,还有大量的标题字号。各种类型的标题字号规格虽然超出版心字号,但它们在版样中都是以占字宽和占行高的形式表现的,因此编辑和组版人员都要对各种标题字号有所了解。

(3) 照片、刊图、标题与版样的关系。

① 照片是新闻表述的重要形式,也是版面中重要的组成部分,常被称为报纸版面的眼睛。在选用照片时,需根据版面的总体要求,缩小、放大成需要的规格,按照占栏宽和占行高放置在版样

---

[1] 节选自百度文库文章《报纸版面的编排与设计》。

中选定的位置上。

② 刊图(包括栏目刊头、尾花等)也是版面中不可缺少的内容，占有版面的空间虽然小，但它与版样的关系也是占栏宽和占行高的关系。有些刊图、尾花不足一栏的，可换算成行数计算在文稿内。

③ 标题与版样的关系是很重要的。文章的标题是读者接受外部信息的媒介，是左右版面空间、版面形式的重要元素，往往要利用它的"调空"作用，去解决一些在组版过程中的难点，去策划一些好的版式。标题在版样中的计算方法同样是用占栏宽和占行高的方法确定的。

(4) 组版人员与版样的关系。版样，是印刷厂照排车间进行报纸组版的重要依据。组版人员首先必须读懂版样，严格按版样要求进行组版。版样实施得如何，直接关系到版面能否体现编辑的设计意图。因此，组版人员在按版样组版时，要领会好编辑人员设计版面的意图，弄清各项要求的目的，准确、恰当、灵活地运用组版软件完成组版工作。在组版中常常会遇到版样不准，临时改版等问题，这时候，组版人员既要与编辑及时协调好，也要积极发挥主观能动性，把自己当作一位读者、一个组版编辑，在组版人员和版面编辑的共同努力下，才能把报纸的版面组排得更加完善。

3) 版面的视觉特征

一个好的版面，使人感到既有可读、可视的版面内容，又有较高的思想性、艺术性，是思想内容、新闻内容与艺术美完整的结合体。一个有特征的版面是由各个有特点的版区、有特点的标题和有特点的照片，科学地、艺术地组合而成的。用有特点的造型艺术形成的版区，读者会因视觉形象的特别作用，而产生特别的注意。同样，由于标题是一篇文章的高度概括，是引导读者阅读全文的重要媒介，因此，有个性、有特点的标题，可强化读者的视觉感染力。

此外，在彩色报纸版面设计中还可充分利用色彩的视觉冲击，设计出有个性、有视觉特征的版面。

2. 报纸版面设计中应注意的几个问题

1) 重点突出与文章的完整性

报纸的版面由形状各异的文章区组合而成。为了使版面有特征，编辑往往用新颖的形式去赢得读者的印象。一个版面既要突出重点，使文章区集中、完整，又要使读序流畅、有层次感、节奏感，使读者一目了然，沿着文章的走势顺利阅读完全篇。

2) 标题与空白

一条视觉性强、有特殊个性的标题，会使读者的视觉在瞬间受到冲击，从而把注意力集中到标题上来，激发阅读全文的欲望。但也不能标题都一律强化、装饰，这样无法体现主次。版面中和标题周围的空白空间，是版面中不可缺少的部分，适度的空白空间不但具有版面可调效应，而且能使版面紧中有松、调解视觉疲劳，形成虚实强烈对比，突出标题、重点的同时可给人以清爽的感觉。所以适度地留有空白空间，是版面的需要，但又不能无谓地浪费版面空间，因为版面的每一个空间都具有价值。

3) 照片与广告

照片在版面中的重要性，在前面已经介绍过。一个版面上用几幅照片为好，照片应占多大位置，这在版面设计中很灵活，也很能发挥编辑的创意思想。特别是彩色报纸中的彩色照片的使用，给版面设计人员广阔的空间来充分发挥聪明才智。

广告已成为报纸媒体不可缺少的重要部分。在报纸版面上如何安排广告的位置也成为版面编辑统筹设计时需要认真考虑的问题。广告的版面多少是要根据广告客户的要求来决定的，有时是一个整版，有时是半个版或几栏几行，还有一些题花、刊头广告等。因此，在安排广告版面位置时，既要考虑其尺寸大小，又要兼顾其内容形式是否与整个版面协调一致。特别是彩色报纸彩版上的广告，有时是彩色的，有时是套红的，有时又是黑白的，对于整个版面色彩的设计尤为显得突出和重要，值得版面设计人员研究。

4) 彩报的色彩美感

在彩色版面设计中，要注意色彩的正确选用。一般说来，整个版面应有一个倾向性的色调，使版面的色调趋于基本一致，在视觉上感到舒适、大方、简洁、流畅，在版面中有彩色广告时显得尤为重要。一个彩色版面，色彩搭配不当，会破坏版面的整体效果，使版面显得杂乱无章，花哨过头。

3. 校对与发排

1) 报纸的校对流程简介

读者手中拿到的一张成品报纸，一般至少要经过"三校两检"。校对工作对于报纸的编排是一项必不可少的重要工作。它的主要任务是，在忠实原稿的基础上，校正错别字、掉行掉字、重行重字；校正标点符号、人名、地名及专业技术词语；校正外文、数字、外国人中文译名等；校正中外名人语录、历史事件发生时间地点等。"三校"包括：文字录入后打印出小样，校对人员进行校对叫"一校"；组版完成后的发纸样称"大样"，校对人员对大样进行校对称为"二校"；组版人员根据校对后的大样进行修改后，重新发出的纸样称为"清样"，校对人员对清样进行最后一次校对称为"三校"，把清样下发到照排车间改正后，就可直接发排胶片付印了。

"两检"指的是校检人员在上大样时设专人从头到尾通篇检查一遍，特别是对人名、地名、专业术语、引用语录等要认真核对，保证准确无误。待上清样后，还需要认真阅对，仔细检查是否还有疏漏。遇到重大政治活动，对重要版面和文章，有时出版后还需检查一遍，以确保无任何差错。

2) 发排

"发排"通常指组版工作完成后，用激光印字系统发出纸样供编辑、校对使用。同时，在编辑部最后下清样后，组版人员在计算机上进行最后的修改，然后用激光照排系统发排胶片。随着直接制版技术的发展和应用，有的报刊社已不再发排胶片，而是通过CTP系统直接制作印版上机印刷。

9.1.4 新媒体传播与运营

新媒体是相对于报纸、广播、电视等传统媒体而言的新型媒体形态，是基于移动互联网。面向客户提供信息和娱乐的传播形态。新媒体运营，是利用微信、微博、短视频平台等网络平台进行品牌推广、产品营销，策划有高度传播性的内容和活动，利用粉丝经济，达到相应传播效果。在自媒体飞速发展的时代，每个人都可以是自媒体的受众和传播者。

1. 新媒体传播、运营的特点

1) 双向性传播

在传统媒体时代，传播方式是单向的、线性的、无选择性的，只是由大众媒体作为传播者，在一定时间内向受众发布信息，没有信息反馈的渠道，所以传播效果不好。新媒体运营传播的方式是双向的，信息传播者和信息接受者的身份可以随时互换，互动性非常强，所以传播效果很好。

2) 个性化传播、运营

传统媒体时代的传播、运营方式都很大众化，无法有针对性地进行传播，导致受众在海量的信息中无法进行选择判断。如今，随着微博、微信、各大短视频平台飞速发展，加上人工智能推荐、分发技术逐渐成熟，新媒体内容运营已经可以满足受众个性化的需求。每个人都能根据自己的爱好、兴趣来接收想要看到的信息。

3) 传播、运营方式多元化

在传统媒体时代，传播的主要媒介为报纸、杂志、广播、视频。如今，随着新媒体高速发展，有了图文、图集、视频、节目、直播等不同的内容象限。此外，随着开放平台的丰富，给了更多自媒体生存、发展的空间和舞台。从运营方式来看，已经从传统媒体时代的"宣传"到了新媒体时代的"参与"，让更多用户通过参与体验，感受新媒体产品的价值。

2. 优质微信公众号特点

1) 定位明确

作为一个微信公众号，运营的第一步就是要有明确的定位。通常情况下，一个微信公众号会针对一个或者某几个垂直领域生产内容，若内容覆盖面太广，不但无法吸引更多受众，反而会造成公众号定位不清的问题。此外，只有明确了定位，才能不断打造个人IP，提升影响力和传播效果。

2) 高质量内容输出

作为一个微信公众号，在明确了定位之后，就需要输出高质量的内容。那么什么是高质量的内容呢？最基本的一点是输入原创内容，如果是从其他平台、账号抄袭、改写的内容，受众显然不会喜欢，因为无论是速度还是价值都不及竞争对手。并且，在原创内容的基础上，还要尽量输出有价值的内容，提高内容传播的真正价值，从而扩大影响力。另外，还要通过摸索打造出微信公众号的调性，如偏深度、偏娱乐化、偏一手消息等。

3) 丰富的运营手段

在明确定位、输出高质量的内容之后，下一步是要通过丰富的运营手段，让更多受众看到，才有可能获得更大的认同，赢得更多的关注度。那么运营手段有哪些呢？一是站内运营，通过在微信平台进行评论运营、转发等增加曝光量。二是站外运营，可以将微信公众号的内容发布在微博等平台进行第三方导流，通过多平台传播获得更好的效果。

3. 优质短视频账号特点

1) 鲜明的人设

鲜明的人设是指，短视频用户在刷到视频后，短时间内就知道创作者生产视频内容的垂直领域，创作者的基本特点等。人设会始终伴随整个短视频账号，并且无意外情况不会更改。如何打造鲜明的人设呢？其一，短视频账号的名字、头像很重要，这毕竟是用户第一眼看到的内容。其二，短视频账号的内容领域、风格同样重要，需要在发布内容之前进行精心设计。

2) 富有创造性的内容

新媒体时代优质短视频内容的判断标准、生产方式，与传统媒体时代在电视、门户网站上的完全不同。从内容推荐、分发的基本逻辑来看，短视频平台一则视频的曝光量，与短视频的视频播放完成率、互动量有关，所以如何吸引受众将短视频看完非常重要。通常情况下，短视频的时长不宜太长，内容需要有一定的创造性、故事性、娱乐性，才能引发更多受众的讨论和关注。

3) 多渠道运营

在打造出鲜明人设、生产出高质量内容后，下一步是要通过丰富的运营手段，让更多受众看到，才有可能获得更大的认同，赢得更多的关注度。与微信公众号的运营手段类似，短视频账号同样需要先在站内通过评论运营、转发等方式，扩大账号在发布平台内部的影响力。此外，可以在站外进行多渠道分发，形成短视频账号矩阵。相同名字、头像、内容的短视频账号，在多个不同平台产生联动效果，有助于网罗更多粉丝。

9.2 融媒体中心实习任务及岗位划分实习安排

9.2.1 融媒体中心实习任务与安排

融媒体中心业务主要包括：对综合实习进程中新闻素材进行采集，包括文字、照片、视频素材，以及在信息平台获取的企业经营数据，并对采集到的素材进行加工处理，以新闻稿件的形式刊登在实习期间融媒体中心出刊的报纸上进行报道；在微信公众号上将采集到的信息加工后以图文的形式推送出去；将采集到的照片、视频素材编辑加工成实习过程的短视频和长视频，以短视频的形式对日常实习进程进行宣传推广，以长视频的形式对本次综合实习进行总结回顾，并在实习总结大会上播放；通过对企业经营数据的分析、预测，形成分析报告，与有需求的企业进行合作。

融媒体中心机构的组建在实习正式开始之前，由愿意从事新闻报道、新媒体运作的学生自愿报名参加。在负责融媒体中心实习指导的教师带领下，组织报名参加融媒体中心实习的学生完成该机构实习人员的选拔、与融媒体中心的全体成员一起推选出融媒体中心主任、对即将开始的实习进行初步安排，从而保证融媒体中心在实习第一天——"实习动员大会"时就能够正常开展工作，并在随后的实习中顺利完成所要求的各项训练项目。

具体来说，融媒体中心训练项目包括：在岗位竞聘阶段采访参与其他机构CEO竞聘的同学、对第一天招聘大会现场情况进行采访报道，在实习进行期间对实习运行的各环节展开采访和报道，实习中从第二天开始每天上午9:30前将自办的小报打印出来，并在微信公众号上将图文信息推送出去，使参与实习的同学及时了解实习各项信息，引导参与实习的学生对实习正确认识并对同学们的意见和建议做出及时反应。此外，实习中从第一天开始每天20:00在抖音平台发布短视频，对外宣传综合实力相关内容。实习最后一天有关表彰大会的内容可以不在报纸上报道，但微信公众号上的图文信息需要继续完成推送，抖音短视频同样需要发布。也就是说，一轮实习，共需要出9期报纸，连续10天在微信公众号上推送图文信息，连续10天在抖音平台发布短视频内容。

9.2.2 融媒体中心岗位划分及工作内容

为了顺利完成上述实习任务与安排，融媒体中心岗位划分如下：融媒体中心主任、融媒体中心副主任、融媒体中心报纸编辑、融媒体中心微信公众号编辑、融媒体中心抖音视频号编辑、融媒体中心记者、融媒体中心摄像师。

1. 融媒体中心主任

融媒体中心主任从融媒体中心全体成员中选拔产生。融媒体中心主任的主要工作内容是，统领整个融媒体中心实习过程中的各项任务，每天对融媒体中心的工作进行总结，并合理安排接下来的工作。担任融媒体中心主任的同学需要具备出色的领导能力、沟通交流能力、解决问题能力，以及采访、制作图文、制作视频、内容策划与运营等专业技能。

2. 融媒体中心副主任

融媒体中心副主任从融媒体中心全体成员中选拔产生。作为融媒体中心主任与各编辑、记者衔接的桥梁，融媒体中心副主任的主要工作内容是，协助融媒体中心主任完成实习过程中的各项任务，收集反馈融媒体中心各岗位工作的难点和问题，并与融媒体中心主任共同解决相应问题。融媒体中心副主任中，有人重点负责对报纸的指导管理，有人重点负责对微信公众号、抖音视频号内容生产和运营的指导管理。担任融媒体中心副主任的同学需要具备较强的领导能力、沟通交流能力、解决问题能力，并熟悉采访、图文制作、视频制作、内容策划与运营等相关专业技能。

3. 融媒体中心报纸编辑

进入融媒体中心的同学根据自身能力进行竞聘，由融媒体中心主任任命产生融媒体中心报纸编辑。融媒体中心报纸编辑的主要工作内容是，将记者采访的内容，经过文字、图片、标题等处理，以及多遍校对工作，最终制作成小报，从实习第二天早上开始，每天上午9:30前将自办的小报打印出来。一轮实习下来，共需要出9期报纸。担任融媒体中心报纸编辑的同学需要具备较强的沟通交流能力、标题制作能力、文字编辑能力、图片编辑能力，以及制作报纸的相应软件操作技能。特别要强调的是，融媒体中心报纸编辑需要非常细心，才能及时发现内容上的错误。

4. 融媒体中心微信公众号编辑

进入融媒体中心的同学根据自身能力进行竞聘，由融媒体中心主任任命产生融媒体中心微信公众号编辑。融媒体中心微信公众号编辑的主要工作内容是，将记者采访的内容，经过文字、图片、标题等处理，以及多遍校对工作，最终在微信公众号平台发布推文，并做好后续运营工作。实习期间，需要连续10天在微信公众号上完成推文内容。担任融媒体中心微信公众号编辑的同学，需要具备较强的沟通交流能力、标题制作能力、文字编辑能力、图片编辑能力、微信公众号平台图文制作能力、运营能力。

5. 融媒体中心抖音视频号编辑

进入融媒体中心的同学根据自身能力进行竞聘，由融媒体中心主任任命产生融媒体中心抖音视频号编辑。融媒体中心抖音视频号编辑的主要工作内容是，将摄像师拍摄的内容，经过视频编辑和文案处理，在抖音平台发布，并做好后续运营工作。实习期间，连续10天在抖音平台发布短视频内容。担任融媒体中心抖音视频号编辑的同学需要具备较强的沟通交流能力、视频剪辑能力、标题制作能力、运营能力。

6. 融媒体中心记者

进入融媒体中心的同学根据自身能力进行竞聘，由融媒体中心主任任命产生融媒体中心记者。融媒体中心记者的主要工作内容是，通过观察、采访，每天报道实习进程，并对外起到宣传作用。实习期间，其需要为9期报纸提供相应的内容。担任融媒体中心记者的同学需要具备较强的沟通交流能力、观察能力、新闻采访能力、新闻写作能力、标题制作能力，视野宽阔、思维敏捷、反应迅速，能够生产出优质内容。

7. 融媒体中心摄像师

进入融媒体中心的同学根据自身能力进行竞聘，由融媒体中心主任任命产生融媒体中心摄像师。融媒体中心摄像师的主要工作内容是，通过拍摄视频为抖音视频号编辑提供每日素材，并完成课程录制、总结大会拍摄任务。担任融媒体中心摄像师的同学需要具备较强的沟通交流能力、视频拍摄能力、视频剪辑能力。

9.3　融媒体中心实习过程

9.3.1　新闻素材的采集

综合实习中的新闻素材包括：
- 实习中表现突出的师生和机构；
- 实习中需要注意的经营规则；
- 实习过程中值得推广的经验；
- 实习机构需要小心避免发生的失误；
- 为了实现自身发展，企业需要推广的信息，即所谓的广告；
- 在融媒体中心平台上获取的企业经营数据；
- 其他需要广泛传播的值得报道的事情等。

新闻素材作为在采访中获得的原始材料，是提炼新闻事实、新闻题材、报道主题和写作新闻报道的基础，其形式往往零散杂错、真伪莫辨，一般只接触到事物的局部细节或表象，只有经过认真的核实、鉴别、整理和提炼加工，才能成为真实、完整、典型、生动的新闻事实，成为新闻报道反映事物的本来面目，揭示事物本质的具有高度可信性和雄辩说服力的材料。融媒体中心的工作人员必须做有心人，养成随时随地挖掘潜在新闻素材的良好习惯。潜在的新闻素材散布于众多的企业、机构和同学、教师之中，融媒体中心的记者不仅要在工作中接触它们，还必须在工作之余扩大视野。一则信息、一份文件、一次聊天、一件偶然碰到的小事，背后都可能隐藏着众多有价值的新闻素材。只有做一个有心人，时时处处用心去听、去观察、去接触，抓住一切线索和机会，积累大量的第一手资料，才能避免新闻采访浅尝辄止，写出的新闻作品才会有血有肉。

融媒体中心的记者要对当前进行的实习有足够的了解，明确什么是有价值的新闻，具有高度的洞察力，从而做到有的放矢，高效地完成采访任务和新闻稿件的撰写。

信息的采集还必须掌握一定的技巧，比如链式引荐法就是一个很好的寻找新闻素材的方法。融媒体中心的成员特别是负责新闻素材采集的记者，在接触采访对象时，由于采访对象多为同班或同级的同学，可以请对方随时为你"爆料"或者介绍新的采访对象。这样，一次采访的结束可能成为以后若干次采访的开始，如此"滚雪球"，新闻来源范围越广，获取有价值新闻的机会自然更多。

9.3.2　融媒体中心自办报纸的出刊

融媒体中心自办报纸的名字和logo可以自己拟定，刊号按照前一刊的编号顺序编写。从实习的第二天开始出刊，一直到实习最后一天结束，总计每次实习出刊9期。每期要求在第二天上午10点前完成初稿的校对、指导教师的审查，以及终稿的打印和分发。

9.3.3　微信公众号的运营

微信公众号"现代企业运作综合实习"作为专门为综合实习课程开展申请设立的微信公众号，目的在于通过该公众号的运营，使参与实习的同学及时了解实习进度、实习中发生的新闻事件，并以同学们喜闻乐见的形式给同学们提供实习心得交流平台和手段，同时锻炼融媒体中心学生熟悉新媒体信息发布及推广技巧。与纸媒不同的是，微信公众号不仅可供学生、老师进行内部互动交流，还可以起到对外宣传的效果。这里主要介绍如何在综合实习公众号——"现代企业运作综合实习"上发布文章。

融媒体中心成立后，由融媒体中心主任任命该微信公众号的运营人员。然后联系实习教师，将该运营人员设置为该微信公众号的运营者，在实习期间，就由该运营者负责实习公众号信息的发布和运营。其具体操作步骤如下。

1. 个人微信号绑定成为运营者

(1) 关注"现代企业运作综合实习"微信公众号(注意：运营者的微信必须绑定手机号，否则将不能发起邀请)。由教师向该微信号发出"邀请绑定"信息。

(2) 运营人员在手机上接受邀请成为该微信公众平台账号的运营者。

2. 在公众号上群发信息

(1) 运营者在浏览器输入网址https://mp.weixin.qq.com/进入微信公众平台，并使用自己的微信账号登录，如图9-1所示。

"现代企业运作综合实习"微信公众号

图9-1　登录微信公众平台

(2) 单击左侧功能栏的"管理"，选择"素材管理"。单击界面右上方"新建图文素材"，如图9-2所示。

(3) 在信息编辑窗口输入"标题"，如图9-3所示，然后编辑信息的主体部分，如果要插入图片，单击右侧工具栏中的"图片"，同理可以插入视频，编辑完成后单击"保存"。如果想要查看完成后的信息样式，可以单击"预览"(注意：所发布的所有信息需要实验指导教师的审核和批准，所以，在此处不要选择"保存并群发")，保存后的信息可以在素材库中找到。

(4) 将要发布的信息交指导教师审核通过后，可以在登录首页"最近编辑"一栏找到刚保存的信息(单击"编辑"可重新编辑)，单击"群发"，可将信息在公众号平台上正式发布出来。

图9-2 微信公众平台素材管理

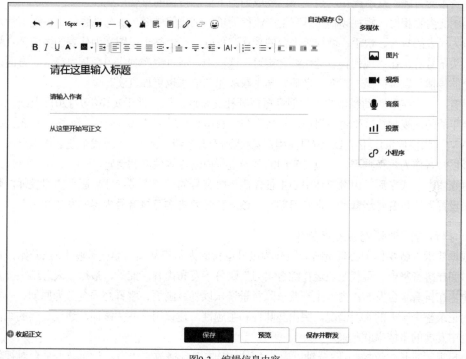

图9-3 编辑信息内容

3. 公众号的运营

公众号的运营是本次实习很重要的实习内容,其占融媒体中心实习成绩的比重较大,需要融媒体中心的同学投入更多的精力进行内容产生和运营工作。

在微信公众号内容生产层面,由于已经有了报纸作为实习过程中消息呈现的载体,所以每日微信公众号上推送的内容,应该与每期报纸生产的内容有比较明显的区别。从传统媒体消息生产的组成部分来看,有标题、导语、背景、主题和结尾;而新媒体推文更加强调可读性、趣味性,所以无论是标题的制作,还是图文内容的结构,都需体现出微信公众号的特点,提升微信公众号每一篇推文的阅读量和阅读完成率,增强转、评、赞的互动数。需要强调的是,微信公众号的内容生产必须遵循媒体行业的基本原则,不能为了提升阅读量、评论量,扭曲事实,或采用"标题党"等不当手段。

在微信公众号渠道运营层面,需要加强对外宣推的意识和能力,除在微信朋友圈中分享转发,还可以采用第三方平台引流模式。比如,可在微博平台以"简单文字＋图片＋微信公众号链接"的方式,吸引更多人关注此公众号,还可以在抖音等短视频平台,通过发布原创短视频内容,并附上微信公众号二维码的形式,吸引更多的关注。

其余微信公众号的运营方式,有相关专业课教授,此处不再赘述,如果没有此课程,可以在网络上学习相关内容,如网易云课堂(https://study.163.com/)等。

9.3.4 抖音短视频内容制作与运营

短视频即短片视频,是一种互联网内容传播方式,一般是在互联网新媒体上传播的时长在5分钟以内的视频;随着移动终端的普及和网络的提速,短平快的大流量传播内容逐渐获得各大平台、粉丝和资本的青睐。众所周知,短视频已经成为当下信息传播的重要形式。

与图文内容相比,短视频制作具有生产流程简单、制作门槛低、参与性强、更直观等特点。以短视频为代表的抖音、快手、微视等平台的受欢迎程度,已远高于以图文为代表的微信公众号、百家号、头条号等。在"现代企业运作综合实习"课程中,通过生产制作短视频内容,一方面,更利于对外的传播与宣推;另一方面,老师、学生获取相关信息也更加直观。

抖音,是由字节跳动孵化的一款创意短视频社交软件。该软件于2016年9月20日上线,是一个面向全年龄的短视频社区平台。目前,抖音已与中央电视台等中央媒体合作,全面进军各大领域,日均 VV(视频播放量)过亿,DAU(日活用户数)达到千万量级。故此,"现代企业运作综合实习"课程选择以抖音作为短视频平台,设置专门的账号进行原创内容生产和运营。

融媒体中心成立后,由融媒体中心主任任命该抖音号的运营人员;然后联系实习教师,将该运营人员设置为该抖音号运营者。在实习期间,该运营者负责实习抖音号内容的发布和运营。

1. 抖音号短视频内容生产要求

根据要求,融媒体中心负责抖音短视频账号运营的人员将从实习第一天晚上8点开始,每晚于固定时间在抖音平台"现代企业运作综合实习"账号下发布内容。此外,最后一天总结大会播放的视频也需在抖音平台发布。内容生产要求除背景音乐以外,画面、字幕必须全部为原创。内容创作方向为记录整个一天的实习情况,突出趣味性和主题性,建议用一些关键词,通过真实的画面将实习过程中发展的事情串联起来。

每日视频时长建议控制在3分钟以内,否则会影响视频播放完成率,从而减少平台对视频内容的宣推和分发。某些趣味性较强、吸引人的内容,建议进行拆条发布,并运用适当的剪辑创作手法、运营逻辑,努力提升视频播放量和播放完成率。最后一天总结大会播放的长视频,除需将完整版本在抖音平台发布以外,同样可以进行拆条处理。

2. 抖音号短视频发布步骤

在电脑上输入网址:https://www.douyin.com/discover,进入抖音平台登录界面,如图9-4所示,单击右上角"登录"。随后单击"发布视频"按钮,进入发布视频界面,如图9-5所示。建议学生使用PR、剪映等软件提前将视频内容创作完成,然后将视频插入至内容发布框,并制作标题、添加封面图。需要注意的是，超过40秒的视频建议上传横版视频。

图9-4　抖音平台登录界面

图9-5　抖音平台视频发布界面

3. 抖音短视频账号运营

抖音短视频账号运营是本次实习很重要的实习内容，其占融媒体中心实习成绩的比重较大，需要融媒体中心的同学投入更多的精力进行内容产生和运营工作。

在抖音短视频内容生产层面，由于已经有了报纸、微信公众号作为实习过程中消息呈现的载体，所以抖音短视频账号更强调趣味性和创意。运营人员需对抖音短视频账号的视频播放量、视频播放完成率、视频播放时长等数据负责，并体现在最终的考核成绩当中。需要强调的一点是，抖音短视频账号的内容生产必须遵循媒体行业的基本原则，不能为了提升阅读量、评论量，扭曲事实，或采用"标题党"等不当手段。

在抖音短视频账号的渠道层面，需要加强对外宣推的意识和能力，采用第三方平台引流模式。比如，可在微博平台以"简单文字＋抖音账号二维码"的形式进行推广。可以在微信公众号最上端和最底部附带抖音账号二维码，也可以通过一定的方式从抖音短视频引流到微信，起到相互引流的作用。

抖音短视频账号的其他运营方式，有相关专业课教授，此处不再赘述，如果没开此课程，可以在网络上学习相关内容，如网易云课堂等。

9.3.5　总结视频文件的制作

视频文件大小一般在25分钟左右，要求内容积极，通过对实习中点滴小事的记录，真实地反映同学们在实习中付出的汗水、洒下的眼泪、收获的喜悦与自豪。画面要清晰流畅。素材应该从实习开始就进行收集和整理，要求在实习最后一天的上午制作完成，下午在实习总结大会上播放，并发布到短视频平台。

视频信息的采集可以采用多种手段，如手机、数码相机、摄像机等，如果采用后面两种方式采集视频信息，建议同期使用手机采集声音信息，然后在视频剪辑软件中合成，避免出现收音方面的问题，影响视频播放质量。

每轮实习出版的自办报纸、短视频和总结视频都是非常重要的学习资源，也是融媒体中心实习成绩的重要评分依据，因此一定要认真制作并妥善保管，在实习结束后将其交给相关指导教师。

第10章 管委会

10.1 管委会工作职责及进度安排

10.1.1 管委会主要工作职责

1. 考勤管理

考勤管理是企业事业单位对员工出勤进行考察管理的一种管理制度,包括是否迟到早退,有无旷工请假等。迟到早退、擅离岗位、旷工等均属违反制度行为。

2. 秩序管理

为保证综合实习的有秩序进行,管委会负责在实习期间对各企业(机构)及员工的行为规范进行监督,主要包括以下几个方面。

(1) 员工工作牌的佩戴情况。员工是否正确填写工作牌中的相应内容,并在工作期间佩戴整齐。员工的着装情况。

(2) 员工着装是否符合办公室的着装要求,简单大方,不穿奇装异服等。

(3) 员工的工作状态。员工是否认真工作,是否在做与实习无关的事情。

(4) 各企业(机构)工作区布置情况。每个企业(机构)是否按规定张贴相关海报、营业执照、工作流程等。

3. 设备、设施管理

在综合实习期间,要使用系统软件作为辅助实习工具,所以爱护和正确使用电脑是重中之重。管委会应监督各企业(机构)员工在工作时正确使用和爱护电脑;下班时按正确程序关闭电脑。如果电脑发生故障,管委会应积极做出相应的处理,以保障实习工作的顺利进行。此外,管委会还应对实验室中的空调使用,下班后门、窗的关闭情况做相应的检查。

4. 卫生管理

科学研究表明,人在清洁宜人的环境中,员工易于集中思想,少出差错,效率提高。因此,管委会应在实习期间监督、检查各企业(机构)的工作环境卫生情况,也有利于预防疾病、增强体质。

5. 监督评价

管委会根据综合实习的课程要求，制定各企业(机构)的评价指标，包括：服务机构对企业的评价、企业对服务机构的评价。其中，服务机构包括政务中心、银行、会计师事务所、融媒体中心、管委会等；企业包括生产制造企业、原材料供应商企业、贸易公司、物流公司等。

6. 资料收集

在综合实习期间，各企业(机构)为了加强团队建设，需要对本企业(机构)的企业文化进行设计，管委会在此过程中起到一定的指导、监督作用。

7. 材料发放

在综合实习期间，各企业(机构)在办理各项业务时需要用到的各种单据、票据、表格等材料，需要在管委会处领取。因此，管委会需要对所有的材料进行统一管理，对于材料的类别，此处不做一一列举。

10.1.2 管委会实习进度安排

管委会作为监督、管理和服务机构，管理的内容比较繁杂，除了为各企业(机构)时刻提供材料发放服务，在实习前一周，还要根据老师的安排分发资料。

在10天的综合实习中具体的实习安排如下：

- 第一天上课前，将相关资料(海报纸、海报笔、音响、话筒等)带到动员大会教室。
- 第一天下午第5、6节课，安排参加管委会专题培训，了解本机构在综合实习中的工作性质、工作内容等；第7、8节课，根据各企业CEO所提交的"招聘信息表"上的信息，制作考勤表，表格信息至少包括学号、姓名、专业、班级、工作岗位、联系方式等。
- 第二天开始，管委会每天以定时和不定时相结合的方式对各企业(机构)的成员进行考勤管理。
- 第二天早上将实习场地分布图张贴在各实习教室门口。
- 第二天下午，通过观察法，深度了解本次实习的组织管理方式，制定《综合实习日常管理制度》，其中内容包括：考勤管理，秩序管理，设备、设施管理，卫生管理等方面的内容；公布现代企业运作综合实习日常管理制度，并通过广播和融媒体进行广泛宣传，告知所有参加实习的同学。
- 第二天下午下班前，收集各企业(机构)制定的《员工行为规范》；并把指导教师审核通过后的《综合实习日常管理制度》，通过综合实习的专用媒体进行公布。
- 第三天开始，按照《综合实习日常管理制度》，以及各企业(机构)制定的《员工行为规范》，对各企业(机构)进行监督管理。
- 第三天、第四天试运营期间，管委会深入了解各企业(机构)的实习内容，设计评价指标体系，制定评价表。
- 第四天下午下班前，收集各企业制订的商业计划书，各服务机构制定工作计划书，并提交给负责的指导教师。
- 第五天开始正式运营，管委会每个季度发放评价表给相应的企业或机构，并指导其认真填写；按时回收评价表，并做好统计工作。
- 第五天上午辅助政务中心举办"logo设计大赛"，比赛结束后，收集相关资料。

- 第九天下午下班前，收集各企业(机构)记录的内部会议纪要，并提交给负责的指导教师。
- 第十天上午下班前，收集各企业(机构)总结大会发言文件。
- 第十天下午，辅助指导教师顺利完成综合实习总结表彰大会。

10.2 管委会实习过程

10.2.1 制作实习各类信息表格

1. 机构排序表

机构排序表，如表10-1所示。

表10-1 机构排序表

序号	机构代码	公司名称	序号	机构代码	公司名称
1	制造1		17	原材料3	
2	制造2		18	原材料4	
3	制造3		19	贸易1	
4	制造4		20	贸易2	
5	制造5		21	贸易3	
6	制造6		22	贸易4	
7	制造7		23	物流1	
8	制造8		24	物流2	
9	制造9		25	物流3	
10	制造10		26	物流4	
11	制造11		27	融媒体中心	
12	制造12		28	政务中心	
13	制造13		29	银行	
14	制造14		30	会计师事务所	
15	原材料1		31	管委会	
16	原材料2				

管委会后续的各类表格的制作均须在此基础上进行。政务中心、银行、会计师事务所进行数据统计时，遵照管委会给出的机构排序进行表格制作。

2. 实习成员基本信息表(以机构为单位)

在第一天下午第5、6节课，各机构招聘结束后，将纸质版的招聘信息表制作成电子版本的实习成员基本信息统计表(见表10-2)。在第二天需要与各机构进一步核对姓名、学号等相关信息是否无误，同时核对各班级人员合计数是否与目前汇总名单一致，如果不一致，要调查不一致的原因并报告给老师。同时，还需进一步落实职位是否正确并且规范，如果有问题，需要进行修改。

表10-2 实习成员基本信息表

序号	机构代码	姓名	学号	年级专业班级	职位	联系方式
1	制造1					
2						
3						
4						
5						
6						
7						
8						
9						
1	制造2					
2						
3						
4						
5						
6						
7						
8						
9						
1	制造3					
2						
3						
4						
5						
6						
7						
8						
9						

3. 考勤表

在实习成员基本信息表的所有信息确认无误后,需要进一步细化制作为考勤表,如表10-3所示。除了填写电子版考勤表,还需要在纸质版考勤表上做登记。

如果请假,需要办理正规的请假手续,并将相关手续拍照留存,通过超链接的形式链接到考勤表页面。在"现代企业运作综合实习"课程中,请假流程为:先拿着手续完整的单据到对应的指导老师处请假,然后交到总负责的老师处,最后将相关凭证交到管委会。

每天都要填写电子版、纸质版考勤表。在课程最后一天将管委会所有资料归档后,将纸质版考勤表交给指定的老师。

特别提示:纸质版的考勤表需要单独提交。

表10-3 考勤表

序号	机构名称	姓名	学号	专业班级	职位	联系方式	14上	14下	15上	15下	18上	18下	19上	19下	20上	20下	21上	21下	22上	22下	25上	25下	26上	26下	27上	27下	个人考勤分	企业机构考勤分
1																												
2																												
3																												
4	制造1																											
5																												
6																												
7																												
8																												
9																												
1																												
2																												
3																												
4	制造2																											
5																												
6																												
7																												
8																												
9																												
1																												
2																												
3																												
4	制造3																											
5																												
6																												
7																												
8																												
9																												

考勤表上符号标识参考：√已到　△迟到　×旷课　○早退　☆请假

4. 平时成绩登记表

平时成绩登记表，如表10-4所示。

表10-4 平时成绩登记表

专业：年级专业班级人数(如：2019级工商管理1~2班95人)(各专业之间用顿号隔开)，各专业合计人数

授课教师：授课教师姓名(各教师姓名之间用顿号隔开)

实习时间：××××.××.××—××××.××.××(如：2022.3.28-2022.4.9)

机构代码：制造1　　　　　　　　公司名称：××公司(如：成都赤浪科技有限责任公司)

序号	姓名	学号	专业班级	职位	平时成绩
1					
2					
3					
4					
5					
6					
7					

5. 公司信息表

按照批注要求制作公司信息表，如表10-5、表10-6、表10-7所示。

表10-5 公司名称及全体成员信息

序号	机构代码	公司名称	全体成员	序号	机构代码	公司名称	全体成员
1	制造1			17	原材料3		
2	制造2			18	原材料4		
3	制造3			19	贸易1		
4	制造4			20	贸易2		
5	制造5			21	贸易3		
6	制造6			22	贸易4		
7	制造7			23	物流1		
8	制造8			24	物流2		
9	制造9			25	物流3		
10	制造10			26	物流4		
11	制造11			27	融媒体中心		
12	制造12			28	政务中心		
13	制造13			29	银行		
14	制造14			30	会计师事务所		
15	原材料1			31	管委会		
16	原材料2						

注：全体成员名单按以下顺序排列：CEO列首位，财务总监列末位，中间每个成员之间用空格隔开。

表10-6 各公司单个成员及岗位信息

机构代码	公司名称	岗位	成员姓名
制造1	乐山市栓扣制造有限责任公司	CEO	张三
		企管经理	
		销售员	
		出纳	
		会计	
		生产经理	
		会计	
		会计	
		CFO	
制造2	乐山市万能造科技有限责任公司	CEO	
		采购员	
		销售员	
		会计	
		生产总监	
		采购员	
		销售员	
		出纳	
		CFO	
制造3	乐山市集结号科技有限责任公司	CEO	
		生产总监	
		出纳	
		采购员	
		会计	
		销售员	
		企管经理	
		会计	
		CFO	
制造4	乐山市沃科易科技有限责任公司	CEO	
		销售员	
		销售员	
		会计	
		生产总监	
		出纳	
		采购员	
		企管经理	
		CFO	
制造5	成都乐诚科技有限责任公司	CEO	

(续表)

机构代码	公司名称	岗位	成员姓名
		企管经理	
		出纳	
		出纳	
		销售总监	
		会计	
		生产总监	
		会计	
		CFO	
制造6	乐山中森制造有限责任公司	CEO	
		销售员	
		销售员	
		企管经理	
		采购员	
		企管经理	
		生产总监	
		会计	
		CFO	
制造7	乐山市超越制造有限责任公司	CEO	
		会计	
		企管经理	
		销售总监	
		销售总监	
		生产总监	
		会计	
		会计	
		CFO	
制造8	成都市心双研成科技有限责任公司	CEO	
		会计	
		会计	
		会计	
		销售员	
		生产员	
		采购员	
		企管经理	
		CFO	
制造9	成都市稼禾制造有限责任公司	CEO	
		采购员	
		会计	
		生产总监	

(续表)

机构代码	公司名称	岗位	成员姓名
		销售员	
		出纳	
		企管经理	
		会计	
		CFO	
制造10	乐山市丰产制造有限责任公司	CEO	
		会计	
		销售员	
		采购员	
		生产总监	
		企管经理	
		销售员	
		生产总监	
		CFO	
制造11	北京市诚泽制造有限责任公司	CEO	
		企管经理	
		采购经理	
		会计师	
		生产经理	
		销售经理	
		销售经理	
		会计师	
		CFO	
制造12	成都市鸿旺制造有限责任公司	CEO	
		企管经理	
		企管经理	
		采购经理	
		销售经理	
		生产经理	
		会计师	
		出纳	
		CFO	
制造13	乐山市升宏制造有限责任公司	CEO	
		生产总监	
		CFO	
制造14	乐山市未来制造有限责任公司	CEO	
		CFO	
原材料1	北京市聚鑫科技有限责任公司	CEO	
		生产总监	

(续表)

机构代码	公司名称	岗位	成员姓名
		往来会计	
		采购经理	
		采购总监	
		出纳	
		企管经理	
		销售经理	
		CFO	
原材料2	成都市源远科技有限责任公司	CEO	
		会计主管	
		出纳	
		管理会计	
		企管经理	
		销售总监	
		原材料会计	
		采购总监	
		CFO	
原材料3	北京市百材科技有限责任公司	CEO	
		销售经理	
		生产经理	
		记账会计	
		销售经理	
		出纳	
		往来会计	
		采购经理	
		CFO	
原材料4	深圳市营家科技有限责任公司	CEO	
		销售经理	
		生产部长	
		会计	
		采购经理	
		副总经理	
		生产经理	
		销售员	
		CFO	
贸易1	成都市三角贸易有限责任公司	CEO	
		行政秘书	
		销售经理	
		采购部长	
		会计	

(续表)

机构代码	公司名称	岗位	成员姓名
		会计	
		CFO	
贸易2	乐山市德胜贸易有限责任公司	CEO	
		采购经理	
		出纳	
		市场经理	
		往来会计	
		市场经理	
		CFO	
贸易3	乐山市天骄教育有限责任公司	CEO	
		采购总监	
		销售总监	
		往来会计	
		出纳	
		销售主管	
		CFO	
贸易4	乐山市达事贸易有限责任公司	CEO	
		市场总监	
		采购总监	
		销售总监	
		往来会计	
		会计	
		CFO	
物流1	乐山市诺必达物流有限责任公司	CEO	
		出纳	
		成本会计	
		运管经理	
		往来会计	
		仓管经理	
		CFO	
物流2	成都市吉士达物流有限责任公司	CEO	
		仓库经理	
		往来会计	
		出纳	
		运管经理	
		成本会计	
		CFO	
物流3	成都市逆丰物流有限责任公司	CEO	
		出纳	

(续表)

机构代码	公司名称	岗位	成员姓名
		运管经理	
		会计	
		仓管经理	
		会计	
		CFO	
物流4	上海市超快物流有限责任公司	CEO	
		往来会计	
		仓管总监	
		往来会计	
		出纳	
		运输经理	
		CFO	
融媒体中心	乐山嘉兴传媒有限责任公司	主任	
		新闻记者	
		新闻记者	
		新闻记者	
		报纸编排	
		报纸编排	
		公众号运营	
		摄影拍摄	
		新闻记者	
		摄影拍摄	
		公众号拍摄	
政务中心	政务中心	主任	
		办事员	
		办事员	
		办事员	
		办事员	
银行	中国工商银行模拟银行	行长	
		柜员	
		信贷员	
		柜员	
		信贷员	
会计师事务所	乐山市华永会计师事务所	所长	
		审计师	
		审计师	
		审计师	
		审计师	
		审计师	

(续表)

机构代码	公司名称	岗位	成员姓名
		审计师	
		审计师	
		审计师	
管委会	管委会	主任	
		副主任	
		副主任	
		副主任	

表10-7 财务团队成员信息表

机构代码	公司名称	财务团队成员	机构代码	公司名称	财务团队成员
制造1			制造14		
制造2			原材料1		
制造3			原材料2		
制造4			原材料3		
制造5			原材料4		
制造6			贸易1		
制造7			贸易2		
制造8			贸易3		
制造9			贸易4		
制造10			物流1		
制造11			物流2		
制造12			物流3		
制造13			物流4		

注：财务团队成员列内只填写财务人员，财务总监列首位。

注意：此表主要针对的是原材料供应商企业、制造企业、贸易公司、物流公司，且只涉及财务人员，不包括经营人员。

6. 互评打分表

互评打分表如表10-8、表10-9所示，主要涉及企业对服务机构的评价和服务机构对企业的评价。从正式运营的第一季度开始，每个季度进行打分，注册阶段和试运行阶段无须打分。特别提示，如果一个机构对其他所有机构的打分都是100分，则该打分视为无效。

表10-8 每个季度外围服务机构对企业的评分

融媒体中心对企业的评价

序号	小组名称	第一季度				序号	小组名称	第二季度			
		态度(35)	完成速度(35)	配合程度(30)	总分			态度(35)	完成速度(35)	配合程度(30)	总分
1	制造1公司					1	制造1公司				
2	制造2公司					2	制造2公司				
3	制造3公司					3	制造3公司				
4	制造4公司					4	制造4公司				
5	制造5公司					5	制造5公司				
6	制造6公司					6	制造6公司				
7	原料1公司					7	原料1公司				
8	原料2公司					8	原料2公司				
9	物流1公司					9	物流1公司				

序号	小组名称	第三季度				序号	小组名称	第四季度			
		态度(35)	完成速度(35)	配合程度(30)	总分			态度(35)	完成速度(35)	配合程度(30)	总分
1	制造1公司					1	制造1公司				
2	制造2公司					2	制造2公司				
3	制造3公司					3	制造3公司				
4	制造4公司					4	制造4公司				
5	制造5公司					5	制造5公司				
6	制造6公司					6	制造6公司				
7	原料1公司					7	原料1公司				
8	原料2公司					8	原料2公司				
9	物流1公司					9	物流1公司				

序号	小组名称	第五季度				序号	小组名称	第六季度			
		态度(35)	完成速度(35)	配合程度(30)	总分			态度(35)	完成速度(35)	配合程度(30)	总分
1	制造1公司					1	制造1公司				
2	制造2公司					2	制造2公司				
3	制造3公司					3	制造3公司				
4	制造4公司					4	制造4公司				
5	制造5公司					5	制造5公司				
6	制造6公司					6	制造6公司				
7	原料1公司					7	原料1公司				
8	原料2公司					8	原料2公司				
9	物流1公司					9	物流1公司				

序号	小组名称	第七季度				序号	小组名称	第八季度			
		态度(35)	完成速度(35)	配合程度(30)	总分			态度(35)	完成速度(35)	配合程度(30)	总分
1	制造1公司					1	制造1公司				
2	制造2公司					2	制造2公司				
3	制造3公司					3	制造3公司				
4	制造4公司					4	制造4公司				
5	制造5公司					5	制造5公司				
6	制造6公司					6	制造6公司				
7	原料1公司					7	原料1公司				
8	原料2公司					8	原料2公司				
9	物流1公司					9	物流1公司				

表10-9 每个季度企业对外围机构的评分

物流1		1.办公人员的工作态度	2.办公人员的工作效率	3.办公人员的操作熟练程度	4.办公人员的专业办公能力	5.办公人员的辅助办公能力	6.办公人员的沟通能力	7.办理业务公正、公开、公平	8.机构内部人员分工是否合理	9.对机构内部的监督情况	10.对各个企业的监督情况	合计
物流1	小组名称	满分10分	满分10分	满分10分	满分10分	满分10分	满分10分	满分10分	满分10分	满分10分	满分10分	10项合计分
1	融媒体中心											
2	政务中心											
3	银行											
4	会计事务所											
5	管委会											
物流2	小组名称	满分10分	满分10分	满分10分	满分10分	满分10分	满分10分	满分10分	满分10分	满分10分	满分10分	10项合计分
1	融媒体中心											
2	政务中心											
3	银行											
4	会计事务所											
5	管委会											

注:
① 专业办公能力是指专业知识的掌握程度。
② 辅助办公能力是指对相关办理业务的各企业员工的辅助培训。
③ 机构内部人员分工是指该机构的业务工作人员分配是否合理。
④ 对机构内部的监督情况是指机构工作人员是否按时到岗,不做与工作无关的事情。
⑤ 对各个企业的监督情况是指各企业的业务未完成情况的监督、提醒。

7. 经营数据统计表

经营数据统计表,如表10-10、表10-11所示。此处的经营数据主要指的是以机构为单位的产(销)量统计或运输量统计,产(销)量统计主要针对的是原材料供应商、制造企业、贸易公司,运输量统计主要针对的是物流公司。经营数据主要统计正式运营时的相关数据,试运行期间的数据可以不统计,可以从正式比赛的第3季度开始录入,每个季度中旬统计上个季度的产销情况,统计方法及统计表格咨询总负责的老师。

表10-10 原材料供应商、制造企业、贸易公司产(销)量统计表

序号	产品类别	第1季度		第2季度		第3季度		第4季度		第5季度		第6季度		第7季度		第8季度		产量		销量	
		订单	产量	订单	产量	订单	产量	订单	产量	订单	产量	订单	产量	订单	产量	订单	产量	单项	累计产量	单项	累计销量
制造1	L																				
	H																				
	O																				
	S																				
制造2	L																				
	H																				
	O																				
	S																				
制造3	L																				
	H																				
	O																				
	S																				

(续表)

序号	产品类别	第1季度		第2季度		第3季度		第4季度		第5季度		第6季度		第7季度		第8季度		产量		销量	
		订单	产量	订单	产量	订单	产量	订单	产量	订单	产量	订单	产量	订单	产量	订单	产量	单项	累计产量	单项	累计销量
制造4	L																				
	H																				
	O																				
	S																				
制造5	L																				
	H																				
	O																				
	S																				
制造6	L																				
	H																				
	O																				
	S																				
原材料1	M1																				
	M2																				
	M3																				
原材料2	M1																				
	M2																				
	M3																				
产品产量合计	L																				
	H																				
	O																				
	S																				
原材料产量	M1																				
	M2																				
	M3																				
单笔订单上限	L																				
	H																				
	O																				
	S																				

表10-11 物流公司运输量统计表

机构代码	类别	第1季度	第2季度	第3季度	第4季度	第5季度	第6季度	第7季度	第8季度	合计	加权合计
物流1	M1										
	M2										
	M3										
	L										
	H										
	O										
	S										

(续表)

机构代码	类别	第1季度	第2季度	第3季度	第4季度	第5季度	第6季度	第7季度	第8季度	合计	加权合计
物流2	M1										
	M2										
	M3										
	L										
	H										
	O										
	S										

8. 以机构为单位的过程性作业分数汇总表

以机构为单位的过程性作业分数汇总表，如表10-12所示。

9. 获奖情况登记表

获奖情况登记表可在考勤表的基础上进行添加，如表10-13所示。此表除了教师打分以外，不需要登记具体的分数，只需要在获得奖项下方标注相关符号即可。

表10-12　以机构为单位的过程性作业分数汇总表

机构代码	日常工作制度	经营理念	工作计划书	经营计划书	会议记录	分析报告			企业考勤（减分）
						经营分析	财务分析	专项分析	
制造1									
制造2									
制造3									
原材料1									
原材料2									
原材料3									
贸易1									
贸易2									
贸易3									
物流1									
物流2									
物流3									
融媒体中心									
政务中心									
银行									
会计师事务所									
管委会									

表10-13 获奖情况登记表

机构名称	序号	学号	姓名	专业班级	职位	优秀CEO	普通CEO	优秀员工	优员提名	企业一等奖	企业二等奖	企业三等奖	未获奖企业	优秀财务团队	销售冠军	生产冠军	运输冠军	产销冠军	优秀服务机构	未获奖机构	优秀财务团队	Logo一等奖	Logo二等奖	Logo三等奖	Logo优秀奖,最佳人气奖	教师打分	员工与CEO互评分
制造	1																										
	2																										
	3																										
	4																										
	5																										
	6																										
	7																										
	8																										
	9																										

上述9种类型的表格，除考勤表需要电子版和纸质版以外，其余主要使用电子表格。

10.2.2 常用工具或平台操作流程

1. 实习中打印机的使用方法

学会使用打印机：管委会与融媒体中心，使用的是同一台电脑，只是链接的打印机不同，同时，需要的纸张大小不同。

(1) 管委会打印机使用方法。管委会平时主要使用A4纸张。步骤如下。
- 打开需要打印的文档后，单击左上角"文件"按钮，在下拉列表中选择"打印"。
- 选择打印机"HP"。
- 可以对打印纸张、打印范围等相关内容进行设置。

(2) 融媒体中心打印报纸的步骤和方法。融媒体报纸主要使用A3纸张，具体步骤如下。
- 在电脑上打开需要打印的资料。如果是Word文档，则在"属性"中选择打印纸张"A3"，方向"横向"；如果是看图王PDF，则在"首选项"中选择打印纸张"A3"，方向"横向"。
- 选择打印机"佳能Canon"。
- 注意检查打印机与电脑主机是否已经连接，打印机的电源是否已经打开。
- 打开打印机纸盒，放入A3纸(注：一次只能放入一张)，放平整。
- 按压纸张，使纸张下金属板不再弹起，推回纸盒。推回纸盒时需用力推到底，打印机显示屏"凹槽"图标中出现数条横线，则纸张添加成功；反之，表示打印机未读取到纸张，无法打印。
- 打印机显示"放纸"，则需回到打开纸盒重新放纸的步骤。
- 使用过的纸(即使打印出来是白纸)，建议不要立即使用，否则容易出现卡纸现象。

2. 学习通平台收(发)作业流程

管委会专人负责学习通，同时将即将负责学习通学生的姓名和学号告诉老师，老师将其添加为助教。当教师端添加成功后，负责学习通的同学登录自己的学习通，并且选择"我教授的课程"，依次单击"作业""新建作业",如图10-1所示,同时可以对作业进行命名。"新建作业"可以直接通过简答题的形式进行,单击"保存"。

图10-1 新建作业

下面是在学习通上发布作业和收取作业的操作流程。此处收(发)的作业主要指的是以机构为单位提交的作业,也包括logo比赛提交的资料。

(1) 发布作业。给作业添加一个标题,同时,将作业命名要求或者其他要求添加完成后,单击"保存",如图10-2所示。

图10-2 作业题型选择

然后到"作业库"中,单击"发布"作业,发布前注意选择正确的班级,设置开始和结束的时间,如图10-3所示,也可以进行高级设置,选择作业开始和截止的时间,同时设置选择作业截止日前允许学生重做的次数、作业结束后能否提交等。具体操作界面如图10-4、图10-5、图10-6所示。设置完成后,进行发布。显示发布成功,则作业发布完成。

第三篇 服务机构(企业)运作篇

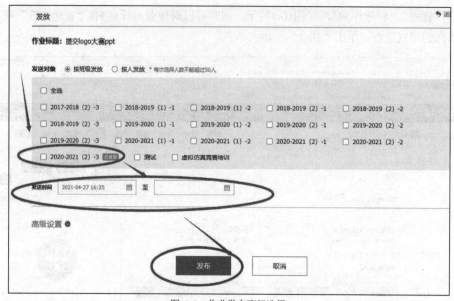

图10-3 作业发布班级选择

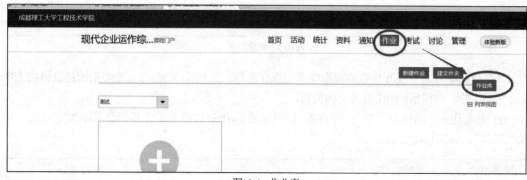

图10-4 作业库

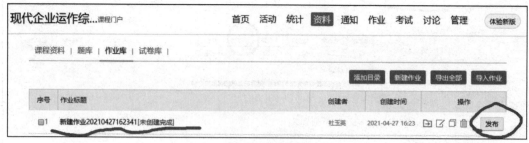

图10-5 作业发布

(2) 收取作业。收取作业主要指的是将各机构提交的作业或资料，通过学习通下载并整理。

登录助教的学习通账号后，在对应的作业处选择下方的"导出作业附件"，如图10-7所示。

导出作业后回到工具栏，单击"管理"，单击左下角的"下载中心"，再单击右边的"下载图标"，就可以下载了。但是，只能逐家公司地下载。将下载完成的资料解压缩后，将作业文档按照前面所做的机构排序进行归类整理，如图10-8、图10-9所示。

第10章 管委会

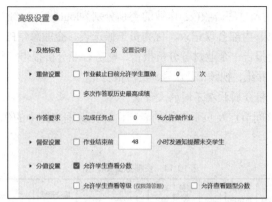

图10-6 作业发布高级设置

图10-7 导出作业附件

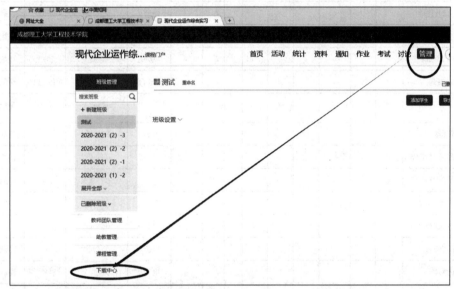

图10-8 下载中心

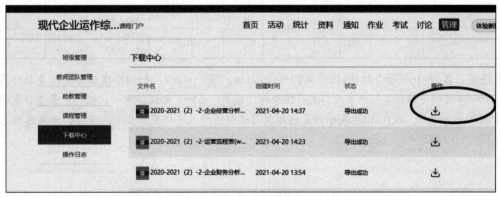

图10-9 作业下载

(3) 收(发)作业的类别及排序。收(发)作业的类别分别为logo设计、经营理念、日常工作制度、经营计划书、工作计划书、内部会议记录、优秀员工候选表、企业总结PPT、各企业实习资料、运营流程表、企业经营分析报告、企业财务分析报告、财务行业分析报告、经营行业分析报告、专项分析报告、机构考勤表、报纸、视频、公众号、实习报告。

注意： 经营与财务资料分别放在不同的文件夹。

各类作业的收取的时间节点及负责批阅的老师，详见课程安排中的作业提交安排，如表10-14所示。

表10-14 资料提交安排示例

序号	提交内容		制造企业	贸易公司	原材料供应商	物流保险	事务所	政务中心	银行	管委会	融媒体中心	提交形式	途径	提交截止时间	收集部门	负责老师
1	logo设计		√	√	√	√	√			√	√	电子版	在线课程	第5天	工商局	
2	经营理念		√	√	√	√	√			√	√	电子版	在线课程	第5天	工商局	
3	日常工作制度		√	√	√	√	√			√	√	电子版	在线课程	第4天	管委会	
4	计划书	经营计划书	√	√	√	√	√					电子版	在线课程	第6天	管委会	
		工作计划书										电子版	在线课程	第6天	管委会	
5	内部会议记录		√	√	√	√	√			√		电子版	在线课程	第9天	管委会	
6	优秀员工候选表		√	√	√	√	√			√		纸质版	现场提交	第9天	管委会	
7	企业总结PPT										√	ppt电子版	在线课程	第10天12点	管委会	
8	各企业实习资料		√	√	√	√	√			√	√	纸质、电子版	现场提交	第10天	管委会	
9	运营流程表		√	√	√	√	√					电子版	在线课程		管委会	
10	企业经营分析报告		√	√	√	√	√					电子版	在线课程		管委会	
11	企业财务分析报告												在线课程		管委会	
12	财务行业分析报告							√				电子版	在线课程		管委会	
13	经营行业分析报告								√			电子版	在线课程		管委会	
14	专项分析报告									√		电子版	在线课程		管委会	
15	机构考勤表									√		电子版	现场提交	每半天1份	管委会	
16	报纸、视频、公众号										√	纸质版、电子版		每天运营公众号、每天出一份报纸(9)份、20分钟的汇总视频		
17	实习报告		√	√	√	√	√	√	√	√		纸质版	学习委员收齐后提交	实习结束后1周内	经管中心办公室	

注意： 第1~16项每个机构1份；第17项每人1份。第9~14项，1~4季度根据通知要求时间提交，1~8季度的资料在实习结束后与实习报告一同提交。另外，融媒体中心、银行、管委会需进行自身相关业务分析。表10-14所展示的是两周实习课程的情况下提交作业时间节点，如果课程总课时不同，则以指导老师的要求为准。

(4) 电子作业归档，如图10-10所示。

图10-10 电子作业归档(以内部会议纪要排序示例)

每类作业整理归档时，每个文件夹中的文档首位为数字，该数字代表的是机构的排列顺序，如图10-11所示。以机构为单位的作业，通过在线课程收齐后，交给对应负责的老师，进行批改，批改后拿回成绩进行统计。

以上资料分门别类归档后，要打包发给总负责的老师，归类方法如图10-11所示。

图10-11 各类作业文件夹命名方式示例

3. 综合实习问卷调查发布流程

第9天上午发布问卷调查，在发布问卷调查之前先与对应的老师沟通，审核问卷内容，审核无误后，进行发布。发布方法如下。
- 打开"问卷星"官方网站。
- 用老师的账号进行登录。
- 进入后单击"我的问卷"，选择好财务和运营两个问卷表后分别单击"复制问卷"，选择复制到我的账户，然后对复制的问卷单击"修改"，修改日期、专业等不同内容，修改完成后交由老师检查，检查无误后进行发布。
- 问卷的分享按照总负责老师指导进行即可。同时，将问卷二维码通过课程使用的平台发布给学生。

注意事项：(1) 问卷最迟需要在第9天做出来，在第10天进行发布。
(2) 经营的同学填写经营问卷，财务的同学、会计师事务所、银行完成财务分析问卷。政务中心完成财务问卷和经营问卷调查，融媒体中心与管委会根据自己所了解的信息情况选择填写财务问卷或经营问卷。

10.3 管理分析报告

通过日常的考勤、各机构工作制度执行情况、各资料收集情况等分析各机构的整体情况。在现代企业运作综合实习过程中，应充分发挥学生的管理能力，管委会可开展"最佳管理组织奖"等奖项的评比。

第11章
招标投标公司

11.1 招标投标基础知识

11.1.1 招标投标概述

招标投标是目前国内外经济管理活动中一种很常见、很通用的交易方式，很多时候简称"招投标"。

我国从20世纪80年代初开始引入招标投标制度。2000年1月1日《中华人民共和国招标投标法》(后文简称《招标投标法》)实施，其后又在2017年进行了修订。《招标投标法》的实施标志着我国正式以法律形式确定了招标投标制度。目前，招标投标方式已逐步深入到我国经济建设和社会管理的各个领域。

1. 招标投标的概念

招标是指招标人(买方、采购方)根据货物购买、工程发包及服务采购的需要，提出条件或要求，以某种方式向不特定或一定数量的投标人(卖方、提供方)发出投标邀请，并依据规定的程序和标准选定中标人的行为。

投标是指投标人接到招标通知后，响应招标人的要求，根据招标通知和招标文件的要求编制投标文件，并将其送交给招标人，参加投标竞争的行为。

招标和投标是相互对应的一对概念，是同一个问题、同一个交易行为和同一个交易方式的两个方面，并非独立个体。在一个项目的招标投标过程中，招标和投标两个过程是相互联系、相互贯穿、相互依存的。但由于招标在整个过程中处于主动的地位，因此人们往往使用"招标"一词来代表完整的招标投标过程。

招标投标活动中的主要参与者，包括招标人、投标人、招标代理机构和政府监督部门；招标投标活动的每一个阶段，一般都要涉及招标人和投标人，也需要监督管理部门的参与。由于实行招标投标的领域较广，有的专业性较强，涉及众多部门，目前不可能由某一个部门统一进行监管，只能根据不同项目的特点，由有关部门在各自的职能内依法分别负责监督。

2. 招标投标的标的

招标投标的标的是指招标人和投标人双方权利义务所指向的对象。从国内及国际招标活动实践来看，招标投标的标的包括货物、工程、服务三类。货物是招标的主要标的。

工程通常是指工程建设项目，是指建设工程，以及与工程建设有关的货物、服务。

服务是指除货物和工程以外的其他采购对象。财政部2013年发布的《政府采购品目分类目录》将服务类采购内容概括为24种，包括科学研究和实验开发、信息技术服务、电信和其他信息传输服务、租赁服务、维修和保养服务、住宿和餐饮服务、商务服务等。

3. 招标投标的特点

招标投标的整个过程以法律为准绳，它是市场经济的产物，并随着市场经济的发展而逐步推广，必然要遵循市场经济活动的基本原则。招标投标具有以下特点。

(1) 规范性。主要指程序的规范和内容的规范。招标投标双方之间都用相应的具有法律效力的规则来相互限制，招标和投标的每一个环节都有严格的规定，一般不能随意改变。

(2) 公开性，即"信息透明"。招标投标活动必须具有高度的透明度，招标程序、投标的资格条件、评标标准、评标方法、中标结果等信息都要公开，使每一个投标人能够及时获得有关信息，从而平等地参与投标竞争，依法维护自身的合法权益。此外，将招标投标活动置于公开透明的环境中，也为当事人和社会各界的监督提供了重要条件。

(3) 公平性，即"机会均等"。要求招标人一视同仁地对待所有的投标人，并为所有投标人提供平等的机会，使其享有同等的权利并履行相应的义务，不歧视或者排斥任何一个投标人。

(4) 竞争性。招标的目的是尽量节省采购开支，最大限度地满足采购目标。因此，在采购过程中，招标人会以投标人的最优惠条件来选定中标人。投标人为了获得最终的中标，就必须竞相压低成本，提高标的物的质量，同时在遵循公平的原则下，投标人只能进行一次报价，并确定合理的方案投标，因此投标人在编写标书时必须成熟且慎重，尽可能提高中标率。

从上述特点可以看出，招标投标活动必须规范采购程序，使参与采购项目的投标人获得公平待遇，加大采购过程的透明度和客观性，它在促进招标人获取最大限度的竞争收益、节约采购资金、杜绝腐败和滥用职权等方面都起到至关重要的作用。

4. 招标投标的作用

招标投标的作用主要体现在以下几点。第一，提高经济效益，这主要是针对招标人而言的，当招标项目的质量、期限明确后，招标人最为关注的是价格；投标人主要在价格方面展开竞争，理论上能实现以最少的资金投入采购到优质的工程、货物和服务。第二，提高交易效率，在小型的交易活动中，人们很少考虑交易本身的效率，但在大型的交易活动中，交易效率却是人们必须考虑的问题；招标投标活动能把交易过程中发生的大量的一对一的询价和谈判，有效地组织成一对多的形式，达到事半功倍的效果，从而提高交易效率。第三，确保标的物的质量和工期，通过资格审查和最大限度的竞争，有利于招标人确定最佳的承包商、供货商和服务商，从而保障质量和工期，也有利于防范腐败和滥用职权。

11.1.2 招标投标的程序

根据有关法律法规，一个完整的招标投标过程包括招标、投标、开标、评标和定标等阶段。

1. 招标阶段

在招标阶段，招标人按照国家有关规定履行项目审批手续、落实资金来源后，成立招标组织机构，依法发布招标公告或投标邀请书，编制并发售招标文件等。

作为招标投标活动的起始程序，首先应确定招标项目要求、投标人资格条件、评标标准和方法、合同的主要条款等各项实质性条件和要求。因此，招标阶段对整个招标投标程序是否合法、科学，能否实现招标目的，有着基础性的重大影响。

2. 投标阶段

在投标阶段，投标人根据招标公告(招标邀请)和招标文件的要求，结合企业的实际情况，编制并提交投标文件，响应招标活动。

投标人应当具备承担招标项目的能力。国家有关规定对投标人资格条件或者招标文件对投标人资格条件是有规定的，投标人应当具备规定的资格条件。同时，应当按照招标文件的要求编制投标文件，对招标文件提出的实质性要求和条件做出响应。

在投标过程中，投标人参与竞争，并一次性进行投标报价。在投标截止时间结束后，招标人将不能再接受新的投标文件，投标人也不得再更改投标报价及其他实质性的内容。

投标人不得相互串通投标报价，不得排挤其他投标人的公平竞争，损害招标人或者其他投标人的合法权益。投标人不得与招标人串通投标，损害国家利益、社会公共利益或者他人的合法权益。禁止投标人以向招标人或者评标委员会成员行贿的手段谋取中标。

3. 开标阶段

开标是指招标人按照招标文件确定的时间和地点，邀请所有投标人到场，当众公开开启投标人提交的投标文件，宣布投标人名称、投标报价及投标文件中其他重要内容。开标的最基本要求和特点是公开，保证所有投标人的知情权，这也是维护各方合法权益的基本条件。

4. 评标阶段

评标是审查并确定中标人的必经程序。招标人依法组建评标委员会，依据招标文件规定和要求，根据评标办法对投标文件进行审查、评审和比较。评标委员会完成评标后，应当向招标人提出书面评标报告，并推荐合格的中标候选人(中标候选人应当不超过3个，并标明顺序)。

5. 定标阶段

定标即确定中标人。招标人根据评标委员会提出的书面评标报告和推荐的中标候选人确定中标人，招标人也可以授权评标委员会直接确定中标人。对于依法必须招标的项目，招标人必须根据评标委员会提出的书面评标报告和推荐的中标候选人确定最终中标人。评标委员会经评审认为所有投标都不符合招标文件要求的，可以否决所有投标，依法必须招标项目的所有投标被否决的，招标人应当重新招标。

确定中标人后，招标人应当向中标人发出中标通知书，并同时将中标结果通知给所有未中标的投标人。中标通知书对招标人和中标人具有法律效力，中标通知发出后，招标人改变中标结果的或者中标人放弃中标项目的，须承担法律责任。

招标人应当自收到评标报告之日起三日内公示中标候选人，公示期不得少于三日，如投标人或其他利害关系人对依法进行招标的项目的评标结果有异议，应当在公示期提出。定标阶段，既是竞争结果的确定阶段，也是可能发生异议、投诉、举报的阶段，有关行政监督部门应当依法进行处理。

6. 签订书面合同

我国法律规定，招标人和中标人应当自中标通知书发出之日起三十日内，按照招标文件和中标人的投标文件订立书面合同。招标人和中标人不得再行订立违背合同实质性内容的其他协议。招标文件要求中标人提交履约保证金的,中标人应当提交。

招标人最迟应在书面合同签订后五日内向中标人和未中标人退还投标保证金及银行同期存款利息。招标人应当自确定中标人之日起十五日内,向有关行政监督部门提交招标投标情况的书面报告。合同的签订意味着整个招投标工作的结束。

11.2 综合实习中的招标投标业务处理

在综合实习进入到连续生产经营的中后期,指导教师可根据市场上各企业的经营状况,通过招标投标的方式定向增加制造企业和贸易公司的市场订单或提供原材料订单,从而临时性地"调节"市场、保障整个市场的后续经营活动能顺利进行。

11.2.1 招标投标实习的安排及要求

1. 实习目的和实习安排

本实验项目的主要目的,是根据实习开展的实际需要通过招标投标方式临时性地"调节""微型经济社会"的运行,同时让参加实习的学生体验一次简易但完整的招标投标过程,从而熟悉招标投标工作的主要程序,掌握招标公告、招标文件、投标文件编制的基本要求。其任务和安排具体如下。

(1) 总体任务:由管委会作为招标代理机构,代理某公司进行手机采购招标或原材料销售招标业务,有销售或采购需求的制造企业和贸易公司作为投标人,按法定程序,完成招标投标工作全过程。招标结果将纳入综合实习的经营业绩中(在招标投标工作结束后,数据由指导教师导入综合实习软件系统)。不管是手机采购招标还是原材料销售招标,其原理和操作过程类似,下面以手机采购招标为例进行说明。

(2) 招标标的:货物(手机或原材料),分为$M(M\geqslant 2)$个不同的标段(包),每个标段对手机的要求和数量各有差异。

(3) 招标方式:公开招标。

(4) 招标人:由管委会来扮演招标代理机构,代理某公司进行采购或销售招标。

(5) 投标人:各制造企业、各贸易公司都是潜在投标人。为保障整个"市场"不至于严重失调,实习时由指导教师小组规定,每个潜在投标人可以参与其中$N(N\leqslant M)$个标段的投标,中标标段最多只能有$K(K\leqslant N)$个。

(6) 评标委员会:由指导教师和学生共同组成,以学生为主。各标段可以分别组建评标委员会。

(7) 监督部门:由指导教师和学生共同组成,以学生为主。

2. 各机构的实习具体任务

(1) 招标人:招标人要完成的实习任务是根据手机采购要求(手机数量及其他要求,由指导教师确定),完成各标段的招标工作。具体任务包括:

① 招标准备。尽快熟悉招标工作的有关要求、流程,制订招标工作的整体方案,经指导教师审核后实施。

② 划分标段。把性能参数和其他要求等相同的采购标,划入同一个标段。标段总个数为M。

③ 编制、发布招标公告。招标公告中要特别说明，投标人可参与其中N个标段的投标，但中标标段最多只能有K个。招标公告经指导教师审核后，根据实施方案中确定的时间、发布形式予以发布。

④ 编制、发售招标文件。M个标段分别编制招标文件，经指导教师审核后，按照招标公告中的时间发售给投标人，并予以登记。

⑤ 组织开标。M个标段分别开标，可以一次性连续开标，也可以分散开标；事先做好开标的准备(包括场地、唱标内容、有关数据表格、人员安排等)，在招标文件中规定的时间、地点，完成开标工作。

⑥ 组织评标。事先与评标委员会一起做好评标的准备工作，开标结束后按既定方案由评标委员会评标。

⑦ 定标。根据评标报告，发布中标公示；公示结束后发布中标结果告知书、中标通知书。

⑧ 签订合同。与中标单位完成合同签订。

(2) 投标人：招标人要完成的实习任务是根据指导教师要求、招标公告和招标文件的规定，结合本企业此前的经营情况，完成投标工作。具体任务包括：

① 投标准备。确定投标工作的内部人员分工，熟悉投标工作的有关要求、流程，准备投标所需要的资料，购买招标文件。

② 编制投标文件。根据招标文件的要求，以及企业的实际情况，决定参加某些标段的投标，分别编制投标文件，并按招标文件的要求进行封装，并在规定的时间将投标文件递交到规定的地点。

③ 参加开标。根据招标文件的规定，在规定的时间和地点参加所投标段的开标。

④ 签订合同。如中标，按规定与招标人就招标项目签订合同。

(3) 评标委员会

评标委员会要完成的实习任务是在指导教师指导下，根据招标文件中的评标办法，客观、公正地完成各标段的评标工作，出具评标报告。具体任务包括：

① 评标准备。确定评标负责人及内部分工，熟悉、理解评标办法，与招标人在招标公告、招标文件发布前协商好开标、评标时间，安排好评标场地。

② 完成评标工作。参加开标会议，在开标会议后按招标文件中的评标办法评标，并出具评标报告。

11.2.2 招标投标的实习过程及指导

招标投标的有关法律法规对招标投标工作的流程和各个环节的要求有明确的规定，综合实习中的模拟招标投标工作应当符合这些规定。为了达到实习目的，实习学生应当在事前学习并尽量熟悉相关规定，做好充分的准备，并在工作过程中严格遵守实习要求，有关文件的编制应当请指导教师进行仔细审核或检查。当然，由于时间所限，模拟招标投标工作中的有些环节可以适当简化。

招标投标业务处理的实习过程，按时间先后次序，安排如下。

1. 做好相关准备工作

1) 实习材料的准备

在综合实习开始前，作为实习负责人的指导教师团队或管理团队，应检查所有材料是否齐备。

实习材料包括有关资料(如招标公告、招标文件的模板及招标投标过程中用到的表格等)和用具(如印章、文件袋等)，具体清单可扫描右侧二维码获取。

招标投标业务处理实习所需准备的材料清单

2) 做好招标投标实习的整体安排

在综合实习开始前，指导教师团队应当事先做好招标投标实习的计划；综合实习进入连续生产经营的中后期后，指导教师团队可根据市场生产经营状况对实习安排进行微调。

指导教师团队需要确定的事项包括：具体时间(尤其是起始时间、开标时间)，货物采购数量及标段数量M、允许同一投标人参与投标的标段数N和中标的标段数$K(M \geqslant N \geqslant K \geqslant 1)$，多个标段的投标截止时间(即开标时间，简化起见，建议多个标段一起开标，即多个标段的投标截止时间是相同的)。

2. 组建招标投标的模拟机构

1) 组建招标团队

招标团队(招标代理机构)由管委会的学生担任，可设置负责人一名，负责人对整个招标工作都很重要，应当熟悉招标、投标工作的整个程序；团队内部应有明确的分工，尤其是招标文件的编制、开标准备和组织等工作应有专人负责。

组建的招标团队，可以作为招标人自行招标，也可以作为招标代理机构受委托进行招标；具体选哪一种身份，由指导教师团队决定。要注意的是，自行招标和代理招标在实习的一些细节方面是有区别的。

2) 组建投标机构

要参加投标的组织机构即投标人。指导教师团队应事先清楚潜在投标人数目，并要求潜在投标人组建投标机构。每个投标人可设置负责人一名，团队内部应有明确的分工，投标资料准备、投标文件的编制及封装等工作应有专人负责。另外，整个团队要共同讨论决定报价策略。

3) 组建评标委员会

评标委员会由指导教师和学生共同组成，委员会成员人数为单数(实习时5人比较合适)。根据有关法律法规规定，评标委员会的专家应从"评标专家库"中随机抽取，因此，指导教师团队可在招标团队、投标人确定后从无直接利害关系的其他机构中先选聘一些学生组成"评标专家库"，然后在开标前按规定临时随机抽取评标人员。每个标段可组建不同的评标委员会。

4) 组建监督部门

以学生为主来担任，两三名学生即可。

以上招标投标模拟机构的组成人员，建议每次实习的时候都记录在案，可安排管委会或其他机构的学生专门记录。

3. 组织专题培训

对上述4个机构的学生，尤其是对各机构的主要负责人，按不同的角色，分别进行专题培训。培训重点内容包括机构的主要职责和主要实习任务，相关规则(法律法规的模拟执行)，工作的程序要求及重要时间点，相关资料的填报要求，投标报价策略，工作注意事项，等等。

进入招标、投标阶段后，建议指导教师在实习过程中只对学生的实习过程和结果进行规则性检查，而不进行策略性指导。策略性指导和点评，可以在总结阶段进行，以留给学生独立思考、决策的空间。

4. 招标实习

进入招标阶段，招标人应在指导教师指导下，根据实习的总体安排，按先后次序做好以下工作。

1) 制定招标人的总体工作方案和人员分工安排

根据实习的总体安排，制订招标人的总体工作方案和人员分工安排。工作方案和安排应便于实施,人员分工应明确、合理,经指导教师审核通过后方可实施。

2) 编制招标文件

每个标段要分别编制招标文件(标书),分别有不同的项目名称和项目编号。

招标文件既要符合有关法律法规,又要完整、准确地体现招标人对货物采购的所有要求。招标文件的编制,是一项要求很高的工作,既费时又费力。在实际的招标工作中,招标文件的编制往往要反复斟酌、反复修改多次才能完成。

考虑到实习时间有限,学生大多是初次接触招标投标工作。因此,在实习时我们安排了一种变通的方式来编制招标文件,即:给出招标文件的完整的范本(可扫描右侧二维码获取),实习学生只需填写其中的一些重要内容,将招标文件补充完整即可。

在该范本中,招标文件分为4章(分别是"投标邀请""采购项目内容和要求""投标人须知""投标文件格式")。实习时,应把每一份招标文件中前三章的空白处填写完整,且所有招标文件中的内容应完全一致,填写的份数为预估的潜在投标人的数目。招标文件的"投标文件格式",向投标人规定了投标文件的构成、内容及必须遵守的格式,其中的空白处招标人无须填写任何内容。

招标文件

需要特别注意的是,招标人不要以为填写完招标文件就完成工作了,还应当通读整个招标文件,理解其中相关条款的含义和要求,尤其是关于评标办法和资格审查的观点,这对后续的相关工作是非常重要的。

3) 编制、发布招标公告

根据采购项目的要求和招标投标的实习安排计划,编制招标公告。为简化有关工作,多个标段招标的招标公告一起发布。

招标公告中要特别说明,投标人可参与其中N个标段的投标(最多可购买N个标段的标书),但中标标段最多只能有K个。

可扫描右侧二维码获取招标公告的范本,实习时可采用该范本(只需根据实习项目的实际情况填写),也可以不采用。无论是否采用该范本,招标公告都应当完整、准确地表述采购项目招标的有关信息,应当载明招标人的名称和地址、招标项目的性质、数量、实施地点和时间、投标截至日期,以及获取招标文件的办法、对投标人的要求等事项。

招标公告

4) 编制标底

如有必要,可编制标底。编制标底,意味着招标人可设置最高投标限价。如设有最高投标限价,应当在招标文件中明确最高投标限价或计算最高投标限价的方法。

5) 发布招标公告

根据《招标公告和公示信息发布管理办法》的有关规定,发布招标公告。

实习时,如果时间充裕(发布招标公告的时间与购买标书的时间相隔较长),可考虑在信息中心制作发行的实习报纸上发布招标公告,如果时间安排较紧凑,可通过广播的形式进行公告,或采用两者相结合的方式。

6) 发售招标文件

投标人在招标公告规定的时间、地点购买标书。招标人与投标人都应遵守招标公告和招标文件中有关发售、购买标书的规定,并登记有关购买情况的信息(招标文件购买登记表可扫描右侧二维码获取)。如果投标人购买了多个标段的招标文件,相应的标段号(包号)应登记清楚。

招标文件购买登记表

7) 招标文件的澄清与修改

招标文件发出以后，招标人可以针对发现的错误或遗漏，在规定时间内主动地或在潜在投标人提出问题时进行解答、澄清或者修改。应当注意，对于书面的澄清和修改，法律有严格的时间规定，招标人、投标人都应遵守。

解答、澄清或修改情况，招标人应记录在案。

举行开标会时，在开标会现场，正式开标之前招标人可以按规定解答问题。

4. 投标实习

投标人购买标书后，实习进入投标阶段。在投标阶段，招标人可以把主要精力放在对后续开标、评标阶段的准备工作上，投标人则应在指导教师指导下，根据实习的总体安排，按先后次序做好以下工作。

1) 投标人购买标书

投标人在招标文件规定的时间、地点购买标书。招标人与投标人都应遵守招标文件中有关发售、购买招标文件的有关规定，并如实提供、登记有关购买招标文件的信息。

2) 仔细研究招标公告和招标文件的要求

确定是否满足招标文件中规定的投标人资质要求。若满足，则进入后续步骤。

3) 准备资料

准备投标所需要的全部资格证明文件和其他资料。

4) 制定投标方案

讨论决定参加哪些标段的投标，对于投标的标段，尤其要注意报价策略(报价越高，追求的利润率越高，中标概率就越小；反之亦然)。

5) 编制投标文件

对于招标文件的全部要求，投标文件应当做出实质性响应。如有疑问，可要求招标人澄清。

考虑到实习时间安排有限，为减少投标人的实习工作量，指导教师(或管委会)可在招标文件发售时间截止后，把招标文件中"投标文件格式"全部内容的电子版和纸质版单独发给购买了招标文件的投标人，这样投标人就只需要填写其中的空白处和有关表格，从而节省文字录入和表格制作等需要的时间。

6) 密封投标文件

按照招标文件要求，各标段的投标文件应准备正本1份、副本4份，并按招标文件"投标人须知""投标文件格式"的有关规定进行打印、装订、密封、盖章。

投标文件的封面，除了投标法人、投标代表签字盖章，还应在密封口盖公司章，防止他人拆封。

7) 递交投标文件

按照招标文件的规定，在投标截止时间前，应将密封的投标文件在规定的地点递交给招标人，并交纳投标保证金(按招标公告中规定的方式交纳)。

招标人收到标书以后应当签收，不得开启。为了保护投标人的合法权益，招标人必须履行完备的签收、登记和备案手续。签收人要记录投标文件递交的日期和地点及密封状况(投标情况登记表可扫描右侧二维码获取)，签收人签名后应将所有递交的投标文件放置在保密安全的地方，任何人不得开启投标文件。在投标截止时间后收到的投标文件，招标人应当拒收。

投标情况登记表

招标人收取投标保证金，应当登记并开具收据(投标保证金登记表可扫描右侧二维码获取)。

投标保证金登记表

8) 修改与撤回投标文件

投标人可以在规定的投标截止时间之前修改或撤回投标文件。招标人对投标人修改、撤回投标文件的情况，应予以准确记录。

5. 开标与评标

1) 准备工作

由于开标时间即为投标截止时间，因此招标人和评标委员会应当在投标截止时间前做好开标和评标的所有准备工作，具体包括以下内容。

(1) 为开标安排出足够的时间。多个标段的开标需要一定的时间才能完成，而且中间可能出现一些学生不熟悉有关规定或其他意外情况，需要指导教师团队与招标机构、评标机构一起事先安排好开标的时间。

(2) 布置好开标场地。参加公开开标的有招标人、评标委员会、投标人、监管机构，另外还有观摩学习的其他机构的学生等。场地布置应事先规划好，有利于开标、唱标等工作的开展。开标前应设置接待处，所有参会人员(记者、观众除外)在接待处签到，开标签到表可扫描右侧二维码获取。

开标签到表

(3) 开标材料准备。招标人应将所有投标人的投标文件、有关登记表全部带到开标现场，并准备好唱标词。评标委员会应当事先准备好评标需要用的有关表格和用具。

(4) 评标委员会熟悉评标规则和评标流程。评标委员会应当在开标之前，通过学习研讨招标文件中的评标办法和有关法律法规，全面熟悉评标规则和评标流程。

(5) 人员就绪。招标方代表、评标委员会成员、投标人代表、监管机构代表等，应按时出席开标会。此外，还应有主持人、记录人员、机动人员等(一般由招标方选派)，以及公证人、法律顾问等(可由学生或教师扮演)。

2) 开标

由于有多个标段，开标流程稍显复杂，指导教师事先要向所有参与人员说明开标的大致流程。开标流程往往体现在主持人的唱词中，因此唱词应根据流程精心准备。

开标的大致程序如下。

(1) 在招标文件规定的投标截止时间(开标时间)之前，招标方组织所有参与人员签到(按不同标段分别签到)。开标主持人可提示开标会将在什么时间准时开始。

(2) 招标文件规定的投标截止时间(开标时间)一到，主持人宣布，"采购项目各标段的投标截止时间(开标时间)已到，招标方不再接收投标文件，开标会即将开始。"(此处所列主持人的言辞为大致内容，具体的语言文字可修改，下同)

(3) 主持人宣布会场纪律，介绍与会人员(主要指招标单位的领导及工作人员、监督人员和评标委员会成员等)，然后主持人致简短的欢迎词，或请采购人、招标单位领导致简短的欢迎词。

(4) 主持人简要介绍招标项目的情况(项目名称、标段数、招标公告发布情况、招标文件发售数量等)。

(5) 主持人宣布，"接下来按标段顺序对各标段进行开标。开标后将由评标委员会评标。请所有投标人代表注意保证评标期间的联系方式畅通，以便遇到评标委员会要求投标人做必要的澄清、说明或补正的情况时投标人能够及时前来答辩。"

(6) 主持人宣布，"下面首先进行第一标段的开标。"

(以下为第一标段的开标、唱标过程，其他标段相同、不再赘述)

- 主持人宣布本标段招标文件的发售数量、本标段的投标人数量(事先准备好数据);

- 主持人宣布,"有请公证人员(或工作人员)查验参加本标段开标会议的各投标人代表的身份。"

(公证人员查验身份、法人代表证书和法人授权书的有效性;投标人代表出示本人或其委托人的身份证原件;公证人员查验后宣布查验结果)

- 查验身份完毕并确认无误后,主持人宣布本标段的标底(如有)。
- 主持人宣布,"根据招标文件的有关规定,有请公证人员查验投标文件份数、投标文件密封情况,验明投标文件是否有效"。

(公证人员查验各个投标人的投标文件份数,查验密封是否符合规定;查验后宣布查验结果,并由工作人员当众拆封投标文件)

注意:可以由投标人或者其推选的代表检查投标文件的密封情况。

- 主持人宣布,"下面,由各投标人按递交投标文件的时间逆顺序进行唱标,即最后提交投标文件的企业最先唱标、最先提交投标文件的企业最后唱标。唱标内容为投标文件中"投标一览表"和"投标分项报价表"中的主要内容,包括:投标人名称、货物名称、数量、投标报价、交货时间、型号、原产地和制造商名称7项内容。请工作人员准备并做好记录。首先有请×××(企业名称)进行唱标,请×××(企业名称)准备。"

(各投标人代表按规定顺序依次唱标)

- 主持人宣布,"第一标段唱标完毕。谢谢所有投标人代表!请所有投标人代表上前确认工作人员所记录的开标记录表(可扫描右侧二维码获取)内容是否准确。如果投标人代表对唱标内容、记录内容有疑问,以投标人的书面投标文件为准。"

(各投标人代表确认开标记录表并签字)

开标记录表

- 确认签字结束后,主持人宣布,"第一标段开标工作结束。再次谢谢所有投标人代表!开标结束后,评标委员会将按既定安排进行评标,评标结果将按规定予以公示,请各投标人及时关注评标、定标情况。第一标段开标会到此结束,感谢各参与方的辛勤劳动!谢谢大家!"

(7) 在必要的休息、整理上一个标段开标的资料后,准备好下一个标段开标的有关资料。然后重复第(6)步的所有开标程序。

(8) 重复第(6)(7)步,直到所有标段开标结束。

(9) 主持人宣布,"本次采购项目所有标段的开标工作顺利结束!再次感谢各参与方的辛勤劳动!接下来有请评标委员会按既定安排开展评标工作。谢谢大家!"

(开标会结束)

3) 评标

由于有多个标段需要评标,每个标段的评标流程是类似的,但各个标段可以组建不同的评标委员会(由指导教师团队决定是采用同一个评标委员会还是组建多个评标委员会)。

评标工作的大致流程如下。

(1) 场地和办公设备准备。工作人员在评标前要准备好评标场地和设施。

(2) 组织评委签到,发放招标文件、答疑纪要(如有)、铅笔、计算器等资料(用资料袋装好)。工作人员要核对发给评委的评标参考资料是否准确、齐全,核对评标委员会成员是否到齐。

(3) 开标主持人或工作人员召集举行标前会,介绍与会人员、项目概况、评标方法、定标原则,选举评标委员会负责人(评标委员会负责人负责整个评标过程的组织)。评标委员会负责人建议由学生担任,指导教师在其中主要负责指导和监督评标的规范性。

(4) 评标委员会负责人主持、完成评标工作,主要有以下环节:

- 对所有投标文件进行初审，尤其要按照招标文件的有关规定，做好资格性检查和符合性检查。资格性检查和符合性检查有疑的，可以要求投标人代表说明、澄清或纠正。对于资格性检查和符合性检查不合格的投标文件，不再进行后续的综合比较与评价。
- 综合比较与评价。对资格性检查和符合性检查合格的所有投标文件(即有效投标文件)，按照招标文件中的规定，给每一个投标文件进行打分(评标打分可扫描右侧二维码获取)；资格性检查和符合性检查不合格的不打分，直接签署"资格审查不合格"字样。

评标打分表

- 评标委员会的每位成员在评标结束时，必须分别填写评标意见表(可扫描右侧二维码获取)，评标意见表是评标报告必不可少的一部分。
- 工作人员(评标委员会秘书)核实打分情况，计算各投标人的平均分并请全体委员检查后签字确认。确认后按分数从高到低进行排序。

评标意见表

- 评标委员会负责人召集全体委员开会，根据分数高度排序结果确认前三名，并推荐为中标候选人。
- 评标委员会负责人出具评标报告给招标人(评标报告可扫描右侧二维码获取)。评标报告由评标委员会全体成员签字。对评标结论持有异议的评标委员会成员可以书面方式阐述其不同意见和理由。评标委员会成员拒绝在评标报告上签字且不陈述其不同意见和理由的，视为同意评标结论。评标委员会应当对此做出书面说明并记录在案。(评标工作结束)

评标报告

【注意】

① 与投标人有利害关系的人不得进入相关项目的评标委员会，已经进入的应当更换。开标前，招标机构及任何人不得向评标专家透露其即将参与的评标项目内容，不得透露招标人和投标人有关的情况。评标委员会成员名单在评标结果公示前必须保密。招标人和招标机构应当采取措施保证评标工作在严格保密的情况下进行。

② 工作人员事先应仔细阅读招标文件中的有关规定，全面、准确理解评标办法(包括初审、评分、比较等有关规定)。

③ 所有参与评标工作的人员应配合招标人做好保密工作，与评标无关的人员不得进入评标场地，任何人不得泄露评委名单，不得索要评委通信方式，不得向他人透露评标有关情况。

④ 在评标工作中，任何单位和个人不得干预、影响评标过程和结果。工作人员不得透露对投标文件的评审和比较、中标候选人的推荐情况，以及与评标有关的其他情况，不得干扰和左右评标专家打分，不得暗示或左右评标委员会的评标结果。

⑤ 评标委员会应严格按照招标文件规定的商务、技术条款对投标文件进行评审，招标文件中没有规定的任何标准不得作为评标依据，法律、行政法规另有规定的除外。

⑥ 评标委员评标结束后，工作人员要依法核实各评标委员的打分值及评标报告，如发现问题应让评标委员自己及时纠正。

⑦ 评标过程中，评标委员会成员及工作人员对有关规定或结果有异议或疑义的，可及时向监管机构提出并与指导教师讨论解决。

6. 定标

1) 评标结果公示

招标人在收到评标报告后，按法律规定和招标文件的有关规定，评定得分前三名的投标人为中标候选人，在符合规定的媒体上对评标结果予以公示。公示时间应符合规定(3日内公示中标候选人，公示期不得少于3日)。评标结果公示可扫描右侧二维码获取。

2) 确定中标人

招标人有权直接确定或授权评标委员会直接确定综合得分最高者为中标人。排名第一的中标候选人放弃中标、因不可抗力提出不能履行合同，或者招标文件规定应当提交履约保证金而在规定的期限内未能提交，或者被查实存在影响中标结果的违法行为等情形，不符合中标条件的，招标人可以按照评标委员会提出的中标候选人名单排序依次确定其他中标候选人为中标人。

评标结果公示

另外特别注意，招标文件中规定了投标人最多只能中K个标。如果出现了某投标人中标的数量达到K个，则在后续的标段中该投标人不再被选为中标人。

确定中标人后，招标人向中标人发出中标通知(中标通知书可扫描右侧二维码获取)，同时将中标结果通知所有未中标的投标人(中标结果告知书可扫描右侧二维码获取)。

中标通知书

7. 签订并履行合同

1) 订立书面合同

招标人和中标人在法律规定时间内(自中标通知书发出之日起三十日内)，按照招标文件和中标人的投标文件订立书面合同。招标人和中标人不得再行订立背离合同实质性内容的其他协议。

中标结果告知书

根据招标文件的规定，签订合同前，供货人应向采购人提交中标总金额的5%作为履约保证金；合同签订后，供货人将签订合同前提交的履约保证金转为货物的质量保证金，该保证金自货物验收合格之日起至质保期满后，若无发现质量问题则无息退还。

由于合同的签订和执行，不是本次实习的主要内容，因此，合同签订这一环节的实习可从简。

2) 履行合同

如果投标人在规定期限内在实习系统中确实能提供规定数量和质量的货物，则视为有能力履行合同，经指导教师确认后可按合同约定交货、验收，并完成付款工作。

至此，招标投标及合同履行结束。招标人和投标人之间发生了货物交易及资金往来，其对应的货物编号情况应当由指导教师团队把数据导入实习系统，招标人、投标人应当在经营业绩、财务报表中予以体现。

8. 监督管理

对招标投标过程的监督管理，涉及招标投标业务处理的全过程和全部参与方。实习前，实习指导教师团队可设置、组建一个临时的监督管理机构，在教师指导下，负责主动监督各参与方的业务处理是否合法合规，受理有关参与方的投诉。

9. 招标投标实习总结

对招标投标业务处理实习的总结是必要的。总结时，可首先由招标人、投标人、评标委员会等参与方谈一谈对招标投标工作的总体认识、体会，并对所承担的工作的完成情况、得失、体会、收获等进行总结；然后可安排在实习中表现突出的个人进行总结；最后，由教师对整个招标投标业务处理实习的完成情况、各参与方的工作情况、各个重要环节的工作情况等进行全面总结和点评。

第四篇 企业数据处理及分析篇

- 第 12 章 经营数据收集处理
- 第 13 章 企业经营分析
- 第 14 章 财务分析

第12章 经营数据收集处理

金蝶KIS经营方面的流程,主要以原材料供应商公司为例,下同。

12.1 金蝶KIS业务基础参数构建

12.1.1 登录金蝶KIS

(1) 在电脑桌面上找到金蝶KIS图标,双击"金蝶KIS专业版"。

(2) 输入用户名"manager",密码为空,服务器地址(以上课时通知的服务器地址为准)输入完成后,按键盘上的回车键"Enter",如图12-1所示。特别提醒:此时不单击"确定"。

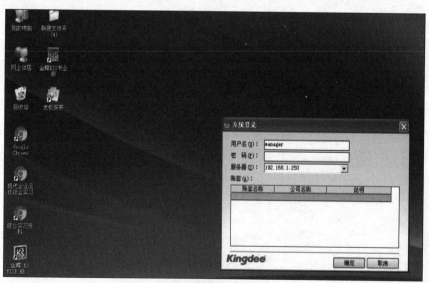

图12-1 登录界面

在"账套"栏中会出现所有公司的账套,选择自己公司的账套(同一家公司的业务账套与财务账套是同一个),单击"确定",在弹出的对话框中单击"是",如图12-2、图12-3所示。

上述操作完成后,即可进入自己公司账套的主界面,如图12-4所示。在此主界面中可以录入财务或经营数据。

第12章 经营数据收集处理

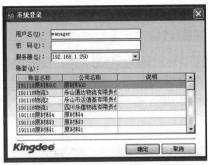

图12-2 选择公司账套

图12-3 确定选择账套

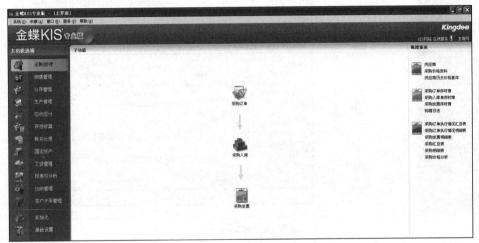

图12-4 公司账套的主界面

12.1.2 业务基础参数设置

(1) 打开金蝶KIS主界面后,单击左侧主功能选项中的"基础设置",在子功能中双击"系统参数",进入"业务基础参数",如图12-5所示。

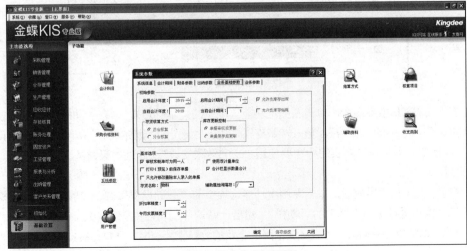

图12-5 业务基础参数设置

(2) 在"系统参数"的二级目录中找到"业务参数",如图12-6所示。在业务参数界面可以设置采购参数、应收应付参数、销售参数、仓存参数、存货核算参数、生产参数等。

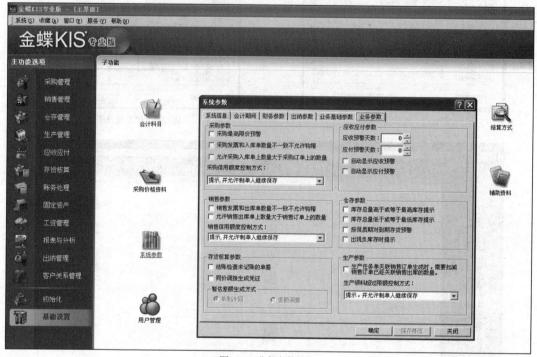

图12-6 业务参数设置

(3) 打开金蝶KIS主界面后,单击左侧主功能选项中的"基础设置",在子功能中双击"计量单位",然后单击工具栏中的"新增"即可新增计量单位"个或件",新增完成后单击"确定",如图12-7、图12-8所示。此处如果同一家公司的财务人员已设置,则无须重复设置。

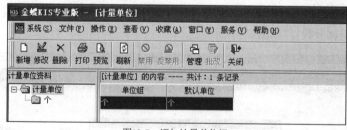

图12-7 添加计量单位组

(4) 打开金蝶KIS主界面后,单击左侧主功能选项中的"基础设置",在子功能中双击"结算方式",再单击工具栏中的"新增",输入转账支票,单击"确定",则完成添加,如图12-9所示。特别提示:在现代企业运作综合实习中主要使用"JF06转账支票",此处如果财务人员已设置,则无须重复设置。

(5) 打开金蝶KIS主界面后,单击左侧主功能选项中的"基础设置",在子功能中双击"核算项目",选择"核算项目资料"栏中的"物料",然后"新增"物料,如图12-10、图12-11所示。原材料供应企业的物料主要有M4、M5、M-X。制造企业的物料主要有M1、M2、M3。

第12章 经营数据收集处理

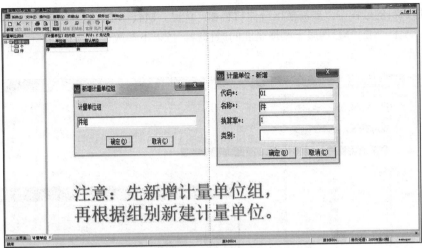

图12-8 新增计量单位

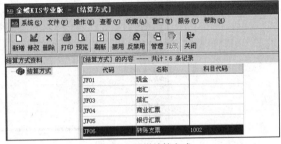

图12-9 新增结算方式

图12-10 新增物料

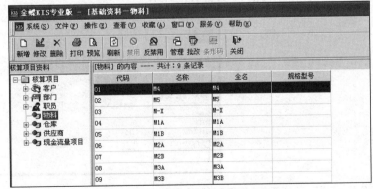

图12-11 根据不同的企业添加不同的物料内容

在添加物料的过程中,要注意区分原材料和产成品。M4、M5、M-X均属于原材料供应企业的原材料;M1、M2、M3均属于制造企业的原材料。按以下参数设置物料的属性,如图12-12、图12-13所示。

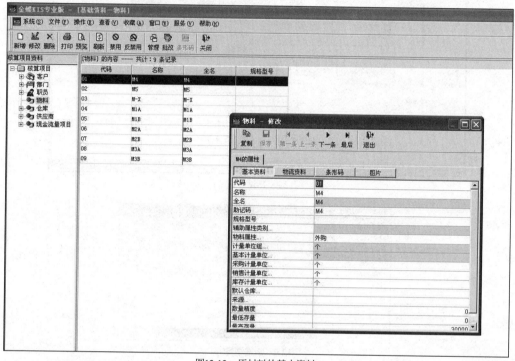

图12-12 原材料的基本资料

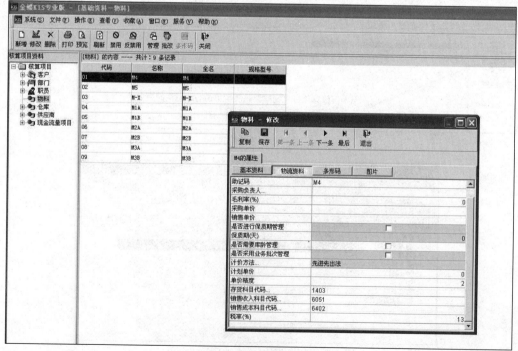

图12-13 原材料的物流资料

- 物料属性：外购。
- 计量单位：个。
- 来源：系统。
- 最高存量：20 000～30 000均可。
- 计价方法：先进先出法。
- 单价精度：2。
- 存货科目代码：原材料1403。
- 销售收入科目代码：其他业务收入6051。
- 销售成本科目代码：6402。
- 税率(%)：13。

(6) 打开金蝶KIS主界面后，单击左侧主功能选项中的"基础设置"，在子功能中双击"核算项目"，选择"核算项目资料"栏中的"物料"，单击"新增"，新增加产成品：原材料供应企业的产成品为M1、M2、M3，每一类产成品又分为A、B两种形态。M1A、M1B、M2A、M2B、M3A、M3B均属于原材料供应企业的产成品；LA、LB、HA、HB、OA、OB、SA、SB均属于制造公司的产成品。按以下参数设置物料的属性，如图12-14、图12-15、图12-16所示。

- 物料属性：自制。
- 计量单位：个。
- 来源：系统。
- 最高存量：20 000～30 000均可。
- 计价方法：先进先出法。
- 单价精度：2。
- 存货科目代码：原材料1405。
- 销售收入科目代码：其他业务收入6001。
- 销售成本科目代码：6401。
- 税率(%)：13。

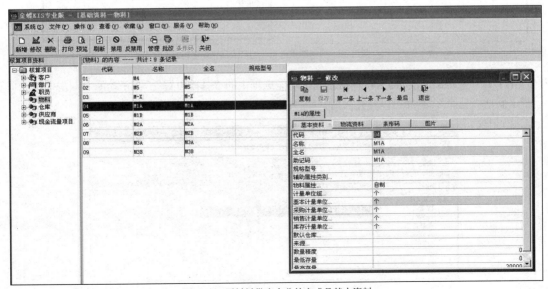

图12-14　原材料供应企业的产成品基本资料

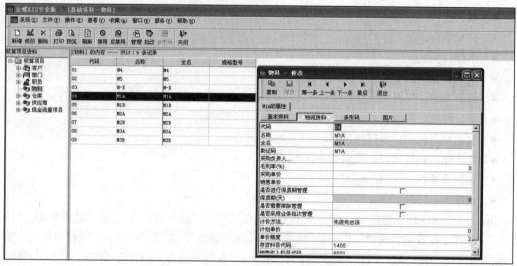

图12-15 原材料供应企业的产成品物流资料1

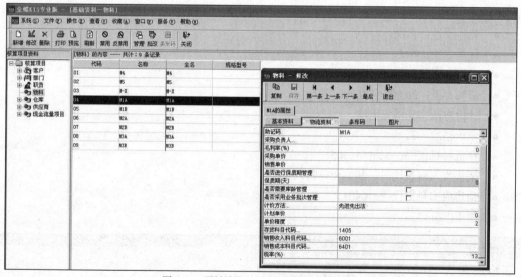

图12-16 原材料供应企业的产成品物流资料2

(7) 打开金蝶KIS主界面后,单击左侧主功能选项中的"基础设置",在子功能中双击"核算项目",新增"仓库",仓库可以分设大型仓库、中型仓库、小型仓库,如图12-17所示。

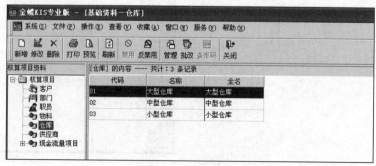

图12-17 仓库类别

(8) 打开金蝶KIS主界面后，单击左侧主功能选项中的"基础设置"，在子功能中双击"核算项目"，新增供应商，并完善供应商信息，如图12-18、图12-19所示。

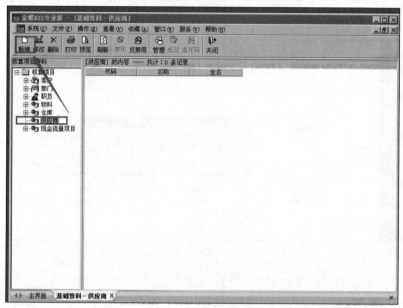

图12-18　新增供应商

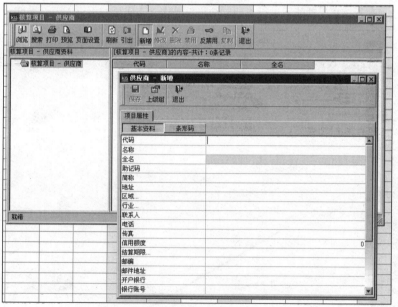

图12-19　新增供应商信息

原材料、产成品、仓库、客户等相关信息，也可以在使用时添加。

(9) 打开金蝶KIS主界面后，单击左侧主功能选项中的"初始化"，在子功能中双击"启用业务系统"，出现"启用系统后系统将进入正式运行阶段，此时各个系统的初始化、基本资料等信息将确定下来，不能再进行删除操作。请确认各个系统的初始化或实施已经完毕，再启用系统，您确认启用系统吗？"如果已经设置好各类基础数据，则可选择"是"，如图12-20所示。

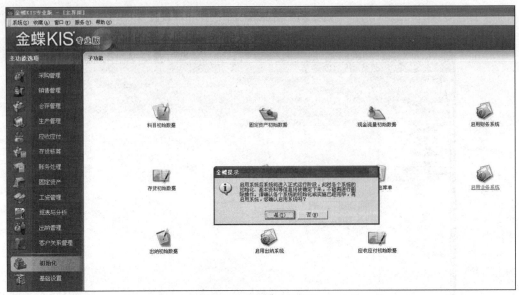

图12-20 初始化业务系统

(10) 在经营过程中，每个季度都需要期末结账。

打开金蝶KIS主界面后，单击左侧主功能选项中的"存货核算"，在子功能中双击"期末结账"，选择"结账"，单击"下一步"，再单击"确定"，如图12-21、图12-22所示。特别提示：每季度结束后，都需要在"存货核算"功能下进行"期末结账"操作，完成后方可进入下一季度。

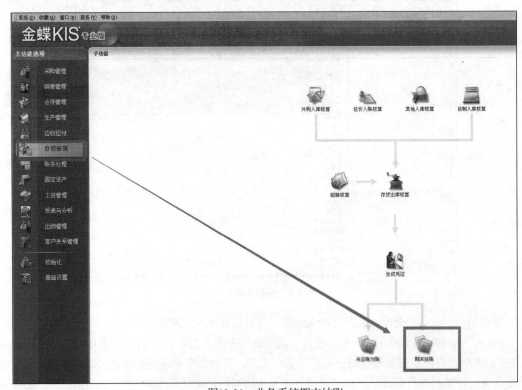

图12-21 业务系统期末结账

第12章 经营数据收集处理

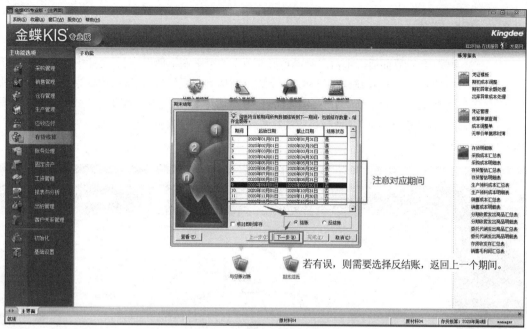

图12-22 业务系统期末反结账

业务系统的期末结账与财务系统的期末结账相互独立，互不影响。

12.2 采购管理

采购部门主要完成采购订单、采购入库及采购发票等操作，如图12-23所示。

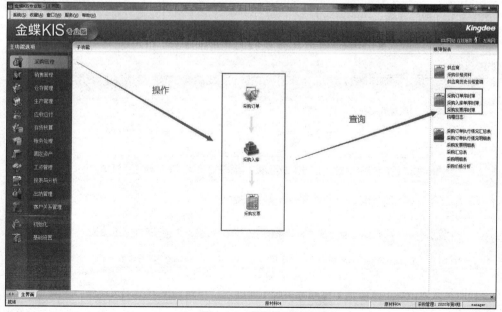

图12-23 采购管理主界面

12.2.1 采购订单

(1) 打开金蝶KIS主界面后,单击左侧主功能选项中的"采购管理",在子功能中双击"采购订单"。由于原材料供应商是向系统购买材料,因此选择供应商"系统",在选择中如果没有,则可以按F7键进行"浏览",单击"新增",自行添加代码"01"及名称"系统"。在采购方式中,选择"现购";结算方式选择"现金转账",选择相应的物料代码,然后按F7键,输入"数量",如图12-24、图12-25所示。

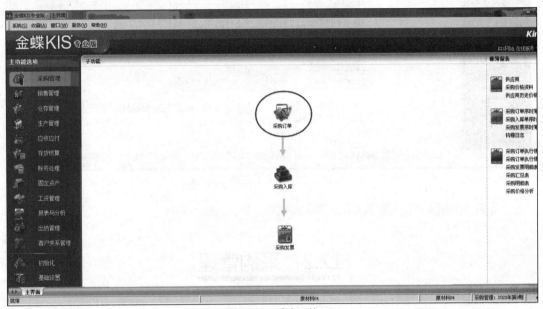

图12-24 采购订单入口

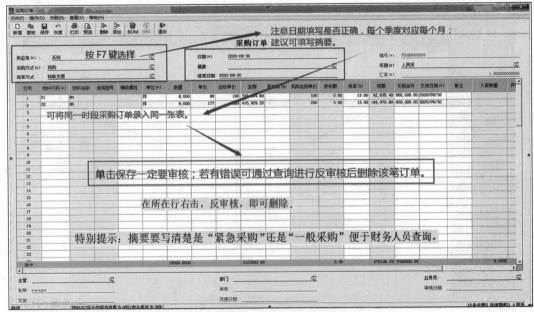

图12-25 采购订单详情

注意：图中"每个季度对应每个月"：综合实训中以季度为时间单位进行决策，金蝶KIS中没有季度，为了将经营与财务进行结合，在时间处理上，将综合实训中的第一个季度对应着金蝶KIS系统中第一个月，第二季度对应着第二个月，以此类推。也就是说，第一季度所做的决策内容，录入金蝶系统时，时间就选择1月1日到1月31日的某一天，第二季度所做的决策内容，录入金蝶系统时，时间就选择2月1日到2月28日的某一天。

(2) 对采购订单进行审核，如图12-26所示。

图12-26　审核采购订单

12.2.2　采购入库

打开金蝶KIS系统，进入公司账套的主界面，单击左侧主功能选项中的"采购管理"，在子功能中双击"采购入库"，如图12-27所示。

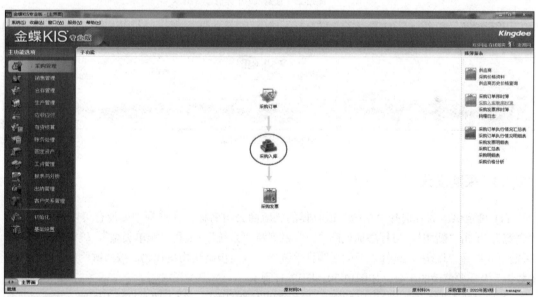

图12-27　采购入库入口

(1) 选择供应商。选择"系统"或具体的供应商公司名称，在选择中如没有可以按F7键进行"浏览"，单击"新增"，自行添加代码"01"及名称"系统"。确定"源单类型"，选择购货发票，确定选单号，选择需要的购货发票链接。填写物料代码，也可以按F7键刷新，填写"收料仓库"(若收料仓库需要新增，则按F7键)，如图12-28所示。

(2) 对采购入库单进行审核。完成上述操作后，单击工具栏中的"审核"按钮，即可对此采购入库单进行审核，采购入库单显示红色"审核"标识，表示该采购入库单审核完成，如图12-29所示。

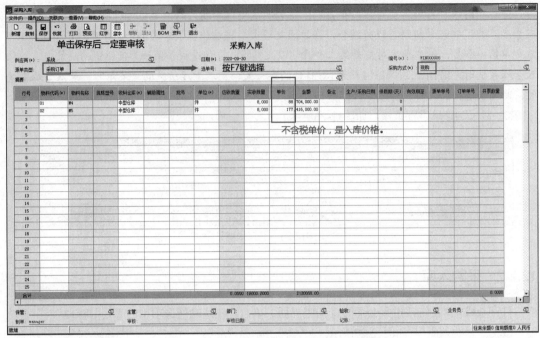

图12-28 采购入库单详情

图12-29 采购入库审核

12.2.3 采购发票

(1) 确定供应商。选择"系统"或具体的供应商公司名称,在选择中如没有可以按F7键进行"浏览",单击"新增",自行添加代码"01"及名称"系统"。填写"源单类型",确定采购订单,采购方式选择"现购",选择需要的采购订单链接。进一步确认物料代码,按F7键刷新,然后填写"数量"及需要修改的部分,如图12-30、图12-31所示。

若原材料下期入库,则只进行采购订单和采购发票的操作,待下期原材料入库后,才进行采购入库操作。

(2) 对采购发票进行审核。完成上述操作后,单击工具栏中的"审核"按钮,即可对此采购发票进行审核,如图12-32所示。

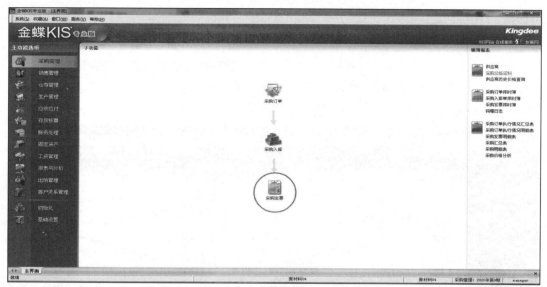

图12-30 采购发票入口

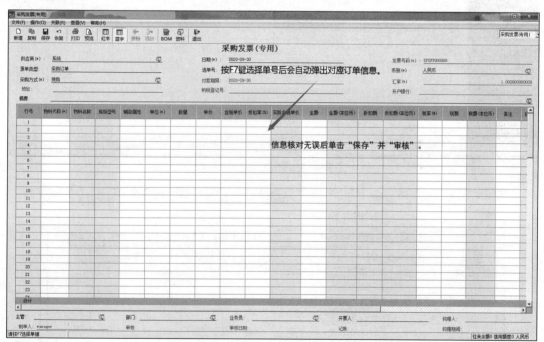

图12-31 采购发票详情

图12-32 采购发票审核

12.2.4 采购信息查询

打开金蝶KIS系统,进入公司账套的主界面,单击左侧主功能选项中的"采购管理",在该界面的右侧有"采购订单序时簿""采购入库单序时簿""采购发票序时簿"等,可通过设定过滤条件(如选择查询期间等)进行详细查询,如图12-33、图12-34、图12-35所示。

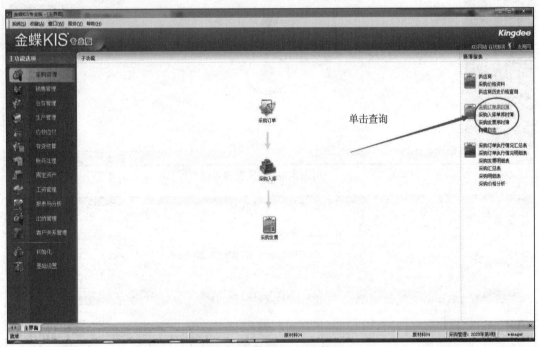

图12-33　采购管理中可查询的信息

图12-34　设置过滤条件

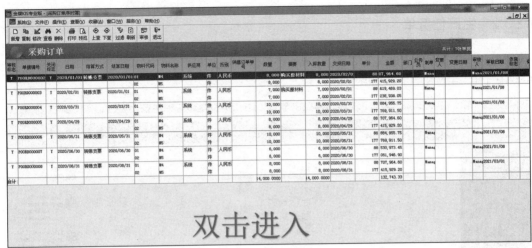

图12-35 采购订单详情

通过此功能,可以查看到所有的采购信息。

12.3 生产管理

12.3.1 生产管理概况

打开金蝶KIS系统,进入公司账套的主界面,单击左侧主功能选项"生产管理",在生产管理子功能中,主要完成生产任务单、生产领料、产品入库等操作,如图12-36所示。

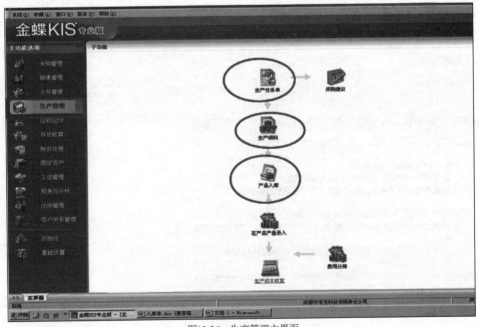

图12-36 生产管理主界面

12.3.2 生产任务单

打开金蝶KIS系统，进入公司账套主界面，单击左侧主功能选项中的"生产管理"，在子功能中双击打开"生产任务单"，如图12-37所示。

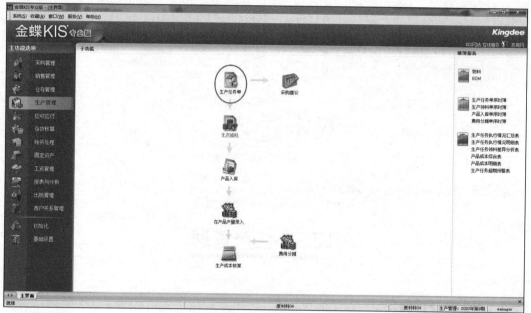

图12-37　生产任务单入口

填写带(*)的部分，将时间改成相应的季度，"实际领料用量"填写生产的产品数量，填写完成后保存并审核，如图12-38所示。

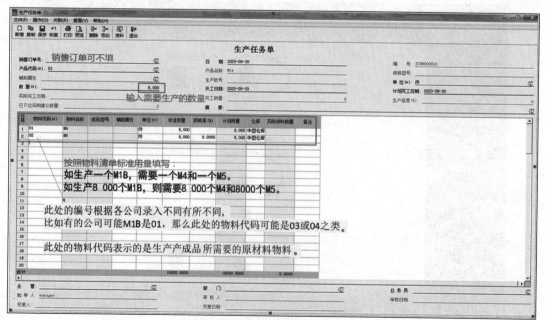

图12-38　生产任务单详情

12.3.3 生产领料

打开金蝶KIS系统，进入公司账套的主界面，单击左侧主功能选项中的"生产管理"，在子功能中双击"生产领料"，如图12-39所示。

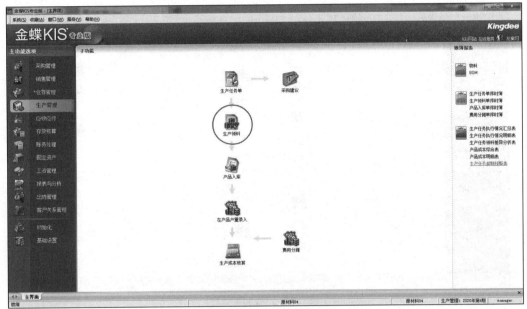

图12-39 生产领料入口

填写带(*)的部分，"选单号"根据已经有的单号选取(有几个订单就选几次)，填写完成后保存并审核，如图12-40所示。

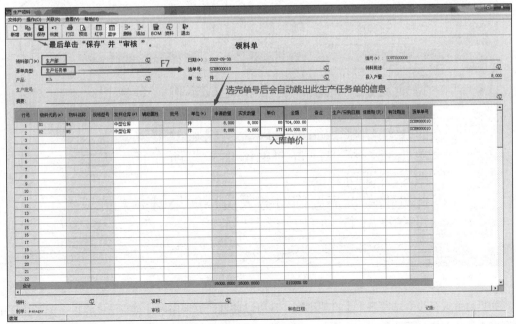

图12-40 领料单详情

12.3.4 产品入库

打开金蝶KIS系统,进入公司账套的主界面,单击左侧主功能选项中的"生产管理",在子功能中双击"产品入库",如图12-41所示。

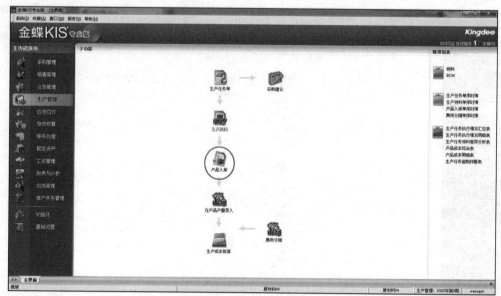

图12-41 产品入库入口

在产品入库单中,输入"源单类型""选单号""物料代码""收货仓库""应收数量""实收数量"及"单价",如图12-42所示。特别提示:此处的单价需填写基本生产明细账中的单位成本价。

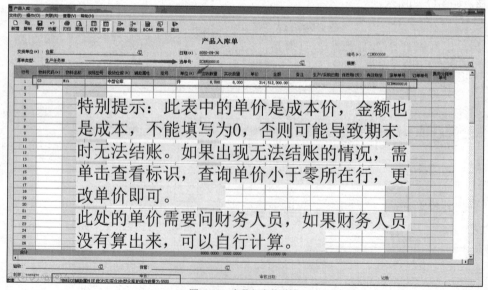

图12-42 产品入库单详情

如果财务人员没有填写基本生产明细账,也可以通过计算得出。计算方法:将以下记账凭证中生产成本加总起来,再除以生产的个数,得到的商就是此处的单价。

产成品成本＝直接材料＋直接人工＋制造费用，以领用M4、M5原材料生产M1产品为例：
(1) 领用材料。
　　借：生产成本—M1
　　　　贷：原材料—M4
　　　　　　　　—M5
(2) 计提生产工人工资。
　　借：生产成本
　　　　贷：应付职工薪酬
(3) 计提车间管理人员工资。
　　借：制造费用
　　　　贷：应付职工薪酬
(4) 厂区、厂房、生产线的折旧及研发成功产品的摊销。
　　借：制造费用
　　　　贷：累计折旧/摊销
(5) 将制造费用转入生产成本，此处的制造费用金额是以上(3)和(4)项中制造费用的总和。
　　借：生产成本
　　　　贷：制造费用

12.4　销售管理

打开金蝶KIS系统，进入公司账套的主界面，单击左侧主功能选项中的"销售管理"，在销售子功能中，主要完成销售报价、销售订单、销售出库、销售发票的操作，如图12-43所示。

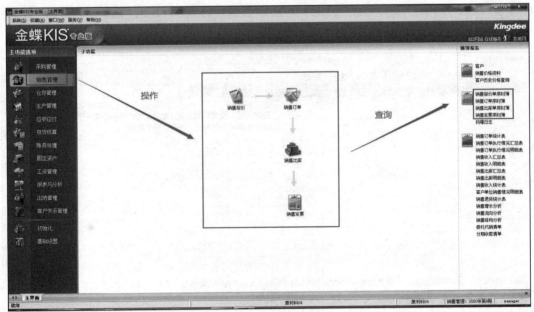

图12-43　销售管理主界面

12.4.1 销售报价

打开金蝶KIS系统，进入公司账套的主界面，单击左侧主功能选项中的"销售管理"，在子功能中双击"销售报价"，如图12-44所示。

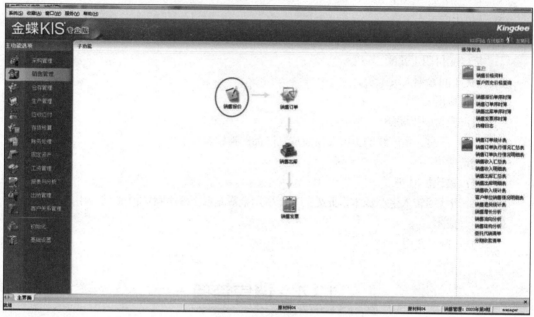

图12-44 销售报价入口

进入销售报价单编辑界面，选择购货单位，新增需要的客户(若事先已在初始设置添加了客户明细，则这里会直接显示)，然后双击"退出"，如图12-45所示。

图12-45 销售报价单详情

选中"产品代码"列的第一个方格，按F7键，会弹出一个"核算项目-客户"界面，找到"物料"，若之前已经在初始设置时添加了所需的物料，则直接选中，然后双击，再填写所需数量、金额即可。若未设置或者需要添加新的物料，则单击"新增"，添加自己所需要的物料明细，如图12-46所示。

图12-46　新增销售报价单

修改日期并根据需要填写最下方的部门、业务员等信息，然后保存并审核完成后退出。

12.4.2　销售订单

打开金蝶KIS系统，进入公司账套的主界面，单击左侧主功能选项中的"销售管理"，在子功能中打开"销售订单"，如图12-47、图12-48所示。

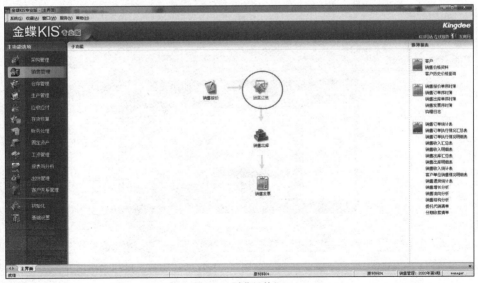

图12-47　销售订单入口

注意：本季度签订销售合同，填写销售订单时不进行账务处理，等到下个季度发货并开票时进行账务处理。

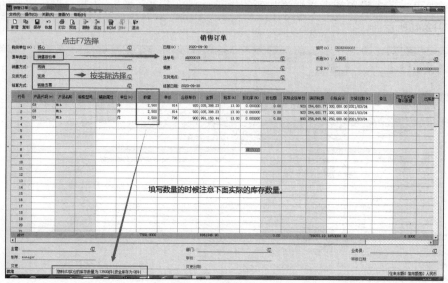

图12-48　销售订单详情

进入销售订单编辑界面，选择购货单位，方法同上，单击"源单类型"，选择"销售报价单"，系统默认的销售方式为"赊销"，可自行更改。选择交货方式为"发货"，结算方式为"转账支票"，修改日期，双击"选单号"，单击"确定"。若没有出现任何单据，则可能出现了单据下推或者是"销售报价单"与"销售订单"的业务期间不一致造成的，这时候可以在双击"选单号"，在"时间"选项中把"本期"改为"全部"，就会出现所有业务期间的"销售报价单"。一般来说，每个客户会自动匹配好相应的"销售报价单"，故只需要在选择完"购货单位"后即可有相关的关联单据，双击需要的单号即可。具体操作界面，如图12-49、图12-50所示。

图12-49　销售订单设置过滤条件

图12-50　销售报价单详情

退出后,下方会自动出现数据,填写相关信息,保存并审核完成后退出。

注意:在"销售管理"主界面右侧的"账簿报表"处可以查看已经填写完的"销售报价单"和"销售订单"。

12.4.3　销售出库

打开金蝶KIS系统,进入公司账套的主界面,单击左侧主功能选项中的"销售管理",在子功能中双击"销售出库",进入销售出库单编辑界面,如图12-51、12-52所示。

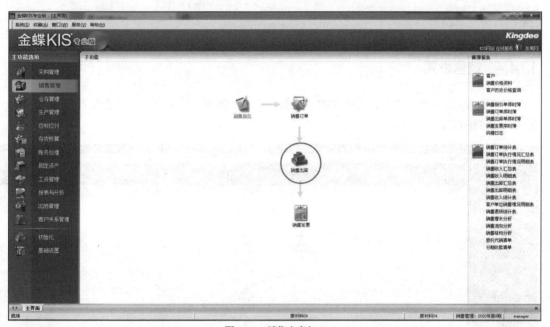

图12-51　销售出库入口

第四篇　企业数据处理及分析篇

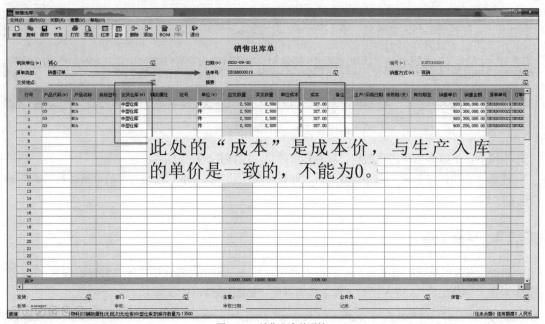

图12-52　销售出库单详情

12.4.4　销售发票

打开金蝶KIS系统，进入公司账套的主界面，单击左侧主功能选项中的"销售管理"，在子功能中双击"销售发票"，如图12-53所示。

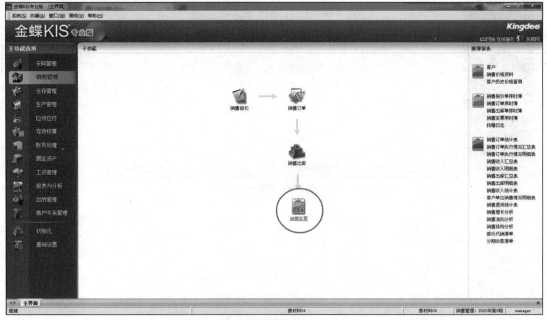

图12-53　销售发票入口

进入销售发票编辑界面，"源单类型"选择"销售订单"，然后在"选单号"栏选择订单号，保存并审核完成后退出,如图12-54所示。确认销售收入时,应填写"销售发票"。

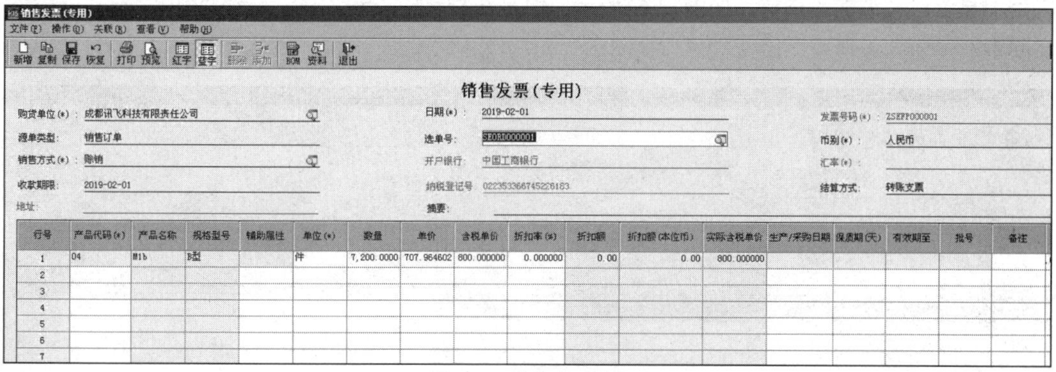

图12-54 销售发票详情

12.5 经营业务易错问答

【问题1】在经营业务系统,如果出现期间不一致,在"存货核算"中,不能自动生成凭证或不能审核等问题时,应该如何操作?

【解决方法】打开金蝶KIS主界面后,单击左侧主功能选项中的"存货核算",在子功能中双击"期末结账",选择"反结账"或者"结账",依次单击"下一步""确定",最后将右下方的期间调整至与所需期间一致,如图12-55所示。

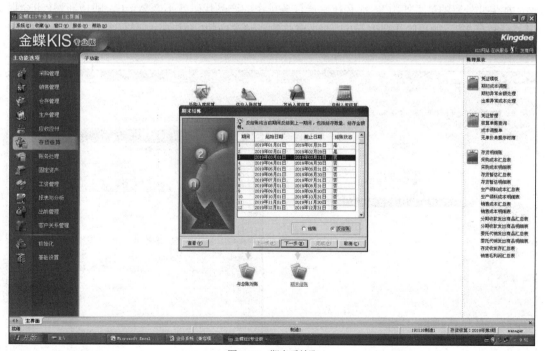

图12-55 期末反结账

【问题2】 制造企业在主功能选项"生产管理"下的子功能中双击"生产任务单",填写产品代码处不显示已经添加的物料,如图12-56所示。但是在物料中查看,显示已经添加了物料,这是怎么回事?

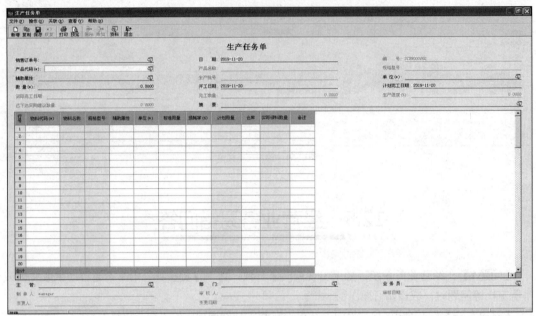

图12-56　生产任务单问题处理

【解决方法1】 以生产L产品为例,打开物料清单,查看物料"基本资料"中的"物料属性"栏,如果此处写的是"外购",那么在生产任务单中的产品代码就不会显示L,即使新增L也会提示"已经存在"。如果确认要生产L,那么就将物料清单中的L物料属性改为"自制",如图12-57所示。

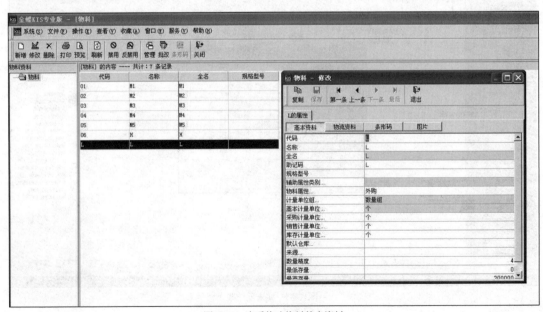

图12-57　查看修改物料基本资料

【解决方法2】输入完成后,可能会出现关闭后再打开数据不显示的情况,这时应该打开BOM,在过滤条件里修改审核时间和建立时间为"全年",若打开后仍然不显示,单击"视图",再"刷新"或者选择"显示子项"。

【问题3】出现"当前使用的功能与其他用户有冲突,目前无法使用"的提示,如图12-58所示。此时应如何处理?

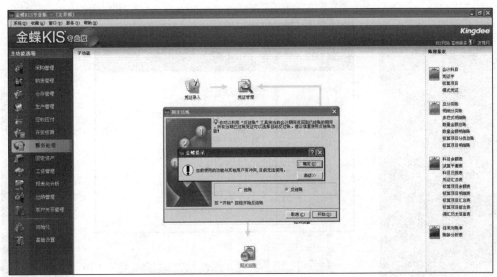

图12-58　金蝶问题提示界面

【解决方法】

(1) 从电脑的主界面左下方的"开始"菜单选择"所有程序",下一级目录中选择"金蝶KIS专业版",然后单击"工具",选择"系统工具",如图12-59所示。

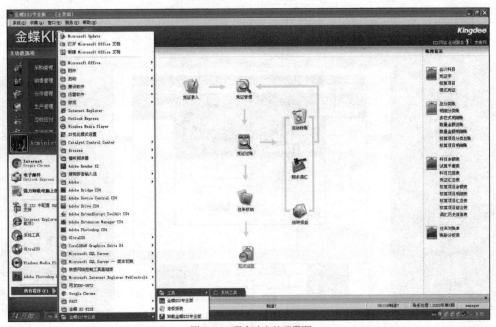

图12-59　用户冲突处理界面

(2) 打开金蝶KIS系统工具界面后,依次单击"系统工具""网络控制工具""打开",如图12-60所示。

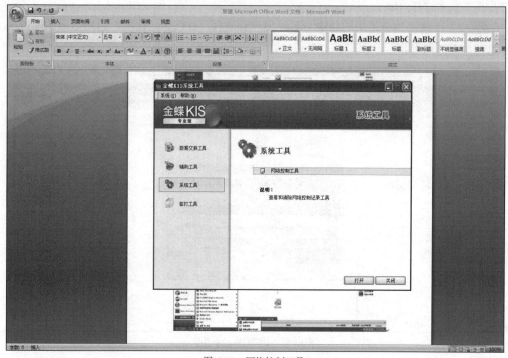

图12-60　网络控制工具

(3) 在弹出的"系统登录"窗口中,输入用户名"manager"及密码,单击"确定",登录到自己公司的账套中,如图12-61所示。

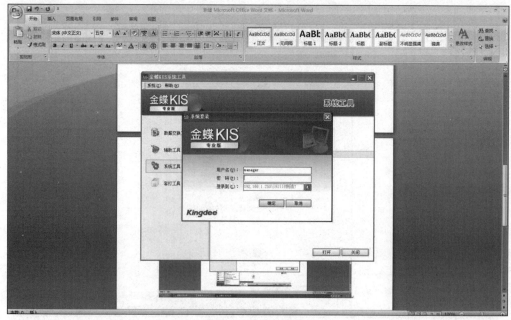

图12-61　重新登录界面

(4) 进入"网络控制"界面后,通过单击"控制"页签下方工具栏的"橡皮擦"图标可清除所选任务,如图12-62所示。

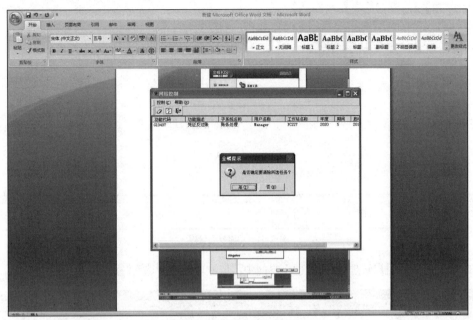

图12-62 清除所选任务界面

【问题4】显示"用户没有权限",怎么办?

【解决方法】

(1) 打开金蝶KIS主界面后,单击左侧主功能选项中的"基础设置",在子功能中双击"用户管理",单击需要授权的用户,如图12-63所示。

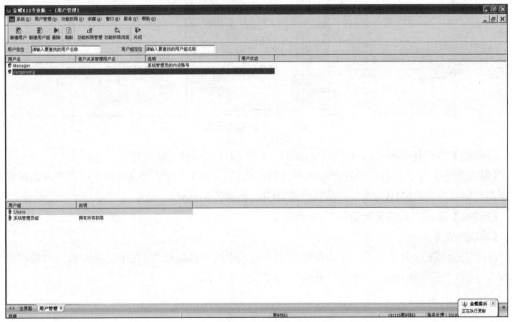

图12-63 用户管理

(2) 选择菜单栏"功能权限"下的"功能权限管理",如图12-64所示。

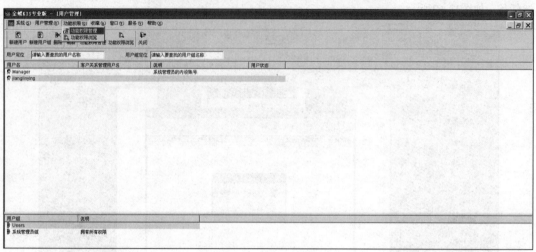

图12-64 功能权限管理

(3) 在弹出的"用户管理_权限管理"界面中,依次单击"全选""授权",如图12-65所示。

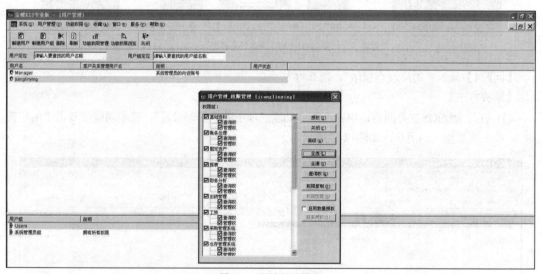

图12-65 用户权限管理

【问题5】生产任务单,选择了01(M1B)后,在物料代码中就无法选择了,为什么?

【解决方法】生产任务单中的产品代码是指产成品的代码,物料代码是指生产该产成品所需要的原料代码。以生产M1B为例,产品代码是M1B,物料代码是M4、M5。

【问题6】显示"系统未初始化",如何处理?

【解决方法】

(1)打开金蝶KIS主界面后,单击左侧主功能选项中的"初始化",在子功能中双击"启用业务系统",选中"结束初始化",单击"开始",如图12-66所示。

第12章 经营数据收集处理

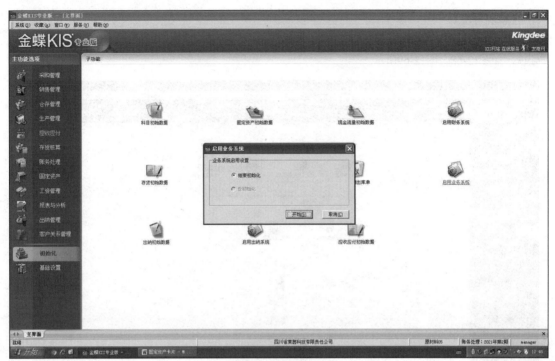

图12-66 初始化操作

(2) 在弹出的提示窗口中，选择"是"，如图12-67所示。

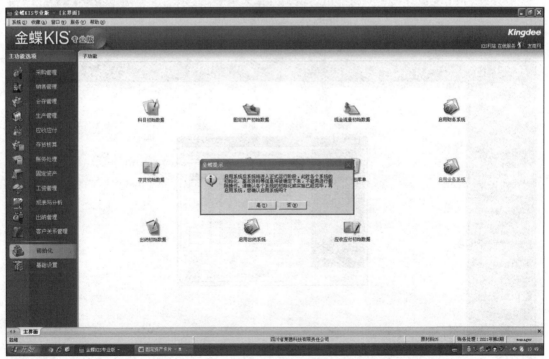

图12-67 确认初始化

【问题7】在季度末进行业务系统结账时，显示"无法结账"，怎么办？

【解决方法】

再次进行业务系统结账,在结账过程中会出现相应的提示,根据不同的错误情况,进行不同的处理,如图12-68、图12-69所示。

图12-68　业务系统期末结账

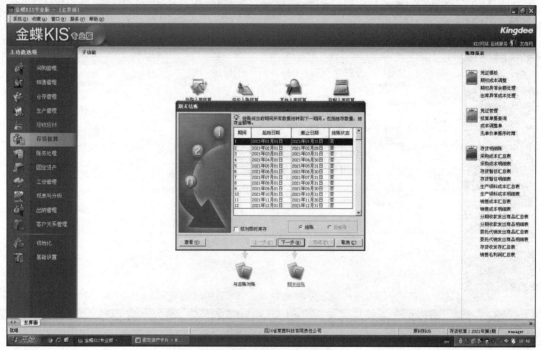

图12-69　期末结账期间选择

确认没有问题后，单击"下一步"，然后单击"确定"即可。

如果无法结账，可以在弹出的"期末结账"窗口中，单击左下角的"查看"按钮，选择对应的问题，进行查看，修改，如图12-70所示。

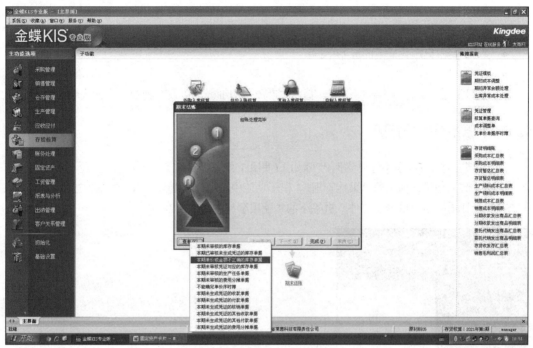

图12-70　查看存在的问题详情

【问题8】出现"数据库中已存在名为'#TempInventory'的对象，结账不成功！"（见图12-71），如何处理？

【解决方法】把对应的单据反审核，然后删除，重新修改入库单价。以原料M4、M5为例，出现这一问题的原因可能在于，其入库时输入的是一般采购M4单价88元和M5单价177元，但是实际上应该是紧急采购回来的，M4单价是177元，M5单价是354元。所以，出库时输入的是M4单价177元、M5单价354元。这就造成了入库与出库单价不一致，出库单价高于入库单价。

图12-71　错误提醒

12.6 打印管理

此处的打印主要针对的是金蝶KIS中涉及的部分，需要打印的资料主要分为以下三大板块：
- 原始单据(记账凭证附的原始单据)；
- 记账凭证；
- 科目汇总表、银行存款明细账、基本生产成本明细账，以及其他数量金额式明细账。

12.6.1 原始单据的打印

原始单据的打印(以采购订单为例)步骤如下(使用B5纸打印)。

单击左侧主功能选项中的"采购管理"，在子功能中双击"采购订单"，如图12-72所示。

在采购订单界面，单击"文件"页签下的"使用套打"，如图12-73所示。

图12-72 选择采购管理模块

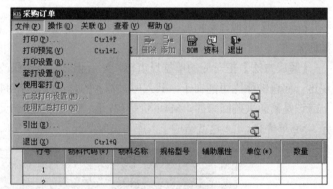

图12-73 使用套打

然后，单击"文件"页签下的"套打设置"，进入套打设置界面，单击"注册套打单据"，然后单击"浏览"，如图12-74、图12-75所示。

第12章 经营数据收集处理

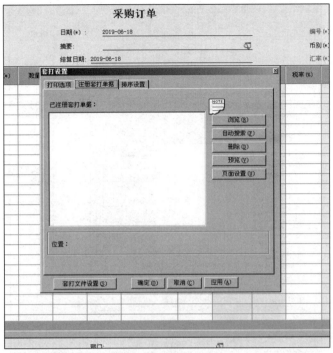

图12-74 套打设置

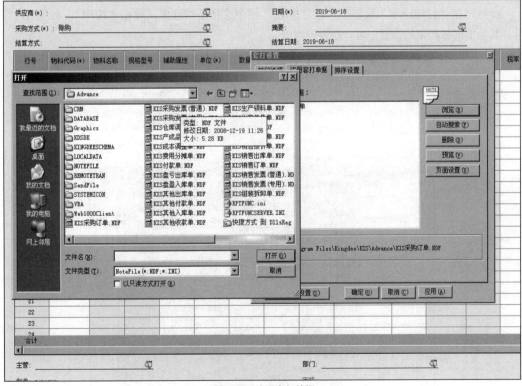

图12-75 注册套打单据

双击打开选择的单据,进行注册,完成后界面如图12-76所示。

图12-76 注册套打单据

然后,在"打印选项"页签下,在"位置"栏中选择采购订单,单击"应用",如图12-77所示。其他单据都是如此设置,可一次性设置好。

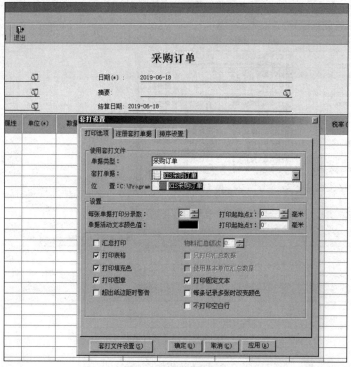

图12-77 打印选项填写

在"采购管理"主界面中,单击右侧的"采购订单序时簿",如图12-78所示,选择过滤条件(如事务类型、逻辑、时间、审核标志、关闭标志、作废标志等),如图12-79所示,然后单击"确定",即可查询到符合条件的采购订单。

图12-78 采购订单序时簿查询

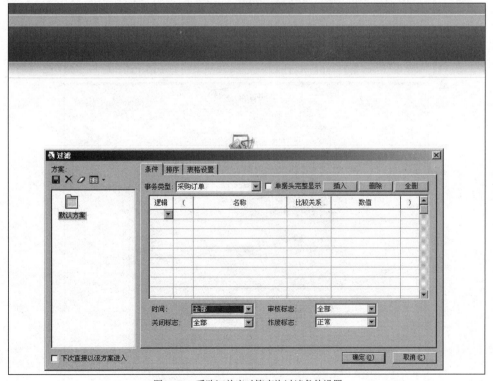

图12-79 采购订单序时簿查询过滤条件设置

然后,在"采购订单序时簿"中单击打开一笔采购订单,如图12-80、图12-81所示。

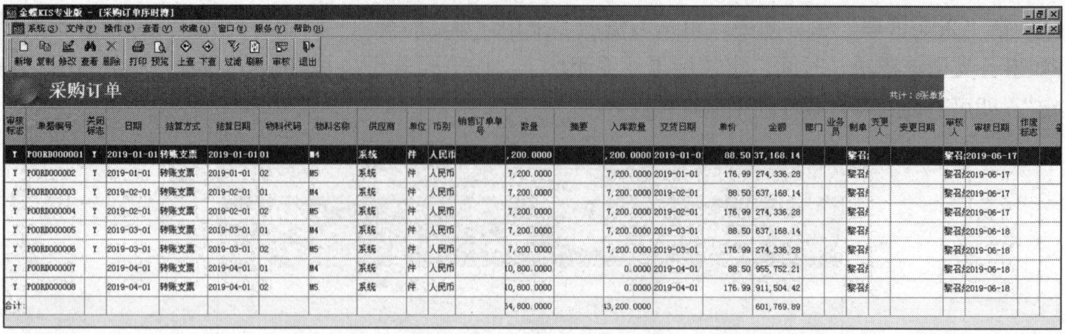

图12-80 采购订单序时簿详情

图12-81 单笔采购订单

单击"文件"页签下的"套打设置",进入套打设置界面,如图12-82所示。然后,在"文件"中选择打开采购订单,如图12-83所示。

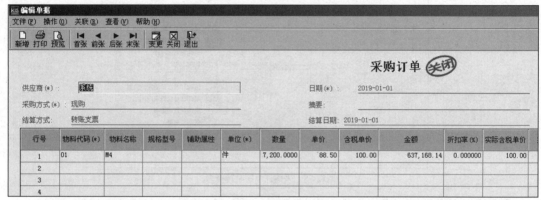

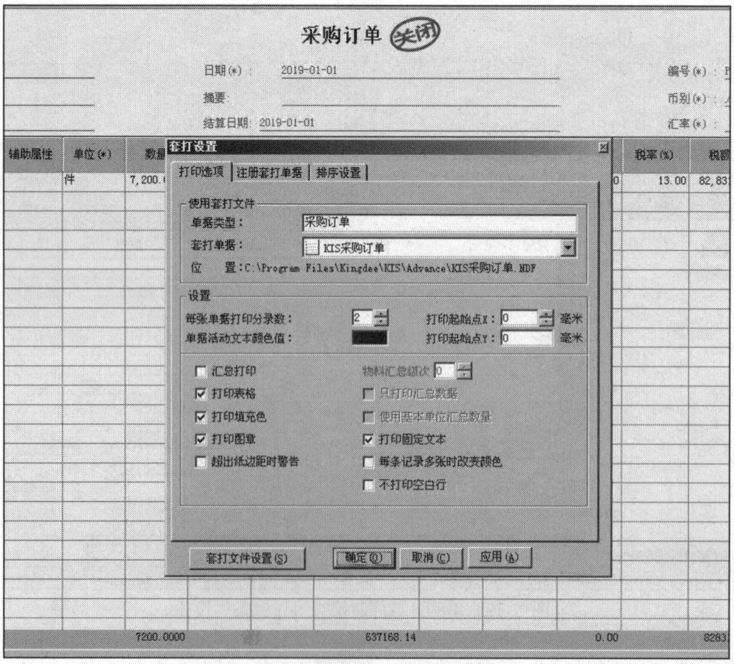

图12-82 单笔采购订单打印设置

第12章 经营数据收集处理

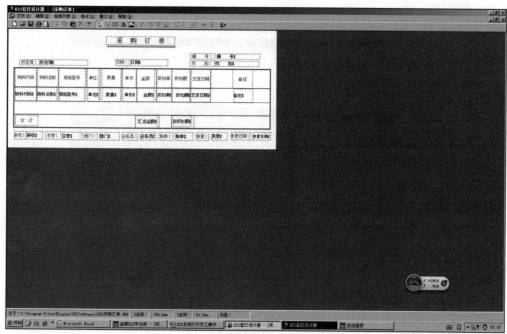

图12-83 采购订单预览

在此界面中可以调整相关参数,然后进行打印。

12.6.2 记账凭证的打印

记账凭证的打印(以打印收到注册资金一笔分录为例)步骤如下。一张B5打印纸可以打印3张记账凭证,一张A4打印纸可以打印4张记账凭证,但用B5的纸打印效果较好。

单击左侧主功能选项中的"账务处理",在子功能中双击"凭证管理",如图12-84、图12-85所示。

图12-84 账务处理主界面

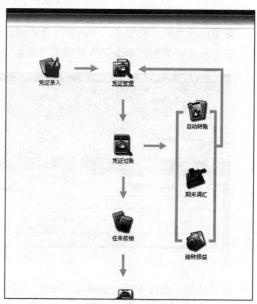

图12-85 凭证管理入口

在过滤界面的"条件"页签下选择"按凭证过滤",并选中"全部",如图12-86所示。

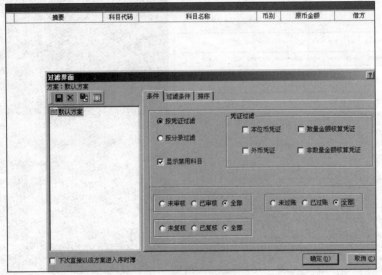

图12-86　凭证管理过滤条件设置

双击"收到注册资本金"这笔分录,如图12-87所示。

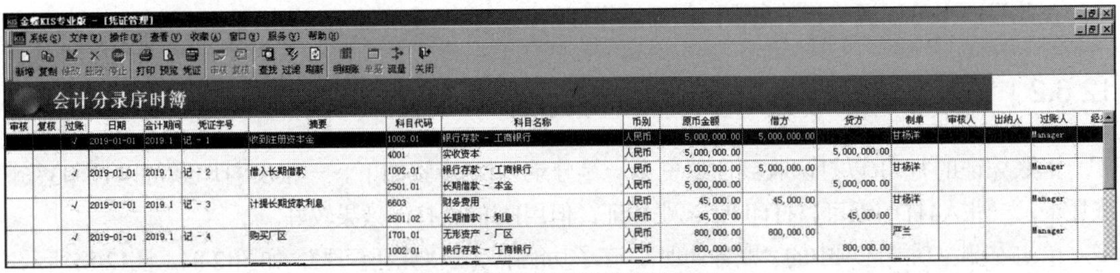

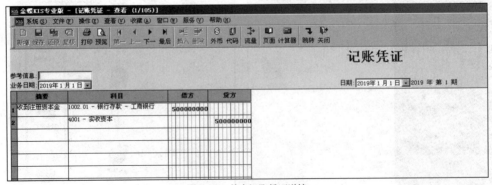

图12-87　会计分录序时簿选择凭证

注意:此步骤特别重要,涉及能否节约纸张的问题!

在记账凭证界面,单击工具栏里的"页面",进行凭证页面设置,如图12-88、图12-89所示。

图12-88　单个记账凭证详情

经过试验,图12-89所示的数据为最佳数据,按此数据设置,设置完成后单击"确定"。

在"文件"页签下单击"打印设置",如图12-90所示。

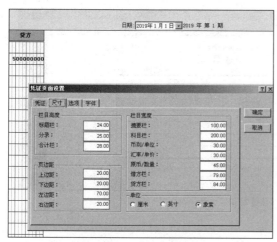
图12-89 凭证页面尺寸设置

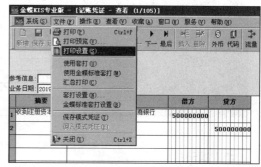
图12-90 凭证打印设置

进入打印设置界面后,选择"大小"为"B5","方向"为"纵向",设置完成后单击"确定",如图12-91所示。单击工具栏的"预览"可进行打印预览,如图12-92、图12-93所示。预览无误后,单击"打印"即可。

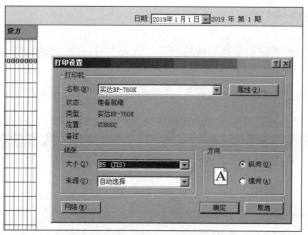
图12-91 打印机、纸张设置

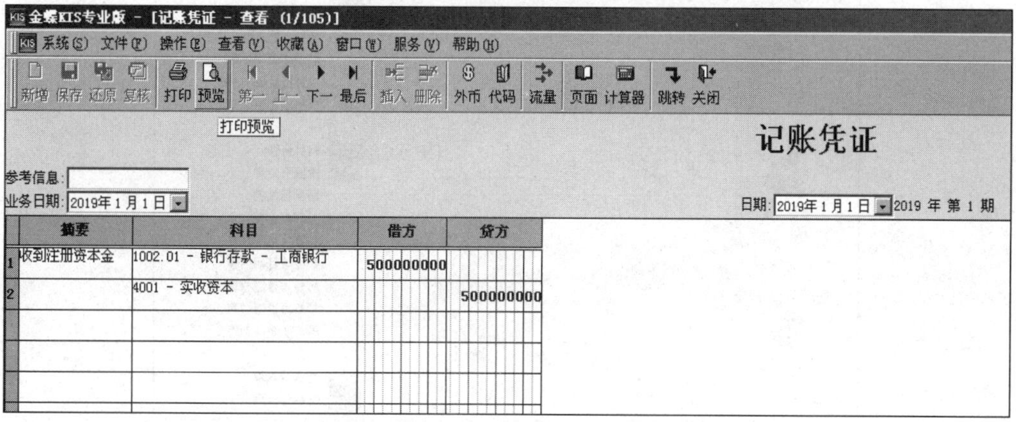

图12-92 打印预览

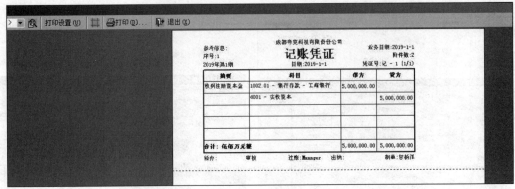

图12-93 预览效果

特别提示：
- 如果是针式打印机，刻度为3~5为最佳。
- 如果是激光打印机，则需自行摸索。
- 打印涉及原材料、存货、在途物资等科目时，凭证中会出现数量金额及单价，通常按照上面的格式设置即可；若遇格式问题，追溯至前面步骤更改设置，调整为最佳即可。

12.6.3 科目汇总表的打印

科目汇总表，在金蝶系统中又称"核算项目汇总表"。科目汇总表的打印(以第1季度为例)步骤如下(使用A4纸打印)。

单击左侧主功能选项中的"账务处理"，在界面右侧的"账簿报表"中，单击"核算项目汇总表"，如图12-94所示。

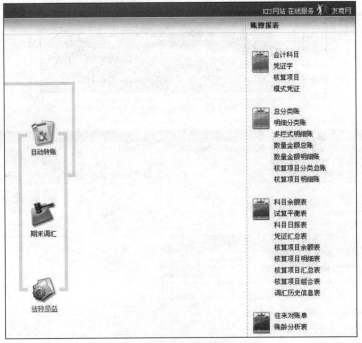

图12-94 科目汇总表查询界面

在"过滤条件"界面中,可以选择不同的会计期间,如图12-95所示。

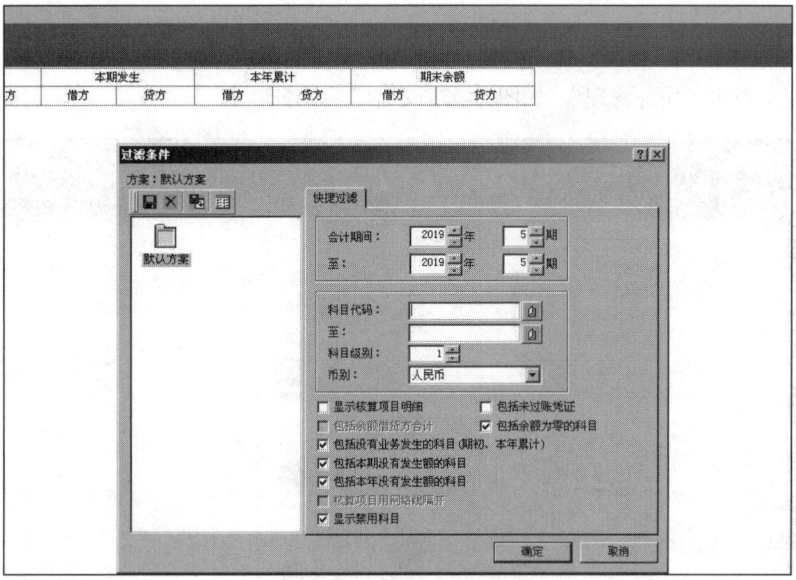

图12-95 过滤条件设置

在"打印设置"中,调整好格式打印即可,如图12-96所示。

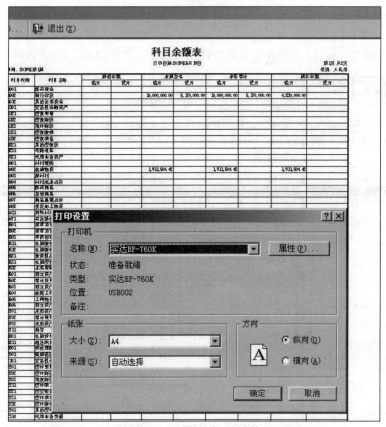

图12-96 设置打印机和纸张等

12.6.4 银行存款明细账的打印

银行存款明细账的打印(同其他的数量金额式明细账的打印)步骤如下(采用A4纸张打印)。

在子功能中双击"凭证管理",如图12-97所示。

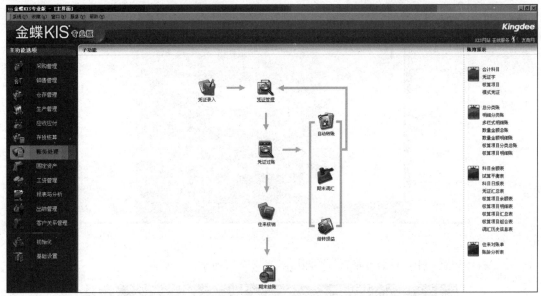

图12-97 凭证管理入口

单击"银行存款"科目,然后单击工具栏的"明细账",如图12-98、图12-99所示。

日期	会计期间	凭证字号	摘要	科目代码	科目名称	币别	原币金额
-05-01	2019.5	记-1	计提长期贷款利息	6603	财务费用	人民币	45,00
				2501.02	长期借款-利息	人民币	45,00
-05-01	2019.5	记-2	支付上一季度计提的利息	2501.02	长期借款-利息	人民币	45,00
				1002.01	银行存款-工商银行	人民币	45,00
-05-01	2019.5	记-3	厂房计提折旧	5101.02	制造费用-厂房	人民币	8,84
				1602.01	累计折旧-厂房	人民币	8,84
-05-01	2019.5	记-4	生产线计提折旧	5101.03	制造费用-全自动生产线	人民币	265,48
				1602.02	累计折旧-全自动生产线	人民币	265,48
-05-01	2019.5	记-5	外购入库	1403.01	原材料-M4	人民币	955,79
				1402.01	在途物资-M4	人民币	955,79
-05-01	2019.5	记-6	外购入库	1403.01	原材料-M5	人民币	1,911,50
				1402.02	在途物资-M5	人民币	1,911,50
-05-01	2019.5	记-7	厂区计提折旧	5101.01	制造费用-厂区	人民币	20,00
				1702	累计摊销	人民币	20,00
-05-01	2019.5	记-8	研发形成的无形资产的摊销	5101.04	制造费用-研发形成的无形资产	人民币	54,25
				1702	累计摊销	人民币	54,25
-05-01	2019.5	记-9	生产线计提折旧	5101.03	制造费用-全自动生产线	人民币	265,48
				1602.02	累计折旧-全自动生产线	人民币	265,48
-05-01	2019.5	记-10	生产领料	5001.01	生产成本-M1	人民币	955,79
			生产领料	1403.01	原材料-M4	人民币	955,79
-05-01	2019.5	记-11	生产领料	5001.01	生产成本-M5	人民币	1,911,50
			生产领料	1403.02	原材料-M5	人民币	1,911,50
-05-01	2019.5	记-12	支付上季度仓库租金	2241	其他应付款	人民币	600,00
				1002.01	银行存款-工商银行	人民币	600,00
-05-01	2019.5	记-13	支付工资	2211	应付职工薪酬	人民币	16,00

图12-98 找到有"银行存款"科目的记账凭证

图12-99　银行存款明细账

然后单击"预览",调整好格式后打印。打印设置与前述的步骤相同。

第13章 企业经营分析

13.1 经营分析理论概述

数据分析,此处主要指的是对经营数据的分析。从狭义层面讲,数据分析是对数据进行一些计算、整合、分析,再将结果汇聚成报表。从广义层面讲,数据分析是指用适当的方法,针对杂乱无章的数据,将隐藏在其背后的信息提炼出来,总结出规律,帮助管理者进行业务决策。

具有代表性的分析理论主要有战略分析理论、产品分析理论、营销分析理论、竞争分析理论、绩效分析理论等。

1. PEST分析

PEST分析是常用的宏观环境分析工具,主要通过政治和法律环境(political system)、经济环境(economic environment)、社会环境(social environment)、技术环境(technological environment)这4个因素分析企业所处的环境。

2. SPACE矩阵

SPACE矩阵又称战略地位与行动评价矩阵,主要分析企业外部环境及企业应该采用的战略组合。4个象限分别表示进取、保守、防御和竞争4种战略模式,如图13-1所示。其中,FS表示财务优势,CA表示竞争优势,ES表示环境稳定性,IS表示产业优势。

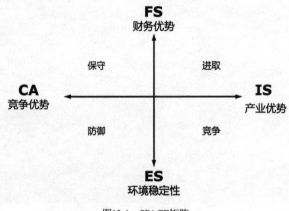

图13-1 SPACE矩阵

3. SWOT分析

SWOT分析中的优势和劣势着眼于企业自身的实力与竞争对手比较，机会和威胁关注于外部环境变化及对企业的可能影响上，如图13-2所示。

图13-2　SWOT分析

4. 波特价值链

价值链法把企业活动分为基本活动和支持性活动，如图13-3所示，企业并不是每个环节都创造价值，要保持竞争优势，实际上就是在价值链某些特定环节具备战略优势。

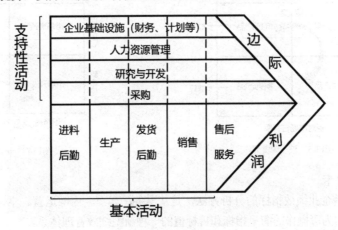

图13-3　波特价值链

5. 价值关联分析

价值关联分析依据波特价值链分析模型改进而来，是一个更具可操作性的企业决策分析工具。价值关联分析模型把企业价值与客户价值做了区分，构成完整闭环，如图13-4所示。

6. 波士顿矩阵

波士顿矩阵又称市场增长率-相对市场份额矩阵，是企业产品的分析方法，如图13-5所示。它是基于波士顿经验曲线的结论"每当积累的经验翻一番，增值成本就会下降大约20%到30%"成立。

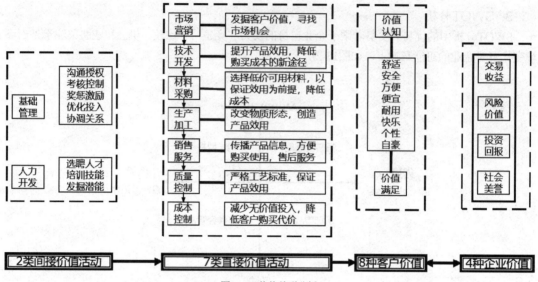

图13-4 价值关联分析

7. 安索夫矩阵

安索夫矩阵也称市场选择矩阵,如图13-6所示,以产品和市场作为两大基本面向,区别出4种产品/市场组合和相对应的营销策略,是应用最广泛的营销分析工具之一。

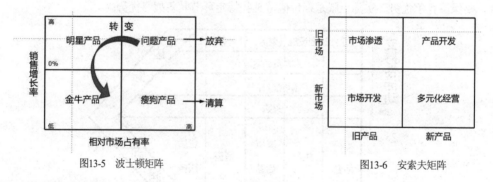

图13-5 波士顿矩阵　　　　　　　　图13-6 安索夫矩阵

8. 平衡计分卡

平衡计分卡是企业绩效指标的分析方法,是从财务、客户、内部运营、学习与成长4个角度,将组织的战略落实为可操作的衡量指标和目标值的一种新型绩效管理体系。

- 财务层面:为了满足股东的要求,我们在财务层面应该有什么样的表现?
- 客户层面:为了获取财务成功,我们应该在客户层面有什么样的表现?
- 内部运营层面:为了满足股东和客户的要求,我们应该改进哪些内部运营流程?
- 学习与成长层面:为了实现战略目标,我们应该如何保持变革与改进的能力?

13.2　经营数据记录

经营数据记录主要指两种途径的记录,一种是KIS中的产销量统计与记录,一种是运营流程表。两者的用途不同，KIS的产销量记录主要用于产销量的分析，而运营流程表的数据记载主要用于自动生成资产负债表、利润表，在公司财务没有出报表之前，为经营决策提供参考性的财务数据、财务指标。KIS产销量数据录入与整理，详见第12章，此处主要讲解运营流程表。

什么是运营流程表？运营流程表是由现代企业运作综合实习教师自行设计、研发的。该表以操作方便、灵活、实用的原则，依托Excel表格进行设计，其主要使用对象是负责经营的学生。运营流程表设计的总体思路是负责经营的学生按照经营数据填写，而后自动生成资产负债表、利润表。其目的是在公司财务报表还未出来之前，为公司经营决策提供决策参考。运营流程表关联了会计凭证、科目汇总表、余额表、利润表、资产负债表、财务综合分析表等多个子表，可扫描二维码获取。学生主要完成运营流程表填写，其他关联表格会自动生成，因此，此处称运营流程表。

(1) 　　　　(2)
运营流程表

13.2.1　运营流程表填写的基本要求

原材料供应商、制造企业、贸易公司、物流公司需填写运营流程表。运营流程表的作用是在财务人员没出财务报表时，给经营决策一个参考依据，各类型公司的运营流程表稍有不同，可扫描二维码获取。

贸易公司运营流程表　　物流公司运营流程表　　原材料供应商运营流程表　　制造企业运营流程表

(1) 运营流程表由负责经营的同学填写，在填写过程中根据原始决策进行，而非根据财务人员所做的账目进行填写。

(2) 分季度进行填写，每一季度做一个Excel文档，但是在这个文档中，只填写流程表中的相关数据，其他表格大部分是自动生成的。

(3) 运营流程表中的数据，不考虑税率，只填写支出或收入的金额，即在系统中支出或收入的合计额。

(4) 当运营流程表的数据填写完成后，在"科目汇总表"界面找到工具栏中的"数据"按钮，然后单击"全部刷新"(不同电脑的数据刷新操作可能有所不同)，其他表格将同步自动更新。做决策时，可以查看生成的"利润表""资产负债表"。

(5) 在填写过程中，注意表中的填写说明，一般有底色的单元格都会设置公式(在表格中做出说明)，这是勾稽了其他数据，这样的单元格不需要手动输入数据，而是当其他数据填写完成后，自动生成数据。

(6) 原材料供应商、制造企业的运营流程表相比于贸易公司和物流公司的运营流程表，多了"生产过程"模块。

通过运营流程表，可以自动生成资产负债表、利润表，可以了解资金的运用情况，以此作为经营决策的依据和参考，进而对经营数据进行整理和分析。

13.2.2 原材料供应商运营流程表

1. 生产线管理板块的填写注意事项

生产线管理板块的填写注意事项，如图13-7、图13-8所示。

		购买时填写支出金额	安装完成后填写此列		安装完工当季度金额
80	17-1生产线购买				
81	劳动密集生产线				
82	半自动生产线				
83	全自动生产线			购买的下一季度输入1	
84	柔性生产线			购买的下一季度输入1	
85	17-2生产线技术升级	投入资金时，只填写此列。填写后在下季度升级完成的下一季度才删掉此金额	升级完成后只填写此列		
86	劳动密集生产线			升级完成输入1	没有考虑同一生产线升级完成，当季度又投入升级的状况。这种情况单独处理
87	半自动生产线			升级完成输入1	
88	全自动生产线			升级完成输入1	
89	柔性生产线			升级完成输入1	

图13-7 运营流程表生产线管理

		安装完工所在季度	报废所在季度	报废条数	固定资产清理	原值
95	17-4生产线报废					
96	劳动密集生产线				0	0
97	半自动生产线					
98	全自动生产线				0	0
99	柔性生产线					

图13-8 生产线管理中的生产线报废

(1) 生产线购买。由于生产线购买涉及需要安装周期和不需要安装周期的问题，不需要安装周期的生产线，付款后当季度马上可以使用该生产线。需要安装周期的，付款以后要等到下个季度才能使用该生产线。不需要安装周期的主要有劳动密集型生产线和半自动生产线，购买当季度填写购买金额即可。但是全自动生产线、柔性生产线需要安装周期，因此分为两个步骤。第一步：购买当季度，在"购买时填写支出金额"所在的列填写购买金额。第二步：购买的下个季度，在"安装完成后填写此列"中输入阿拉伯数字1，同时，在"安装完工当季度金额"所在列输入购买价款。

(2) 生产线技术升级。由于生产线的技术升级涉及跨季度问题，因此分为两个步骤。第一步：在投入资金进行技术升级的当季度，在"投入资金"所在的列，输入实际投入的资金金额(单位默认为元)。第二步：在升级完成后，一般是在投入升级费用的下个季度时，在"升级完成后"所在的列填写阿拉伯数字1，同时，如果在表格中有上个季度投入的资金，需要将其删除，如果本身没有，则可以不管。特别提示：对于生产线技术升级，由于没有考虑同一条生产线升级完成的当季度又投入升级的情况，故此种情况单独处理。

(3) 生产线报废。原材料供应企业生产线可能会涉及生产线报废的情况，"固定资产清理"和"原值"所在的列设置了公式，不需要填写任何数据，它会自动生成数据。只需要在"安装完成所在季度""报废所在季度"和"报废条数"所在的列填写。"安装完成所在季度"主要填写阿拉伯数字，比如，劳动密集型生产线第1季度购买安装，由于其没有安装周期，付款后就会安装完成，因此，"安装完工所在季度"所在列，就填写阿拉伯数字1。如果在第3季度报废，那么就在"报废所在季度"所在列填写阿拉伯数字3。但是如果是全自动生产线，就要特别注意，假设第1季度购买，由于它需要1个季度的安装周期，因此，在"安装完成所在季度"就应该填写阿拉伯数字2(第2季度才会安装完工)，如果在第3季度报废，那么就在"报废所在季度"所在列填写阿拉伯数字3。"报废条数"主要指的是我们生产线报废的条数,如果有2条生产线报废,则在对应的生产线所在的行,"报废条数"所在的列输入阿拉伯数字2即可。

2. 生产过程板块的填写注意事项

生产过程板块的填写注意事项,如图13-9所示。

	生产过程(只填写白色底所在的列),完工个数需要自行填写												
	直接材料(领用材料采用先进先出法,爆仓除外)				直接人工				制造费用				
	产品名	含税单价	数量	不含税合计金额	类型	人数	季度工资	工资合计	固定(无形)资产名称	合计金额(含税价)	折旧期限	当季度折旧额	备注
M1完工个数	一般采购M4	100		0	初工		4000	0	厂区		10	0	
	一般采购M5	200		0	高工		6000	0	厂房		40	0	
M1总成本	紧急采购M4	200		0	车管		5000	0	安装完工的生产线		5	0	
M1单位成本	紧急采购M5	400		0	直接人工合计			0	生产线技术升级完成后合计金额		5	0	生产线技术升级完成后填写,即投入技术升级的下一季度填写
	生产M1直接材料合计			0					第1季度没有生产产品,相关资产折旧摊销的制造费用转入生产成本				手动填写第1季度制造费用合计金额
									制造费用合计			0	
	一般采购M4	100		0									
M2完工个数	一般采购M5	200		0									
	一般采购M-X	300		0									
M2总成本	紧急采购M4	200		0									
	紧急采购M5	400		0									
	紧急采购M-X	600		0									
	生产M2直接材料合计			0									
M3完工个数	一般采购M5	200		0									
	一般采购M-X	300		0									
M3总成本	紧急采购M5	400		0									
	紧急采购M-X	600		0									
	生产M3直接材料合计			0									

图13-9 流程表中生产过程板块数据表

在填写生产过程板块时,只需要在白色底所在的单元格(除完工个数以外)填写数字,其他地方是自动生成的。填写生产过程板块的目的是计算生产成本,在财务还没有算出生产成本时,我们需要以此作为与合作企业谈判订单或计算利润时的参考数据。目前,实习过程中的直接生产成本主要由直接材料、直接人工和制造费用构成。

1) 直接材料

直接材料领用,在"数量"所在的列填写当季度领用的原材料的个数。特别注意:由于原材料供应商采购原料分为一般采购和紧急采购,两种采购方式的采购价格不同,因此,此处要将领用的一般采购原料和紧急采购原料的数量分开填写。比如,此次生产线生产1 000件M1B,领用了800件上个季度采购回来的原料M4,领用了200件这个季度的原料M4,那么就在一般采购M4所在的行、数量所在的列,填写阿拉伯数字800,在紧急采购M4所在的行,数量所在的列,填写阿拉伯数字200。如果涉及爆仓的情况,按照实际领用的处理。比如一般采购M4入库的800件中,由于吞吐量不足,有300件在仓库中,当季度不能领用,那么此时只有500件可以使用,即在一般采购M4所在的行、数量所在列填写阿拉伯数字500。

2) 直接人工

直接人工。在"人数"所在的列填写不同类型工人或车间管理人员的人数。此处不涉及研发人员。

3) 制造费用

在厂房、厂区、生产线(安装完工)的所在行填写合计金额。什么是合计金额(含税价)?如果该公司只购买或兴建了1个大厂房,其合计金额就是600 000元(含税价),如果该公司购买或兴建了两个大厂房,其合计金额就是1 200 000元(600 000×2=1 200 000)。此处生产线金额的填写需要注意两个方面：一是在生产线安装完工后填写(安装完工后才能投入使用)，二是如果涉及生产线技术升级，升级当季度仍然填写生产线升级前的金额，升级完成后的当季度，则需要加上升级费用。比如用柔性生产线产品生产，第1季度购买，第2季度安装完工投入生产，第2季度末进行技术升级，那么在第1季度，"生产线含税价"所在的列不能加上这条生产线的购买价2 000 000元，第2季度时，"生产线含税价"所在的列需要加上这条生产线的购买价2 000 000元，第3季度时，不仅要加上2 000 000元，还需要加上第2季度投入的1 000 000元的升级费用，合计3 000 000元。

特别提醒：如果第1季度该公司没有生产产品，但是已经购买了厂区、厂房等，在第2季度计算生产成本时，需要将第1季度的制造费用加上。

4) 研发费用

在实习过程中，因为明确知道研发产品的支出归属于哪一种产品，因此，研发成功的产品摊销金额计入生产该产品的制造费用，如图13-10所示。最后，将此制造费用转入生产成本。为体现研发投入计入其生产成本，在流程表中，研发投入的钱和研发人员的工资均计入"23产品生产"中。以原材料公司为例，需要研发的产品主要有M1B、M2(M2A、M2B)、M3(M3A、M3B)，其中M2A、M3A同属于研发新品，新品研发成功后，两者均视为研发成功，因此，各自所承担的研发支付为新品研发投入的1/2。

23-1 M1生产			0
M1B(研发投入的钱+投入研发人员的人数×10 000)			
23-2 M2 生产		0	0
新品研发(研发投入的钱+投入研发人员的人数×10 000)/2			
M2B(研发投入的钱+投入研发人员的个数×10 000)			
23-3 M3 生产		0	0
新品研发(研发投入的钱+投入研发人员的人数×10 000)/2			
M3B(研发投入的钱+投入研发人员的人数×10 000)			

图13-10 研发费用支出板块

对某种产品研发成功后，研发费用填写为该产品研发所投入的钱和投入的人员的工资(在实习过程中，主要涉及工资，在实务中，可能还会涉及员工福利等，因此，在实习过程中只考虑研发人员的工资)。比如对M1B进行研发，投入500 000元的资金，同时投入了5个研发人员，在下个季度研发成功后，且将M1B投入生产时，需要在M1B所在的行，研发投入所在的列填入550 000元(500 000+5×10 000=550 000元)，对于M2、M3研发的填写同理。

3. 销售产品板块填写注意事项

销售产品板块填写注意事项，如图13-11所示。

销售产品主要涉及两种情况，一种情况是销售的是当季度生产的产品，此时只需要在对应的位置上填写销售数量，要注意在平台中签订销售合同的时间点，如果上个季度在平台上签订了合同，就在"销售上一季度签订的合同"对应下方填写，如果销售的是本季度平台上签订的合同，则在"销售本季度签订的紧急订单"下方填写个数。另一种情况是销售的产品不仅有本季度生产的产品，还有上个季度生产的产品，比如，第3季度销售10 000件M1B，其中有8 000件，是第3季度生产的，有2 000件是第2季度由于操作不当滞留在仓库中的。那么，在第三列"个数"所在的对应位置输入

8 000，在"销售领用上一季度库存商品"下方的"个数"所在对应位置输入2 000，同时输入上个季度产品的成本单价。上个季度的产品成本单价需要查看上个季度的流程表单位成本处的数据。

19、销售产品				销售领用上个季度库存商品	
19-1 销售上个季度签订的合同	个数			个数	成本单价
M1成本		0	此行只填写数量		
M1销售价			此行数量金额均手动输入	个数	成本单价
M2成本		0	此行只填写数量		
M2销售价			此行数量金额均手动输入		
M3成本		0	此行只填写数量		
M3销售价			此行数量金额均手动输入		
19-2 销售本季度签订的紧急订单	个数			个数	成本单价
M1成本		0	此行只填写数量		
M1销售价			此行数量金额均手动输入	个数	成本单价
M2成本		0	此行只填写数量		
M2销售价			此行数量金额均手动输入	个数	成本单价
M3成本		0	此行只填写数量		
M3销售价			此行数量金额均手动输入		

图13-11　销售产品板块数据填写

制造企业的运营流程表类似原材料供应商的流程表，主要区别在于，制造企业运营流程表中的生产线没有报废问题，制造企业多了广告投放、资质认证等相关内容，详见流程表内的填写说明。

贸易公司运营流程表的填写比较简单，与制造公司相比，贸易公司的运营流程表不涉及生产线、生产成本的相关部分。

13.2.3　物流公司运营流程表

物流公司运营流程表不同于原材料供应商、制造企业及贸易公司的运营流程表。

1. 网点开发板块的填写注意事项

网点开发板块的填写注意事项，如图13-12所示。

7	网点开发		0	¥0	1个建造周期
	网点开发成功			¥0	开发完成的季度填写，只填写数量
8	车辆购买		0	¥0	即买即用
		小型货车		¥0	
		中型货车		¥0	
		大型货车		¥0	
9	司机招聘			¥0	注：小型及中型货车需配1名司机，大型货车需配2名司机

图13-12　物流公司网点开发

网点开发需要1个季度，在开发完成的当季度填写数量。比如在第1季度投入了2个网点开发费用，在第1季度流程表"网点开发"中，填写阿拉伯数字2。在第2季度的运营流程表中"网点开发"处不填写任何数字，但是需要在"网点开发成功"所在行填写阿拉伯数字2(2表示已经开发成功的网点数量)。

2. 司机招聘板块的填写注意事项

司机与车型是匹配的，填写时按以下方法计算。小型及中型货车配置1名司机，司机招聘的数量是小、中型货车的数量乘以1；大型货车配置2名司机，司机招聘的数量等于大型货车的数量乘以2。

13.3 经营数据整理

数据整理，可以将KIS和运营流程表的数据收集整理在一起，然后进行相应的分析。实务中，对于数据的分析整理工具有Python、Excel、Tableau、R语言、VBA等，工具不分好坏、高低，Excel、Python、R语言都是自成体系的软件，每个问题都可以用不同的软件解决，只是软件不同，采用的方法和实现的效率也不同。据不完全统计，20%的问题需要借助高级功能或其他软件实现，80%的问题可通过一个软件的基本功能解决。因此，重要的不是工具，重要的是使用工具的能力。学会数据分析，重点不是掌握高级软件，而是拥有分析的思维。基于学情分析和分析工具的可达性、可用性，现代企业运作综合实习中主要采用Excel进行分析，当然不排除有的同学使用其他软件。

数据整理主要包括数据清洗、数据抽取、数据筛选和数据合并。由于前期我们使用KIS业务系统、自制的运营流程表进行了数据记录，在记录过程中，涉及数据清洗、数据抽取等相关问题，数据相对比较规范，因此，此处主要介绍数据合并。同时，此处的数据合并主要从方法着手，因为每个公司决策不同，数据不同，分析的侧重点也有可能不同，为了便于各类型公司使用，此处主要介绍多表合并、数据建模、数据交互的方法，不强调各公司数据的一致性。

在现代企业运作综合实习过程中，涉及多季度，数据涉及多张表格，如何将这些表或者工作簿的数据合并在一张表格中，显得尤为重要。以运营流程表为例，运营流程表一个季度填写一张，如果经营8个季度，则有8张运营流程表，如何将这8张表进行合并分析，显得尤为重要。一个工作表可以存储100万条左右的数据记录，对于现代企业运作综合实习来说，这样的记录量和处理量是足够的。此处我们使用Power BI软件，Power BI是Excel的衍生品，它可以独立使用，也可以在Excel中找到(Excel 2013版及之后的版本，有一个Power BI组件)。Power BI由Power Query(数据查询)、Power Pivot(数据建模)、Power View(数据交互报表)和Power Map(动态地图)4个组件组成。

13.3.1 Power Query多表合并

通过Power Query合并工作表、工作簿、删除重复数据、填补缺失数据，并借助函数进行高级筛选，实现数据多表汇总及动态范围查询等。在现代企业运作综合实习中，可以使用Power Query将多个季度的数据合并在一张表中，便于进行查看和分析。比如，可以通过Excel中的Power Query合并功能，将多个季度运营流程表的数据合并在一张表中，进行数据整理。Power Query多表合并操作步骤如下。

1. 加载Power Query组件

如果首次使用Power Query，则需要加载Power Query组件(如果已加载，可以忽略此步)，加载方法具体如下。

(1) 打开一个Excel文档，在菜栏中找到"文件"，单击"更多"，单击"选项"中的"加载项"，再从"管理"中找到"COM加载项"，然后选中"Microsoft Power Map for Excel""Microsoft Power Pivot for Excel"，单击"确定"，如图13-13、图13-14所示。

(2) 回到Excel表单主界面，即可在工具栏找到"Power Pivot"选项卡。

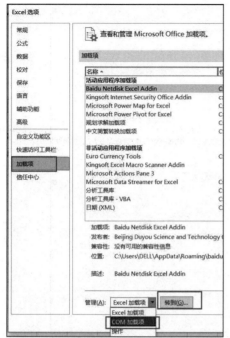

图13-13 加载组件

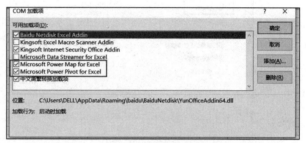

图13-14 勾选需要的加载项

2. 多表合并过程

(1) 打开数据表,找到菜单栏中的"数据",选择获取来自Excel工作簿文件的数据,具体操作如图13-15所示。

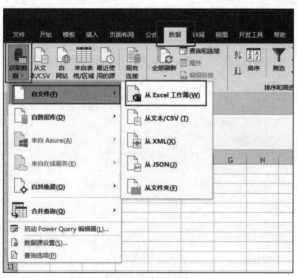

图13-15 数据来源选择

(2) 找到数据表,勾选"选择多项",将1~7季度的7张表全部选中或者将自己需要的几张表选中,单击"转换数据",如图13-16所示。

(3) 在菜单栏找到"主页",在功能区中选择"追加查询",将所有的表格添加到要追加的表所在列,单击"确定",如图13-17所示。

311

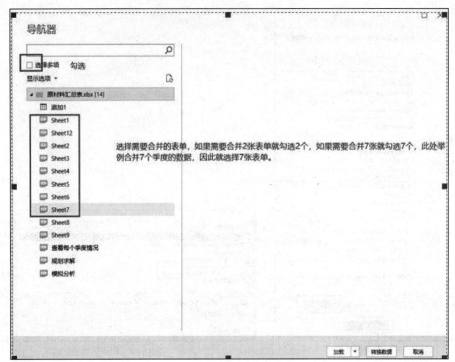

图13-16　选择需要合并的表单

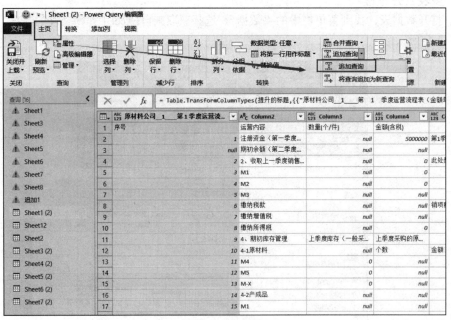

图13-17　追加查询

(4) 在菜单栏中找到"主页",选择"关闭并上载",再选择"关闭并上载至",确定仅创建连接即可。

(5) 找到汇总表,单击右键,选择"加载到",然后选择要加载的"表",选择数据放置位置至现有工作表,然后单击"确定"。

通过上述操作，就将几个季度的所有数据汇总在一张表中，接下来对数据进行汇总、整理和分析。

13.3.2 Power Pivot数据建模

通过Power Pivot多表透视进行透视分析。此处主要以原材料供应商产品销售数量的动态查询、汇总为例，根据业务需要，可以自行更换数据表中的内容，方法是差不多的，如图13-18所示。

产品	各产品汇总情况							起始季度	终止季度
	1季度	2季度	3季度	4季度	5季度	6季度	7季度		
M1A	23	25	27	29	31	33	35		
M1B	24	26	28	30	32	34	36		
M2A	25	27	29	31	33	35	37		
M2B	26	28	30	32	34	36	38		
M3A	27	29	31	33	35	37	39		
M2A	28	30	32	34	36	38	40		

图13-18 各季度销售数量表

下面介绍如何实现选择起始季度和终止季度后，自动生成这个期间各类产品的销售数据合计。

1. 起始季度建模

打开数据表，单击"起始季度"列的第二行单元格J2，然后单击菜单栏的"数据"，单击功能区的"数据验证"，在弹出的"数据验证"窗口中的"允许"栏处选择"序列"，"来源"栏选择该表第二行所有经营季度，如图13-19所示。该表中经营季度为1~8季度。

设置"起始季度"的公式：单击菜单栏的"公式"，定义名称，可以在名称处输入"起始季度"，输入"＝Match($J$2,$B$2:$I$2,0)"即可。

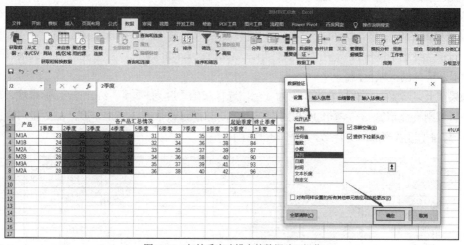

图13-19 起始季度建模中的数据验证操作

2. 终止季度建模

在K2单元格进行同样的操作。

方法一：设置"终止季度"的公式，单击菜单栏的"公式"，定义名称为"终止季度"，输入"＝Match($K$2,$B$2:$I$2,0)"即可。

输入公式后按住"Ctrl＋Shift＋Enter"键，可以实现动态下拉列表。

方法二：输入公式 {=OFFSET($B$2,0,MATCH(J2,B2:I2,0)-1,1,8-MATCH(J2,B2:I2,0)+1)}，如图13-20所示。

图13-20 终止季度建模公式设置

3. 动态求和

在动态求和中，会用到OFFSET函数和MATCH函数两个函数。OFFSET函数的功能是以指定的引用为参照，通过给定偏移量得到新的引用，返回的引用可以为一个单元格或单元格区域，也可以指定返回的行数或列数。OFFSET函数表达式为"OFFSET(参考单元格，行数，列数，高度，宽度)"。MATCH函数是Excel主要的查找函数之一，可在单元格区域中搜索指定项，然后返回该项在单元格区域中的相对位置。MATCH函数表达式为"MATCH(查找值，查找区域，查询模式)"。

在图13-20中的"产品"所在的第一行输入公式"=SUM(OFFSET(A3,0,起始季度,1,终止季度-起始季度＋1))"，即可进行动态求和。(此处动态求和公式的前提条件是在第1步、第2步中已经对起始季度和终止季度设置了公式)

4. 设置动态求和区域的格式

选中数据范围，单击菜单栏中的"开始"，找到"条件格式"，单击"新建规则"，使用公式确定要设置格式的单元格，为符合此公式的值设置格式处输入"＝And(column()＞＝起始季度＋1,column()＜＝终止季度＋1)"。在"格式"中，填充自己喜欢的颜色。设置完成后，查询过程会自动突出显示选择的区域范围。

如果在上述步骤中，选择填充颜色为灰色，选择起始季度为2季度，终止季度为4季度，那么动态求和区域则会显示2、3、4季度所在列为灰色，同时在起始季度、终止季度产品数量对应的行会显示2、3、4季度各产品的合计数，如图13-21所示。

图13-21 动态求和效果图

13.3.3 Power View数据交互报表

我们可以通过数据透视生成图表，或者直接对应地生成图表。以制造企业每季度销售的产品个数为例,各公司将每季度的产量或销量填写在表格中,即可生成数据看板上的图表,如图13-22、图13-23所示。

季度	L产品		H产品		O产品		S产品		合计
	LA	LB	HA	HB	OA	OB	SA	SB	
第1季度	1 000	2 000	3 000	100	300	200	100	200	6 900
第2季度	200	500	300	200	200	200	300	300	2 200
第3季度	100	200	1 000	300	200	5 000	100	300	7 200
第4季度	100	2 000	200	300	500	500	100	500	4 200
第5季度	200	100	500	7 000	900	500	200	300	9 700
第6季度	100	2 000	1 000	100	300	500	800	1 000	5 800
第7季度	200	2 000	100	200	300	400	400	500	4 100
第8季度	300	3 000	100	300	600	900	600	800	6 600
合计	2 200	11 800	6 200	8 500	3 300	8 200	2,600	3 900	46 700

图13-22 某制造公司1~8季度的销售情况

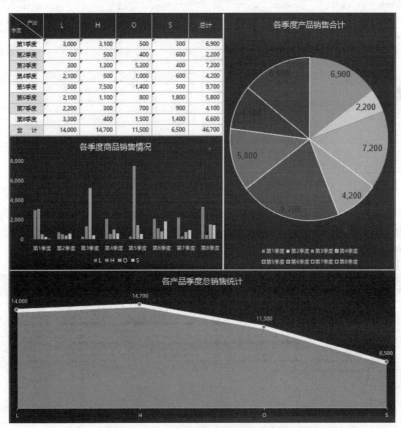

图13-23 某制造公司1~8季度的产品销售情况看板图表(单位:个)

13.4 经营数据预测

分析现有数据的一个非常重要的目的是预测未来。如何进行预测,此处主要介绍单变量预测、两个变量预测和多变量预测。这里所谓的预测也可以称为模拟分析,即通过更改单元格的值,查看预期可能的结果。

13.4.1 单变量预测

单变量预测,也称为单变量求解,可以根据确定目标利润,求售价。也可以根据单个产品保本的基本销量求利润。在现代企业运作综合实习过程中,主要可用于商务谈判报价预测分析或利润预测分析等。具体操作方法如下。

(1) 选中需要求解的单元格,找到菜单栏中的"数据",单击功能区的"模拟分析",然后选择"单变量求解"的"目标单元格"及"目标值"后单击"确定",即可自动求解最佳值,如图13-24所示。

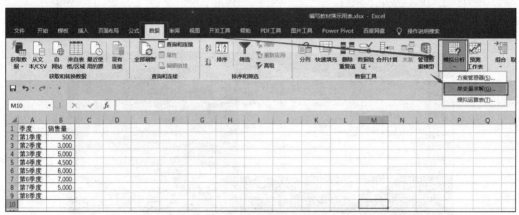

图13-24 单变量预测表及操作流程

(2) 预测结果展示,主要通过制作预测工作表的形式加以体现。以预测季度销量为例,选中需要预测的数据表,单击菜单栏中的"数据",单击"预测工作表",从预测工作表界面"选择预测"结束的时间,如图13-25所示。

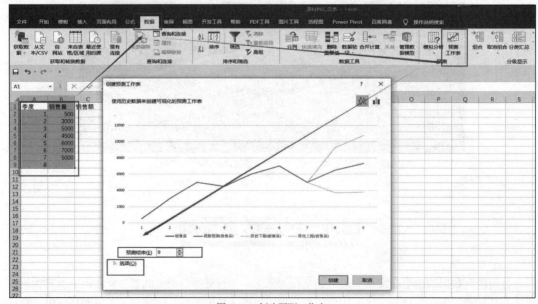

图13-25 创建预测工作表

(3) 单击"选项",可以自行设置参数,如图13-26所示。

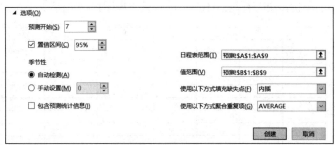

图13-26 单变量预测参数设置

单击"创建",即可生成一张新工作表,包含季度、实际销售量、趋势预测(销售量)、置信下限(销售量)、置信上限(销售量)等相关信息,如图13-27所示。

	A	B	C	D	E
1	季度	实际销售量	趋势预测(销售量)	置信下限(销售量)	置信上限(销售量)
2	第1季度	500			
3	第2季度	3 000			
4	第3季度	5 000			
5	第4季度	4 500			
6	第5季度	6 000			
7	第6季度	7 000			
8	第7季度	5 000	5 000	5 000	5 000
9	第8季度		6 486	3 707	9 266
10	第9季度		7 290	3 814	10 766

图13-27 创建新的预测工作表

同时,附有单变量预测结果趋势图,如图13-28所示。

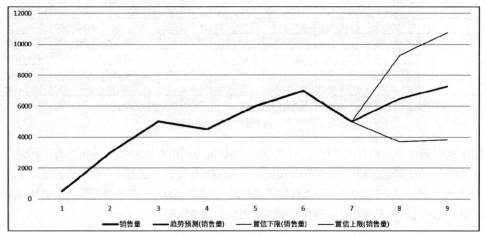

图13-28 单变量预测结果趋势图

13.4.2 两个变量预测

预测两个变量,即预测两个变量的更改对结果的影响,其对应的是一个二维表格区域。在现代企业运作综合实习过程中,可用于预测产品的单价、数量对利润的影响,以及投资总收益测算等,此处所需要探讨的不仅仅是影响,更为重要的是为实现目标利润测算出具体的单价和数量。

以原材料供应企业M1B产品为例，M1B产品的单价和数量两个变量与利润关系的求解步骤如下：A列为M1B产品的单价，第一行为M1B产品的数量，如图13-29所示。

	A 单价\数量	B	C	D	E	F	G	H	I
1		3 000	5 000	12 000	1 200	20 000	30 000	18 000	19 000
2	1 000								
3	1 300								
4	800								
5	900								
6	1 300								
7	800								
8	900								
9	1 000								

图13-29 两个变量预测基础表格

假设公司固定支出300 000元、产品成本500元/个，若想测算下个季度公司产品的定价、销售和盈利，就可以用此方法进行预测。首先在Excel表格中列出产品售价、产品成本、产品数量、公司固定支出、利润和净利润，在各项对应的单元格输入相应的公式，比如在利润对应的单元格输入公式"=(售价－成本)×数量"，在净利润对应的单元格输入公式"=(售价－成本)×数量－固定支出"。然后在图13-29左上角的第一个单元格输入公式"=(售价－成本)×数量－固定支出"，单击菜单栏中的"数据"，单击功能区的"模拟分析"，创建模拟运算表，最后输入引用行的单元格为数量，引用列的单元格为单价，此时测算表格完成。完成后，无论更改行的首行的数量还是首列的单价阴影部分都会自动变换数据，如图13-30所示。

	A 单价\数量	B	C	D	E	F	G	H	I
1		3 000	5 000	12 000	1 200	20 000	30 000	18 000	19 000
2	1 000	1 200 000	2 200 000	5 700 000	300 000	9 700 000	14 700 000	8 700 000	9 200 000
3	1 300	2 100 000	3 700 000	9 300 000	660 000	15 700 000	23 700 000	14 100 000	14 900 000
4	800	600 000	1 200 000	3 300 000	60 000	5 700 000	8 700 000	5 100 000	5 400 000
5	900	900 000	1 700 000	4 500 000	180 000	7 700 000	11 700 000	6 900 000	7 300 000
6	1 300	2 100 000	3 700 000	9 300 000	660 000	15 700 000	23 700 000	14 100 000	14 900 000
7	800	600 000	1 200 000	3 300 000	60 000	5 700 000	8 700 000	5 100 000	5 400 000
8	900	900 000	1 700 000	4 500 000	180 000	7 700 000	11 700 000	6 900 000	7 300 000
9	1 000	1 200 000	2 200 000	5 700 000	300 000	9 700 000	14 700 000	8 700 000	9 200 000

图13-30 两个变量预测结果举例

图13-30阴影部分所获得的数据便是行所对应的数量与列所对应的价格所获得的净利润，以第二行第二列的1 200 000元为例，表示在公司固定支出300 000元，产品成本500元/个的情况下，定价为1 000元/个，预计销售3 000个，可能获得的总利润为1 200 000元。两个变量预测主要针对某一种产品，如果要同时预测多种产品目标值，则需要用到多变量预测。

13.4.3 多变量预测

在多变量预测中，需要使用规划求解组件，然后设置多变量公式，最后设定相应的参数和规划求解的方法。具体操作如下。

1. 规划求解添加

如果要预测多个变量，就要用到规划求解组件。如果首次使用规划求解，在电脑中可能没有显示，因此需要添加规划求解加载项。添加方法：打开一个Excel文档，单击菜单栏的"文件"，选择"更多"，单击"选项"，然后从"加载项"中勾选"规划求解加载项"。如果电脑中已经有规划求解加载项，此处可以忽略，如图13-31所示。

2. 多变量预测步骤

多变量预测方法主要用于多个变量要达到最大值或最小值或目标值的测算。以制造企业生产的L、H、O、S产品为例，为了求出企业要获得的目标利润，这4种产品的数量或者目标利润或者售价需要达到多少合适？此处以计算L、H、O、S产品的数量是多少可以使得企业的净利润最大化为例。

(1) 设置目标值公式。在多变量预测中，首先需要确定哪些因素影响结果值，要将它们之间的关系用相应的公式体现出来。预测不同的数据，对应的数据可能会有所差异，此处以计算净利润为例，因此会涉及成本、销量等数据。成本、销售额都会影响利润，成本一般等于单个产品成本乘以生产产品的数量，总利润等于销售额减去销售产品的成本，净利润等于总利润减去固定支出之和(此处先暂时只考虑固定支出)，计算公式为

$$总利润 = (售价 - 成本) \times 数量$$

$$净利润 = 总利润 - 固定支出之和$$

按照这样的思路，成本总额等于(L+H+O+S)的产品成本乘以数量的乘积之和；也可以单个产品成本乘以数量，再将各个产品的乘积加总起来，具体公式如图13-32所示。

图13-31　规划求解加载项添加

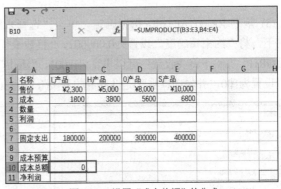

图13-32　设置"成本总额"的公式

(2) 规划求解参数设置。在图13-32中所有的公式设置完成后，将光标放置在目标单元格，在菜单栏中单击"数据"，然后在功能区单击"规划求解"，如图13-33所示。

图13-33　规划求解

在规划求解的参数设置中，可以选择"最大值"或者"最小值"，或者自行设置的某个"目标值"，添加对应单元格的约束条件，确定规划求解的方法，如图13-34所示。

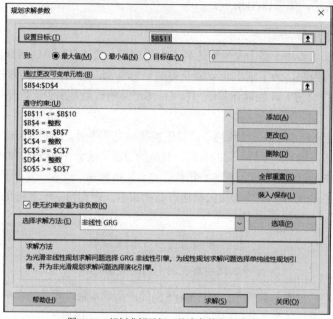

图13-34　规划求解目标、约束条件和方法设置

（3）规划求解方法的相关指标确定。单击"选择求解方法"后面的"选项"，在"所有方法"页签下，将"约束精确度"设置为0.000001，"整数最优性(%)"设置为0，如图13-35所示。在"非线性GRG"页签下将"收敛"可以设置为0.001，"派生"设置为"向前"，"多初始点"的"总体大小"设置为100，并勾选"需要提供变量的界限"，如图13-36所示。

图13-35　所有方法参数设置

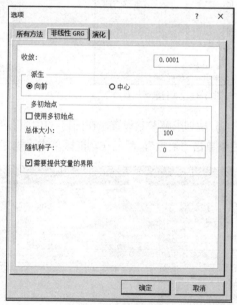

图13-36　非线性GRG设置

在"演化"页签下,将"收敛"设置为0.0001,"突变速率"设置为0.075,"总体大小"设置为100,"无改进的最大时间"设置为30,勾选"需要提供变量的界限",如图13-37所示。

在上述"所有方法""非线性GRG""演化"的各类参数设置完成后,单击"确定",进入"规划求解结果"界面,在此界面中勾选"保留规划求解的解"之后单击"确定",如图13-38所示。

图13-37 演化收敛设置　　　　图13-38 规划求解结果展示设置

上述参数设置仅供参考,可以根据自己实际需要选择或者设置不同的值。

13.5 经营数据分析

13.5.1 分析思路

数据分析的流程:要进行数据分析,先要明确目标,接下来进行数据收集、数据整理、数据统计分析,最后进行数据展示。此处所说的分析主要是基于13.2经营数据记录、13.3经营数据整理、13.4经营数据预测而撰写的分析报告。利用上述分析图表进行详细阐述,包括公司经营概述(公司第1~8季度的经营状况,如采购、生产运营、营销、销售等)、公司战略及执行系统性分析(价值链分析)等。

(1) 行业价值链分析。从行业所处的环节来说,有上游供应商,中游制造商,下游通过流通商到达终端消费者,根据公司所处的不同行业价值链,分析公司战略关系(资源)网络。

(2) 公司价值链分析。从公司价值创造的过程来看,只有传递到消费者手中,才能实现公司的价值。公司先做产品设计(研发),然后根据产品情况,采购原材料,投入物料、人力和企业家智慧进行制造生产(或者运营),最后制造出产成品或者提供服务。产品与服务的主要目的是将公司的产品和服务推广出去传递给消费者。可以通过渠道营销战略将产品或服务送达消费者。若消费者在使用过程中遇到一些问题或者产生产品维护等需求,还需要通过售后服务解决消费者的问题。可以通过以上环节分析公司经营计划、经营成本、公司竞争战略。

(3) 公司运营价值链分析。公司运营过程,强调的是公司运作的流程,即从材料准备到产成品入库的过程。服务业的公司运营价值会有所不同,此处主要以制造型企业为例,按照运营价值链模型,先要进行材料准备,材料拿回来后,专业人员按照科学的方法生产组装,同时质量检验部门(人员)按照行业标准或者国际标准进行品质检验,检验合格的即包装入库。通过公司运营价值链可分析公司流程再造、制造(运营)成本、产品竞争战略。

(4) 公司战略及执行系统性总结。结合公司具体经营操作,分析公司主要经营活动中的关键活动,哪些关键活动提供最大的发展机会?(杠杆效应最大)从公司战略及执行层面提出公司经营主要问题并结合价值链分析提出对策建议。

13.5.2 制造公司经营分析举例(仅供参考)

1. 前期市场调查与分析

从市场需求量、市场容量等情况进行分析 (汇总8个季度的市场需求量和市场容量,务必注意要在每个季度及时做好记录),做出趋势图并进行分析说明。

2. 第1~8季度采购计划

采购计划(每个季度实时记录),如表13-1、图13-39所示。

表13-1 采购计划表

季度	M1		M2		M3	
	数量(个)	金额(元)	数量(个)	金额(元)	数量(个)	金额(元)
第1季度						
第2季度	1 600	2 096 000				
第3季度	2 300	2 530 000				
第4季度	3 300	2 970 000				
第5季度	2 500	2 000 000				
第6季度	2 800	1 764 000				
第7季度	2 700	1 641 600				
第8季度	—	—				
合 计	15 200	13 001 600				

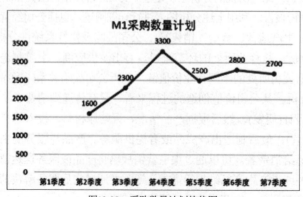

图13-39 采购数量计划趋势图

由图13-39可见,整个采购计划在第4季度最多,之后一直减少。后期要考虑市场容量饱和、生产需求减少的情况。由于制造企业在第8季度主要是交付订单,回款,不再进行生产,因此,在第8季度没有采购计划。

3. 第1~8季度研发投入

第1~8季度研发投入,实时记录情况如表13-2所示。

表13-2 研发投入表

产品名称		第1季度	第2季度	第3季度	第4季度	第5季度	第6季度	第7季度	第8季度	合计
L(b)	投入资金(元)	420 000								
	投入研发人员(个)	5								
H(a)	投入资金(元)			1 000 000						
	投入研发人员(个)			10						
H(b)	投入资金(元)				300 000					
	投入研发人员(个)				10					
O(a)	投入资金(元)						2 300 000	500 000		
	投入研发人员(个)						10	10		
S(a)	投入资金(元)									
	投入研发人员(个)									
高端工艺改进	投入资金(元)									
	投入研发人员(个)									

4. 第1~8季度厂房、生产线任务编排表

第1~8季度厂房、生产线任务编排表,每个季度实时记录如表13-3、图13-40所示。

表13-3 第1~8季度厂房、生产线任务编排表(单位:个)

季度		L(a)	L(b)	H(a)	H(b)	O(a)	O(b)	S(a)	S(b)
第1季度	生产量								
	可出库量								
第2季度	生产量		3 000						
	可出库量		0						
第3季度	生产量		3 000						
	可出库量		3 000						
第4季度	生产量		3 000						
	可出库量			3 000					
第5季度	生产量		1 400	800					
	可出库量			3 000					
第6季度	生产量		3 400	1 200					
	可出库量		1 400	800					
第7季度	生产量		3 800	2 350					
	可出库量		3 400	1 200					
第8季度	生产量								
	可出库量		3 800	2 350					

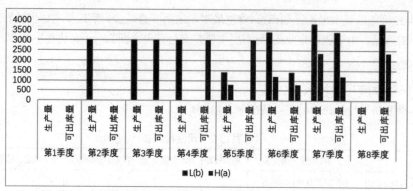

图13-40 产品生产量与可出库量对比图

5. 第1~8季度广告投放和销售计划

(1) 资质认证情况,如表13-4所示。

表13-4 资质认证情况 (单位:元)

资质认证名称	第1季度	第2季度	第3季度	第4季度	第5季度	第6季度	第7季度	第8季度
ISO9000	0							
ISO14000	0	500 000	500 000	1 000 000				

(2) 营销状况(市场广告投放情况),如表13-5、图13-41所示。

表13-5 营销状况(市场广告投放情况) (单位:元)

市场名称	第1季度	第2季度	第3季度	第4季度	第5季度	第6季度	第7季度	第8季度	合计
电视广告	300 000	300 000		300 000	300 000		300 000		
网络新媒体广告				400 000					
电影广告植入			600 000			600 000			
产品代言									
合计									

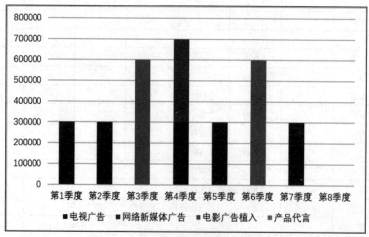

图13-41 营销状况(市场广告投放情况)对比图

(3) 市场开拓情况(开拓成功当季打勾)，如果是永久开拓，则在永久开拓当季开始及后期季度都打勾，购买的厂区属于永久开拓，如表13-6所示。

表13-6 市场开拓情况

市场名称	第1季度	第2季度	第3季度	第4季度	第5季度	第6季度	第7季度	第8季度
北京								
大连	√	√	√	√	√	√	√	√
武汉								
深圳								
沈阳								
成都								
合计								

(4) 市场影响力情况，如表13-7所示。

表13-7 市场影响力情况

市场名称	第1季度	第2季度	第3季度	第4季度	第5季度	第6季度	第7季度	第8季度
北京								
大连	√	√	√	√	√	√	√	√
武汉								
深圳								
沈阳								
成都								
合计								

(5) 获得订单情况(此处的订单，主要是指从系统中所获得的订单)，如表13-8所示。

表13-8 获得订单情况

季度	L		H		O		S	
	数量(个)	金额(含税)(元)	数量(个)	金额(含税)(元)	数量(个)	金额(含税)(元)	数量(个)	金额(含税)(元)
第1季度	0	0						
第2季度	3 000	900 000						
第3季度	3 000	840 000						
第4季度	2 100	6 623 250						
第5季度	1 900	7 630 000						
第6季度	300	435 000	800	5 040 000				
第7季度	850	3 607 200	1 200	7 195 200				
第8季度			1 800	11 520 000				

(6) 公司销售情况分析(此处的销售包括向系统交付订单销售的产品，也包括向贸易公司销售的产品)，如表13-9所示。

表13-9 公司销售情况分析

季度	L			H			O			S		
	销量(个)	销售额(元)	销售额份额(%)	销量(个)	销售额(元)	销售额份额(%)	销量(个)	销售额(元)	销售额份额(%)	销量(个)	销售额(元)	销售额份额(%)
第1季度												
第2季度	0	0	0									
第3季度	200	3 600	6									
第4季度	1 200	3 800	40									
第5季度	500	3 500	26									
第6季度	100			800	6 300	72						
第7季度	850	4 200	41	1 200	6 000	59						
第8季度				1 800	6 400	100						
合 计												

6. 竞争对手分析

各区域市场的主要竞争对手分布情况,如表13-10所示。此处填写数量。有金额的数据可以在分析中加以体现。

表13-10 各区域市场的主要竞争对手分布情况

区域	产品			
	L	H	O	S
北京				
大连				
武汉				
深圳				
沈阳				
成都				
合计				

7. 经营绩效分析

可以从盈利表现、财务表现、市场表现、投资表现、成长表现等方面进行分析(建议以图示来体现),如图13-42所示。

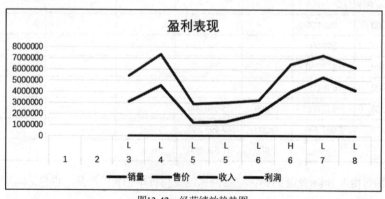

图13-42 经营绩效趋势图

8. 公司战略及执行系统性分析(价值链分析)

(1) 行业价值链分析。公司先对自己所在的内外部环境进行分析,以决定资源、核心竞争力等战略输入要素的来源。然后,借助内外部环境分析,形成公司战略愿景和使命,并制定战略。这是一个动态的过程,因为不断变化的市场和竞争结构与公司持续发展的战略输入是一致的。

(2) 公司价值链分析。从公司价值创造的过程来看,公司价值只有传递到消费者手中,才能实现其最终价值。制造企业的价值链通常包括研发设计、采购、生产制造、销售、运输、售后服务、行政人力资源等相关环节。生产制造是其关键的环节之一,制造企业可以通过产品创新、品质提升、价值增值等方式,提高生产效率和管理服务水平,加快从生产型制造向服务型制造转变。创新商业模式使大规模生产转变为更加个性化的定制生产与服务。要充分运用大数据分析手段,通过数据的收集、整理及分析,为企业生产、运行、服务提供决策与诊断。

(3) 公司运营价值链分析。按公司运营过程,强调的是公司运作的流程,即从材料准备到产成品入库的过程。服务业的公司运营价值会有所不同,此处主要以制造型企业为例,按照运营价值链模型来说,首先需要准备材料;然后,专业人员按照科学的方法生产组装,质量检验部门(人员)按照行业标准或者国际标准进行品质检验;最后,将检验合格的产品包装入库。公司运营价值链可分析公司流程再造、制造(运营)成本、产品竞争战略。

制造型企业发展的本质,就是提高生产效率和质量。在实际生产过程中,生产流程长,工艺复杂,生产环节众多。生产情况分析包括各工序生产情况、设备维修记录、员工情况分析、磨损失效分析、原辅料分析、订单准时出入库记录分析、设备故障分析、生产线设备维修情况分析等。

(4) 公司战略及执行系统性总结。结合公司具体经营操作,分析公司主要经营活动中的哪些关键活动能提供最大发展机会?(杠杆效应最大)从公司战略及执行层面提出公司经营主要问题,并结合价值链分析提出对策建议。(宏观层面的综合性总结)

战略思路具体如下。
① 结果导向:从结果,看过程;
② 俯瞰视野:从远处,看近处;
③ 未来视角:从未来,看当下。

公司的企业资金管控和企业运营计划给公司提供了最大发展机会,制造型企业是靠生产和出售物资性产品、从高于各项成本的销售额中谋取利润来生存发展的。当前,原材料价格以技术研发为核心,保持低成本获取竞争优势是企业采用的一种主要竞争战略。低成本使企业在同等价格水平下比竞争对手获取更高的收益,或以低价位迅速占领市场。

13.5.3 物流公司经营分析举例(仅供参考)

1. 第1~8季度的运输量

第1~8季度的运输量,如表13-11所示。

表13-11 第1~8季度运输量

季度	原材料			产成品				合计
	M1	M2	M3	L	H	O	S	
第1季度	0	0	0	0	0	0	0	0
第2季度	17 400	0	0	0	0	0	0	17 400

(续表)

季度	原材料			产成品				合计
	M1	M2	M3	L	H	O	S	
第3季度	19 700	0	0	2 600	0	0	0	22 300
第4季度	20 100	0	0	7 680	0	0	0	27 780
第5季度	32 950	0	0	4 051	400	0	0	37 401
第6季度	32 750	800	0	2 440	2 959	0	0	38 949
第7季度	36 750	0	0	4 620	1 341	0	0	42 711
第8季度	0	0	0	5 901	2 200	0	0	8 101
合　计	159 650	800	0	27 692	6 500	0	0	194 642

第1季度和第8季度没有原材料运输的需求，从第2季度开始我们接到的原材料运输订单数开始持续稳定地上升。因为4家原材料公司中与我们合作的企业就有3家，所以第2季度的原材料运输数量达到17 400件，到第3季度因为流失了一家原材料客户，所以运输数量上升并不明显，第4季度时我们的客户将订单分给了其他公司，导致我们的运输数量上升不多。第5季度比之第4季度运输量环比增长63.93%，是8个季度中订单量提升最大的时间段。第5、6、7季度因为所有企业都赚回了基本成本，手里的现金增加，生产的原材料数量变多了，我们的运输订单也随之增多。原材料运输情况如图13-43所示，产成品运输情况如图13-44所示。

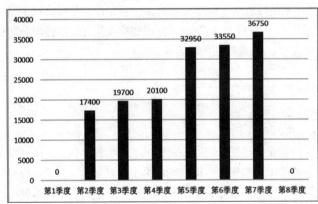

图13-43　原材料运输情况

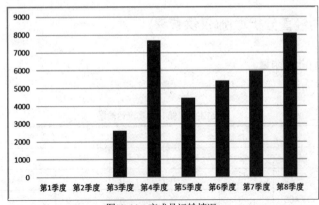

图13-44　产成品运输情况

从第3季度开始进行产成品运输,然而我们的产成品运输数量相比于原材料,接到的订单非常少,因为我们只和两家制造公司有稳定的合作关系,市场占有率很低。后续的第5~8季度有时能接到一两单其他制造公司的小单子。从整体趋势来看,我们的产成品在第4季度的环比增长幅度最大,第5季度接到的运输量较小,增长幅度为负。

2. 资产、所有者权益及纳税情况

资产、所有者权益及纳税情况,如表13-12、图13-45、图13-46、图13-47所示。

表13-12 资产、所有者权益及纳税情况 (单位:元)

	资产总额	所有者权益	纳税总额
第1季度	4 990 900	4 993 500	0
第2季度	5 440 144	5 267 209	89 070
第3季度	6 096 274	5 773 975	219 299
第4季度	7 543 798	6 737 271	622 527
第5季度	8 490 499	7 759 567	522 932
第6季度	10 113 413	9 190 893	679 720
第7季度	11 425 403	10 534 027	640 333
合　计	54 100 431	50 256 442	2 773 881

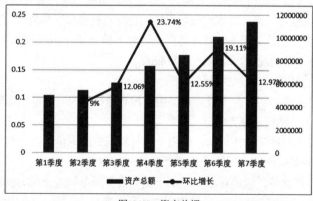

图13-45 资产总额

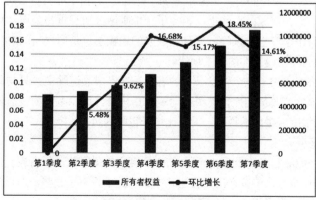

图13-46 所有者权益总额

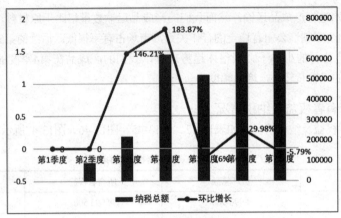

图13-47 纳税总额

3. 竞争分析

与其他3家物流公司相比,其他三家有以下优势。

地理优势:其他3家物流公司位于武汉,而大多原材料、制造和贸易公司都在武汉,在武汉的同城运输上,更具有优势。

成本优势:武汉的地价相较于大连便宜了5万元,所以其他3家物流公司在土地购买支出上少花5万元。

客户优势:其他3家物流公司的客户主要集中在制造和贸易公司,并且部分公司已经与其他3家物流公司形成了稳定的业务往来,而我们公司最缺的也就是制造和贸易公司的客户。

与其他3家物流公司相比,其他3家公司存在地理上的劣势:武汉送外省距离最近的里程为1 200km,而距离大连最近的沈阳、北京只有300km。

以下是第1~7季度公司经营状况的具体分析。

第1季度,进行了土地购买,开支较大,但由于没有原材料和产成品的运输要求,所以资产总额和所有者权益减少了,纳税总额为0。

第2季度,增加了原材料运输的订单,但由于原材料运输的单价低,订单量也不大,所以资产总额和所有者权益的增长幅度较小,纳税总额也不多。

第3季度,增加了产成品运输的订单,但由于我们只有两个制造公司的客户,订单量极少,而且还损失了一个原材料公司的客户,所以资产总额和所有者权益的增长的幅度也并不大。

第4季度,由于原材料公司的客户运输量增加,并且一共有4家原材料公司,我们公司就与其中3家达成了稳定合作,而在产成品运输上,也多了一个制造公司和贸易公司,订单量增加,运输产成品的订单量达到前7个季度里的顶峰,并且产成品的运输单价是原材料的3倍,所以在第4季度,资产总额和纳税总额的环比增长都达到了顶峰。

第5季度,我们公司失去了一个贸易公司的客户,在产成品运输上,只与两家制造公司的合作较为稳定,与其他3家物流公司相比,产成品运输单量极少,运输主要的收益依旧为原材料运输,所以资产总额的增加幅度减缓,纳税总额的环比增长也降为负。

第6季度,正常运营。

第7季度,虽然产成品和运输量都达到了前7个季度里的最高值,但考虑到原材料公司的客户与我们公司从试运营合作至今,情谊之深,将运输原材料的单价降了一些,所以资产总额和所有者权益的增长幅度与第5至第6季度相比,呈下降趋势,纳税总额也下降了一些。

4. 自我总结评价

(1) 财务管理方面。由于财务工作的烦琐,在前6个季度,我们的财务工作进度落后于经营工作约半个季度的时间,好在随着财务总监对工作内容分配的不断调整,使得每个人都能够在规定的时间内完成各自的工作,工作效率大大提高,终于在第7季度的时候完成了财务工作与经营工作的同步,这对于其他很多企业来说都是可望而不可即的事情。虽然每个季度都有人会犯不同的错误,但是我们都及时采取了改进措施,逐渐完善财务管理制度,在一次次的教训中不断提升自己,取得较好的成绩。

(2) 客户管理方面。对于一个物流企业来说,客户的订单是我们赖以生存的根本,所以客户的管理就成了重中之重,刚开始的几个季度里,很多企业都在不同物流公司之间徘徊,常常因为价格的原因而轻易更换物流公司,而且我们还被其他物流公司误导过,轻信他们给出的最低价格,导致被他们抢走客户,这个情况对我们是非常不利的,后来我们先通过压低价格稳住客户,再通过提升我们的服务和效率来获得客户的稳定支持,比如提前准备好各种所需的单据、接到订单快速发货等,到第7季度时已有7家企业与我们公司合作,这也证明了我们的客户管理做得非常成功。

(3) 运输管理方面。运输管理工作较为烦琐,不仅需要填制各种表单,还需要计算车辆的油耗和过路费,开始是由财务来计算,但财务本来的工作就很烦杂,计算过程频频出错,导致财务工作也无法继续进行,CEO对此及时进行了调整,专门安排人员进行计算,并且每次计算后CEO还亲自进行检查,工作效率大大提升,几乎没有出过错。而且作为一个物流企业,做好运输管理不仅能够节省运营成本,从客户的订单中获得更多的利润,还能够提升客户的好感,因为客户在意的不仅仅是订单的价格,还有物流公司的运输效率,及时地做好运输筹划工作,也是稳住客户的一个重要的方法。

(4) 仓储管理方面。季度开始时公司存在许多问题,比如货物入库单和出库单存在不对等、单据数据的填写不清晰、出库入库单和数据给出得较慢、仓库用量计算缓慢等。为此,我们专门安排了一位运营人员准确核实每一份出入库数量,并规范单据填写,安排填写电子合同的运营人员时刻关注货量、及时记录,与财务人员及时沟通交流,生成一条完整的业务流程,每安排一份运输,就及时填写出库入库单,禁止后期统一安排,影响进度。

(5) 综合情况。在实习刚开始的时候,由于大家并不熟悉业务流程,而且公司的成员来自不同的专业,彼此之间缺少沟通交流,所以前三季度的工作进程非常缓慢,经常出现各种大大小小的问题,但在解决问题过程中,公司的成员慢慢磨合成了一个团结的整体,既能够合作解决问题,也能够独立完成各自的工作内容。每个季度发现的不同问题,大家都能够在会议上提出自己的意见,共同商讨出合理的解决方案,不断改进公司的管理制度,公司在我们的共同努力下不断地壮大。

13.5.4 经营分析中的思考

【思考1】在进行价值链分析时,价值是如何被创造出来的?价值的源泉是什么?

【思考2】企业总体发展战略如何融入国家的发展战略?

【思考3】竞争毋庸置疑是为获取企业生存和发展的资源而进行的活动,那么,企业在制定并实施自身的竞争战略时,是否应该考虑自己的社会责任?

第14章 财务分析

14.1 财务分析的含义

财务分析是以企业的财务报告等会计资料为基础,对企业的财务状况、经营成果和现金流量进行分析和评价的一种方法。

14.2 财务分析的作用

(1) 财务分析可以全面评价企业在一定时期内的各种财务能力,从而分析企业经营活动中存在的问题,总结财务管理工作的经验教训,促进企业改善经营活动、提高管理水平。

(2) 财务分析可以为企业外部投资者、债权人和其他有关部门和人员提供更加系统的、完整的会计信息,便于他们更加深入地了解企业的财务状况、经营成果和现金流量情况,为其投资决策、信贷决策和其他经济决策提供依据。

(3) 财务分析可以检查企业内部各职能部门和单位完成经营计划的情况,考核各部门和单位的经营业绩,有利于企业建立和健全完善的业绩评价体系,协调各种财务关系,保证企业财务目标的顺利实现。

14.3 财务分析的内容

14.3.1 财务趋势分析

1. 比较财务报表

比较财务报表是比较企业连续几期财务报表的数据,分析财务报表中各个项目增减变化的幅度及其变化原因,以判断企业财务状况的发展趋势。在比较财务报表时,必须考虑各期数据的可比性。某些特殊原因会导致某一时期的某项财务数据变化较大,分析时需先排除非可比因素,使各期财务数据具有可比性。

2. 比较百分比财务报表

比较百分比财务报表是在比较财务报表的基础上发展而来,是以资产负债表、利润表中某一关键项目为基数项目,根据其余项目金额占关键项目金额的百分比对各项目做出判断和评价。资产负债表一般以资产总额作为基数,利润表一般以营业收入总额作为基数。资产负债分析样表如表14-1所示,利润表分析样表如表14-2所示。

表14-1 资产负债表分析样表

项目(单位:元)	X季度金额	X季度金额	增长率	X季度占比	X季度占比
流动资产:					
货币资金					
交易性金融资产					
应收票据					
应收账款					
预付款项					
应收利息					
应收股利					
其他应收款					
存货					
一年内到期的非流动资产					
其他流动资产					
流动资产合计					
非流动资产:					
可供出售金融资产					
持有至到期投资					
长期应收款					
长期股权投资					
投资性房地产					
固定资产					
在建工程					
工程物资					
固定资产清理					
生产性生物资产					
油气资产					
无形资产					
开发支出					
商誉					
长期待摊费用					
递延所得税资产					

(续表)

项目(单位：元)	X季度金额	X季度金额	增长率	X季度占比	X季度占比
其他非流动资产					
非流动资产合计					
资产总计				100%	100%
流动负债：					
短期借款					
交易性金融负债					
应付票据					
应付账款					
预收款项					
应付职工薪酬					
应交税费					
应付利息					
应付股利					
其他应付款					
一年内到期的非流动负债					
其他流动负债					
流动负债合计					
非流动负债：					
长期借款					
应付债券					
长期应付款					
专项应付款					
预计负债					
递延所得税负债					
其他非流动负债					
非流动负债合计					
负债合计					
所有者权益(或股东权益)：					
实收资本(或股本)					
资本公积					
减：库存股					
盈余公积					
未分配利润					
所有者权益(或股东权益)合计					
负债和所有者权益(或股东权益)总计				100%	100%

表14-2 利润表分析样表

项目(单位：元)	X季度金额	X季度金额	增长率	X季度占比	X季度占比
一、营业收入				100%	100%
减：营业成本					
税金及附加					
销售费用					
管理费用					
财务费用					
资产减值损失					
信用减值损失					
加：公允价值变动收益(损失以"－"号填列)					
投资收益(损失以"－"号填列)					
其中：对联营和合营企业的投资收益					
资产处置损益					
二、营业利润(亏损以"－"号填列)					
加：营业外收入					
减：营业外支出					
其中：非流动资产处置净损失					
三、利润总额(亏损总额以"－"号填列)					
减：所得税费用					
四、净利润(净亏损以"－"号填列)					

14.3.2 财务指标分析

1. 偿债能力分析

偿债能力是指企业偿还各种到期债务的能力，分为短期偿债能力和长期偿债能力。

1) 短期偿债能力分析

短期偿债能力是指企业偿付流动负债的能力。通过分析流动负债和流动资产之间的关系来判断企业短期偿债能力。

(1) 流动比率：流动比率越高，说明企业偿还流动负债的能力越强，流动负债得到偿还的保障越大。流动比率的计算公式为

$$流动比率 = 流动资产 / 流动负债$$

(2) 速动比率：速动资产是流动资产扣除存货的资产，主要包括货币资金、交易性金融资产、应收票据等。通过速动比率来评价企业偿债能力比用流动比率要更进一步，因为它扣除了变现能力较差的存货。速动比率越高，表示企业的短期偿债能力越强。速度比率的计算公式为

$$速动比率 = 速动资产 / 流动负债 = (流动资产 － 存货) / 流动负债$$

2) 长期偿债能力分析

长期偿债能力是指企业偿还长期负债的能力。通过以下几项数据，可分析企业长期偿债能力。

(1) 资产负债率：反映企业的资产总额中有多大比例是通过举债而得到的，表明企业偿还债务的综合能力。资产负债率越高，企业偿还债务的能力越差，财务风险越大。资产负债率的计算公式为

$$资产负债率 = 负债总额/资产总额 \times 100\%$$

(2) 股东权益比率：反映资产总额中有多大比例是所有者投入的。股东权益比率越高，企业偿债能力越强。股东权益比率的计算公式为

$$股东权益比率 = 股东权益总额/资产总额 \times 100\%$$

(3) 权益乘数：股东权益比率的倒数，表示资产总额是股东权益总额的多少倍，其反映了企业财务杠杆的大小。权益乘数越大，股东投入的资本在资产中所占比重越小，财务杠杆越大。权益乘数的计算公式为

$$权益乘数 = 资产总额/股东权益总额$$

(4) 产权比率：反映债权人所提供的资金与股东所提供资金的对比关系，可以揭示企业的财务风险及股东权益对债务的保障程度。产权比率越低，说明企业长期财务状况越好，债权人的贷款的安全性越有保障，财务风险小。产权比率的计算公式为

$$产权比率 = 负债总额/股东权益总额$$

(5) 利息保障倍数：反映企业经营所得支付债务利息的能力。如果利息保障倍数太低，说明企业难以保证用经营所得来按时按量支付债务利息，这会引起债权人的担心。一般企业的利息保障倍数至少要大于1，否则就难以偿付债务及利息。利息保障倍数的计算公式为

$$利息保障倍数 = (税前利润 + 利息费用)/利息费用$$

偿还能力分析样表如表14-3所示。

表14-3 偿债能力分析样表

	第X季度	第X季度	第X季度	行业均值
流动比率				
速动比率				
资产负债率				
产权比率				
股东权益比率				
利息保障倍数				

2. 营运能力分析

营运能力反映了企业资金周转状况，对此进行分析，可以了解企业的营业状况及经营管理水平。资金周转状况好，说明企业的经营管理水平高，资金利用效率高。通过以下几项数据，可分析企业的营业能力。

(1) 存货周转率：说明一定时期内企业存货周转的次数，可以反映企业存货的变现速度，衡量企业的销售能力及存货是否过量。存货周转率越高，说明存货周转速度越快，企业的销售能力越

强。存货周转率的计算公式为

$$存货周转率 = 营业成本/存货平均余额$$

(2) 应收账款周转率：反映应收账款在一个会计年度内的周转次数，可以用来分析应收账款的变现速度和管理效率。应收账款周转率越高，说明企业回收应收账款的速度越快，企业应收账款管理效率越高。应收账款周转率的计算公式为

$$应收账款周转率 = 赊销收入净额/应收账款平均余额$$

(3) 流动资产周转率：表明一个会计年度内企业流动资产周转的次数，反映了流动资产周转的速度。流动资产周转率越高，说明企业流动资产的利用效率越高。流动资产周转率的计算公式为

$$流动资产周转率 = 营业收入/流动资产平均余额$$

(4) 总资产周转率：用来分析企业全部资产的使用效率。总资产周转率越高，说明企业资产利用效率越高。如果总资产周转率较低，说明企业利用其资产进行经营的效率较差，会影响企业的盈利能力，企业应该采取措施提高销售收入，以提高总资产利用率。总资产周转率的计算公式为

$$总资产周转率 = 销售收入/资产平均总额$$

营运能力分析样表如表14-4所示。

表14-4　营运能力分析样表

	第X季度	第X季度	第X季度	行业均值
存货周转率				
应收账款周转率				
流动资产周转率				
总资产周转率				

3. 盈利能力分析

盈利能力是企业获取利润的能力。通过以下几项数据，可分析企业的盈利能力。

(1) 净资产收益率：反映企业股东获取投资报酬的高低。净资产收益率越高，说明企业的盈利能力越强。净资产收益率的计算公式为

$$净资产收益率 = 净利润/股东权益平均总额 \times 100\%$$

(2) 总资产净利率：总资产净利率越高，说明企业的盈利能力越强。总资产净利率的计算公式为

$$总资产净利率 = 净利润/平均总资产 \times 100\%$$

(3) 销售毛利率：反映了企业的营业成本与营业收入的比例关系。销售毛利率越大，说明营业收入净额中营业成本所占比重越小，企业通过销售获取利润的能力越强。销售毛利率的计算公式为

$$销售毛利率 = 销售毛利/营业收入净额 \times 100\%$$
$$= (营业收入净额 - 营业成本)/营业收入净额 \times 100\%$$

(4) 销售净利率：评价企业通过销售赚取利润的能力。销售净利率越高，说明企业通过扩大销售获取报酬的能力越强。销售净利率的计算公式为

$$销售净利率 = 净利润 / 营业收入净额 \times 100\%$$

盈利能力分析样表如表14-5所示。

表14-5　盈利能力分析样表

	第X季度	第X季度	第X季度	行业均值
净资产收益率				
总资产净利率				
销售毛利率				
销售净利率				

4. 发展能力分析

通过以下几项数据，可分析企业的发展能力。

(1) 股东权益增长率：反映企业当年股东权益的变化水平，体现了企业资本的积累能力，是评价企业发展潜力的重要财务指标。该指标越高，说明企业资本积累能力越强，企业的发展能力也越好。股东权益增长率的计算公式为

$$股东权益增长率 = 本年股东权益增长额 / 年初股东权益总额 \times 100\%$$

(2) 营业收入增长率：反映企业营业收入的变化情况，是评价企业成长性和市场竞争力的重要指标。该比率越高，说明企业营业收入成长性越好，企业的发展能力越强。营业收入增长率的计算公式为

$$营业收入增长率 = 本年营业收入增长额 / 上年营业收入总额 \times 100\%$$

(3) 营业利润增长率：反映企业营业利润的变化情况。营业利润增长率越高，说明企业收益增长得越多。营业利润增长率的计算公式为

$$营业利润增长率 = 本年营业利润增长额 / 上年营业利润 \times 100\%$$

(4) 净利润增长率：反映公司净利润增长的情况。净利润增长率越大，说明公司收益增长得越多。净利润增长率的计算公式为

$$净利润增长率 = 本年净利润增长额 / 上年净利润 \times 100\%$$

(5) 总资产增长率：反映企业资产规模的增长情况。总资产增长率越高，说明企业资产规模增长的速度越快，企业的竞争力会增强。在分析企业资产数量增长的同时，也要注意分析企业资产的质量变化。总资产增长率的计算公式为

$$总资产增长率 = 本年总资产增长额 / 年初总资产 \times 100\%$$

发展能力分析样表如表14-6所示。

表14-6　发展能力分析样表

	第X季度	第X季度	第X季度	行业均值
股东权益增长率				
营业收入增长率				

(续表)

	第X季度	第X季度	第X季度	行业均值
营业利润增长率				
净利润增长率				
总资产增长率				

14.3.3 财务综合分析

1. 杜邦分析法的概念

杜邦分析法是由美国杜邦公司首先创造的，利用各种主要财务比率指标之间的内在联系，对公司财务状况及经营成果进行综合、系统的分析与评价的方法。该方法一般用杜邦分析系统图来表示，如图14-1表示。

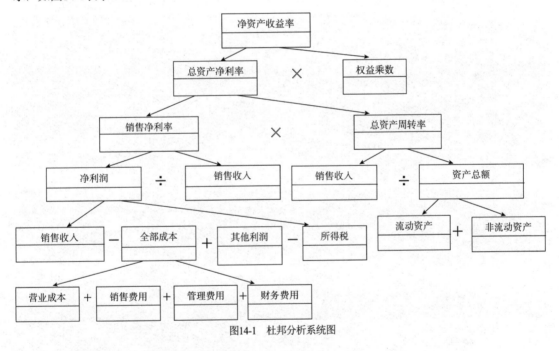

图14-1 杜邦分析系统图

2. 杜邦分析系统反映的主要财务比率关系

- 净资产收益率与总资产净利率及权益乘数之间的关系：

$$净资产收益率 = 总资产净利率 \times 权益乘数$$

- 总资产净利率与销售净利率及总资产周转率之间的关系：

$$总资产净利率 = 销售净利率 \times 总资产周转率$$

- 销售净利率与净利润及销售收入之间的关系：

$$销售净利率 = 净利润 \div 销售收入$$

- 总资产周转率与销售收入及资产总额之间的关系：

$$总资产周转率 = 销售收入 \div 资产总额$$

14.3.4 财务分析显示的问题

各企业根据财务比率数据分析和杜邦分析的结果,挖掘企业存在的财务、经营管理等方面的问题,并对这些问题进行必要的原因分析。

14.3.5 对策建议

各企业根据财务分析显示的问题,结合企业实际情况和行业总体情况提出针对性的优化对策,为企业进一步发展和提升提供参考。

参考文献

[1] 吴美丽,张冬梅. 物流实验教程[M]. 北京:清华大学出版社,2011.
[2] 申纲领. 现代物流学[M]. 北京:电子工业出版社,2010.
[3] 刘宁杰,杨海光. 企业管理[M]. 北京:高等教育出版社,2016.
[4] 岳虹. 财务报表分析[M]. 北京:中国人民大学出版社,2022.
[5] 零一,聂健华. 电商数据分析与商业智能[M]. 北京:电子工业出版社,2018.
[6] 中国注册税务师协会. 税收业务知识速学手册[M]. 北京:中国税务出版社,2018.
[7] 陈立军. 中级财务会计[M]. 北京:中国人民大学出版社,2020.

参考文献